# 观光农业与休闲体育产业融合发展研究

孙晓庆　著

中国农业出版社

北　京

# 作者简介

　　孙晓庆，1983年9月出生，籍贯山东省寿光市。本科学历，讲师职称。潍坊科技学院农圣文化研究中心教师。主要研究方向为农村休闲体育。

　　自参与教学工作以来先后发表论文10余篇，其中核心期刊论文1篇，出版专著1部，主持并参与课题近10项，先后被评为"山东高校优秀辅导员""寿光市优秀教师"，潍坊科技学院"优秀教师""优秀辅导员""学生工作先进个人"等荣誉称号。

PREFACE

# 前　言

　　随着我国国民经济水平的不断提升，越来越多的社会团体和群众开始参与到观光农业的活动中。观光农业的飞速发展，不仅帮助我国农村居民获得可观的经济收益，同样有助于我国农村经济体系与结构进行转型升级，以及为我国农村体育资源的开发提供新的路径。与我国当前其他种类的传统农业产业相比，观光农业具有更为明显的绿色可持续发展特征，从而具有了其他类型农业产业无法媲美的发展潜力和竞争优势。

　　作为我国当下观光农业、乡村旅游等产业的主要组织者，观光农业产业的经营人员通常均较为重视农村休闲体育资源的开发。其主要原因在于，积极发展农村休闲体育、拓展农村休闲体育项目能够帮助农业企业提升自身核心竞争力；多元化的休闲项目和消费项目能够推动自身和周边环境进行资源开发和硬件设施建设，从而形成该地区观光农业与农村体育资源开发的融合发展机制。

　　随着现代经济社会的发展，我国正处在产业结构转型的关键时期，特别是在农业和体育方面。一方面，随着现代人生活水平的提升，观光农业开始逐渐步入现代人的视野并受到人们的广泛欢迎，人们开始改变传统的旅游方式转而走进乡村、农户等，乡村旅游变得炙手可热；另一方面，随着人们健身理念的不断增强，人们在追求生活品质的同时，也更注重自身身体素质的提升。观光农业和体育运动看似不相关，却因人们观念方面的变化而开始产生联系，体育运动同时也为现代观光农业注入了新的活力。

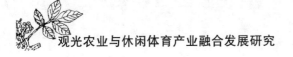

针对当前休闲农业和体育运动融合发展的趋势，如何借助体育运动来加强观光农业的发展，并促进全民健身运动的开展，成为我们探讨的主要方向，同时也进一步丰富和创新了休闲农业的内涵。

《观光农业与休闲体育产业融合发展研究》共有七章。第一章对休闲产业进行了综合论述，涵盖休闲产业的概念、类型、现状等；第二章对休闲观光农业进行了研究，包括休闲农业、休闲观光农业以及农业观光园的相关研究；第三章阐述了休闲产业对农业资源的运用，即休闲观光农业产业；第四章探究了休闲体育，涉及休闲体育的认知、休闲体育的产生与发展、休闲体育的特征与价值；第五章诠释了休闲产业对体育资源的运用，即休闲体育产业；第六章对观光农业与休闲体育产业融合的理论进行了探索；第七章探究了观光农业与休闲体育产业融合的实践创新。

笔者在撰写本书的过程中，借鉴了许多相关的研究成果，在此表示衷心的感谢，并恳请专家、学者及广大读者为本书提出宝贵意见和建议。

CONTENTS

# 目　　录

# 第一章

## 休闲产业综述

## 第一节　休闲产业的概念界定与类型划分

### 一、休闲产业概念界定

休闲相关的产业概念是认识和把握休闲产业自身内涵的基石，通过相关概念的分析，从中提炼出值得参考的概念元素。

（一）相关概念梳理

1. 文化产业

国外学者对文化产业概念的表述主要体现在内容、特征、属性等 3 个方面。

罗伯特（Robert）在阐述文化是否是一项产业的观点时就提到文化产业的内容是文化产品和服务①。德米尼克（Deminic）将文化产业理解为生产产品和提供服务的经济部门，产品和服务的价值主要由其美学、符号、感官或经验内容决定②。在这里，创意是文化产业的重要特征。米尔瓦（Mirva）指出文化产业是生产富有创意元素的体验产品，这些产品能够满足大规模的市场需求，并且创新对文化产业的发展尤为重要③。以上学者的解读指出了文化产业的主要内容，尚未涉及其属性。为此，拜尔斯（Beyers）提到文化产业是与文化消费有关的经济活动，它不等同于艺术、体育或娱乐，而被认为是与这 3 类消费和相关活动有关的产业④。夸内塔尔（Kwanetal）进一步指出，文化产业是产生有形或无形的艺术和创造性产出的产业，其通过开发文化资产和生产以

---

① ［英］罗伯特·普罗瑟罗. 文化是一种产业吗［J］. 肯扬评论，1999，21（3/4）：135-146.

② ［瑞］德米尼克·鲍尔. 瑞典"文化产业"：对其在瑞典经济中地位的评估［J］. 经济地理学，2002，78（2）：103-127.

③ ［英］米尔瓦·佩尔托涅米. 文化产业：产品市场特征、管理挑战与产业动态［J］. 国际管理评论，2015，17（1）：41-68.

④ ［美］威廉·B. 拜尔斯. 美国的文化娱乐产业［J］. 服务业杂志，2008，28（3）：375-391.

知识为载体的产品和服务，来获取财富和收入①。总之，文化产业可广泛地描述为生产财货及服务的一系列部门。

国内学者的理解更侧重其内容和属性。文化产业的概念首次出现在《中共中央关于制定国民经济和社会发展第十个五年计划的建议》中。2005—2006年，国家统计局相继颁发了《文化及相关产业分类》《文化及相关产业指标体系框架》，文件中提出了文化产业是为社会公众提供文化、娱乐产品和服务的活动，以及与这些活动有关联的活动的集合②。此外，一些学者也从不同角度提出了文化产业的概念。胡惠林认为文化产业是一个产业系统，精神产品的生产、交换和消费等要素贯穿其中③，这一定义指出了文化产品精神属性。李江帆提出文化产业是生产具有文化特性的服务和实物产品单位的集合体④，是以满足社会精神文化需要为目的的⑤。该定义强调了文化产业的生产性，忽视了市场性或消费性。顾乃华等进一步指出文化产业要以创造文化内容为核心，通过市场化和产业化的组织，提供规模化的文化产品和服务的经济形态⑥，这与安宇等表述的文化产业性质相似，即文化产业是提供创造性文化产品和服务的生产、扩散、聚合体系⑦。

2. 娱乐产业

国内外学者对娱乐产业概念的解读较少，但无一例外均指出了娱乐产业的本质内涵。沃格尔（Vogel）指出，娱乐是令人欢娱、发笑、快乐或者惬意地占据观众的时间或注意力的活动，这是娱乐产品和服务的需求或消费的基础；产业是从事生产活动的企业或组织，它们要使用大量的人员和资本，有着类似的技术和组织结构，生产或者供应的产品和服务是可替换的⑧。如此可以看出，娱乐产业是生产或供应娱乐产品、服务的部门，在世界范围内，已经成为

---

① 关伟科，莫建伟. 中国城市文化产业集群：空间面板方法 [J]. 转型经济学，2014，22（2）：365-395.

② 范正宇. Culture Industry：从批判性术语到新经济符号的概念演变 [J]. 湖北大学学报（哲学社会科学版），2010，37（6）：98-103.

③ 胡惠林. 文化产业发展与国家文化安全——全球化背景下中国文化产业发展问题思考 [J]. 上海社会科学院学术季刊，2000（2）：114-122.

④ 李江帆. 文化产业：范围、前景与互动效应 [J]. 经济理论与经济管理，2003（4）：26-30.

⑤ 孙安民. 文化产业理论与实践 [M]. 北京：北京出版社，2005：10.

⑥ 顾乃华，夏杰长. 我国主要城市文化产业竞争力比较研究 [J]. 商业经济与管理，2007，194（12）：52-68.

⑦ 安宇，田广增，沈山. 国外文化产业：概念界定与产业政策 [J]. 世界经济与政治论坛，2004，（6）：6-9.

⑧ [美]哈罗德·L·沃格尔. 娱乐产业经济学 [M]. 支庭荣，陈致中，译. 北京：中国人民大学出版社，2013：1-2.

经济增长最快的部门，其内涵实际上正成为消费经济各方面的区分特征①。值得关注的是，以上两位作者均是从媒体的视角来解读娱乐产业及其影响力的，这或许是源于媒体与娱乐的相互重合。

江凌认为娱乐产业是供人消遣、使人觉得有趣的精神产品和服务行业②。文硕把娱乐产业理解为制造快乐的经济领域③。可以看出，有趣、快乐是娱乐产业的本质内涵，但以上学者并未指出，娱乐产业的生成过程。谢伦灿指出，娱乐产业是具有经济和社会效益的行业，娱乐产业将图形、图像、文字、色彩、音符、旋律等具有娱乐性质的符号，通过高科技手段处理成娱乐信息，然后依托各种媒介转变为相应的娱乐产品，最后在娱乐市场流通，满足大众的精神娱乐消费需求④。这一概念提炼出了娱乐产业的生产、消费过程，并强调了技术在娱乐产品效益实现方面的重要性。近年来，随着移动互联网浪潮的发展，泛娱乐概念在国内兴起，它指的是基于移动互联网的大背景，通过技术手段，实现多领域的跨界连接，知识产权（IP）是实现这一过程的核心元素⑤。可见，娱乐产业要创新发展，技术的应用十分关键。

3. 创意产业

国内外学者对创意产业概念的认识比较注重其特征和时代背景意义。约翰（John）指出创意产业首次出现在英国政府的文化、媒体和体育部门，它指的是借助个人的创造力、技能和才能而形成的产业，这一产业在国民经济中可以增加就业机会、推动经济增长。随着知识经济的崛起，创意产业的经济影响力日益增强，其服务性和消费性特点愈加显现⑥。班克斯（Banks）等认为创意产业生产产品和服务，其主要价值源于美学属性⑦。

李世忠提出的创意产业概念与国外相似，认为创意产业是需要个人的知识、智慧等能力与技术手段的融合，对文化资源进行创造，从而生产出高附加值的产品与服务的产业⑧。厉无畏等也指出创意产业的核心增长要素是人的创

---

① ［美］米切尔·J.沃尔夫.娱乐经济：传媒力量优化生活［M］.黄光伟，等，译.北京：光明日报出版社，2001：14.

② 江凌.文化娱乐产业的品牌战略［J］.当代经理人，2003（5）：74-75.

③ 文硕.首席娱乐官［M］.大连：东北财经大学出版社，2005：167-191.

④ 谢伦灿.中国娱乐产业集群发展及竞争力评价研究［D］.长沙：中南大学，2008：24.

⑤ 韩布伟.泛娱乐战略［M］.长春：北方妇女儿童出版社，2016：1.

⑥ ［英］约翰·哈特利.从意识产业到创意产业：消费者创造的内容、社会网络市场和知识增长［A］.詹妮弗·霍尔特，艾莉莎·佩伦.传媒产业：历史、理论与方法［C］.牛津：布莱克威尔，2008：1-26.

⑦ ［英］班克斯，洛瓦特.文化产业中的风险与信任［J］.地理论坛，2000，31（4）：453-464.

⑧ 李世忠.文化创意产业相关概念辨析［J］.兰州学刊，2008（8）：162-164.

造性①。可见，创造性是创意产业的重要特征。张波将此概念上升到生活层面，即创意产业是因人对自由的追求和对舒适生活的向往，通过创造性的表现，来满足人们精神需求的产业②。简言之，创意产业是建立在人类智力、知识和创造力的基础上，并注重营造舒适的生活环境氛围③。

虽然文化产业、娱乐产业、创意产业等都有比较具体的产业指向，但其概念特征、内涵和属性都与休闲产业有一定的交集。通过这些相关概念的梳理，可以从中获得以下有意义的信息，为休闲产业的概念界定提供借鉴。

第一，它们是生产或提供与精神消费相关的产品和服务的部门，这一产业的微观基础是相关行业内的生产经营服务单位，终极意义是为人的生活服务。

第二，它们的商业化特征和趋势明显。休闲相关产业的发展与人们的精神消费需求密切相关。统计资料显示，与休闲相关的商品和服务的生产和消费，目前已经占到了全球总产品的 20%～25%④，其绝对值和相对值都将继续增加，这反映了休闲相关产业的经济价值日益凸显。

(二) 概念界定

尽管休闲相关产业的概念为认识休闲产业自身提供了一定的借鉴，但仍然没有把握住这一概念的本质和内容。为此，进一步从休闲的概念起步，延伸到国内外学者对休闲产业概念的表述，来理解和界定休闲产业的概念。

1. 国内外学者对休闲概念的认识

多年来，休闲概念问题始终困扰着哲学家和社会学家们。休闲（leisure）这个英文单词词源是拉丁文的 licere，代表"被允许"或"自由的"；法语中的 loisir 也来自 licere，意思是空闲时间；英语中的 license，原意为获得公共义务的豁免权，包含自由选择之意。亚里士多德认为个人和城邦都应具备操持休闲的品德，休闲是勤劳（繁忙）的目的⑤。在这里，休闲是代表着"可支配的时间"以及"不受拘束"。可见，可支配的时间是休闲活动的先决条件，不受拘束则是一种心理状态。

克劳斯（Kraus）和纽林格（Neulinger）指出，休闲通过被描述为一种社会学和心理学的特质。随着社会的发展，休闲已成为大多数人的权利，与之相伴的是学者对它的理解更加综合，它包括了从一个简单的行为到从工作或不愉

---

① 厉无畏，王慧敏. 创意产业新论 [M]. 上海：东方出版中心，2009：1.
② 张波. "创意产业"概念的界定及启示——基于政治、经济、社会、美学、艺术的梳理 [J]. 浙江工商大学学报，2013 (3)：3-13.
③ [美] 理查德·佛罗里达. 创意阶层的崛起 [M]. 司徒爱勤，译. 北京：中信出版社，2010：11.
④ [奥] 克劳斯·韦尔梅尔，克里斯廷·马西斯. 旅游和休闲业：塑造未来 [M]. 宋瑞，马聪玲，蒋艳，译. 上海：上海人民出版社，2012：49.
⑤ 亚里士多德. 政治学 [M]. 吴寿彭，译. 北京：商务印书馆，2009：215.

快的生活中解脱出来的一种综合心态①。休闲是时间、活动、状态、生活方式，它意味着自由和选择，并且通常有多种表现形式，是一种完整的存在状态或者是思想的经历②。可见，国外学者对休闲的理解主要从 3 个角度来展开，一是"休闲时间"，二是"休闲活动"，三是在休闲活动中人的"精神状态"，这 3 个含义常常是紧密联系在一起使用的③。尽管这 3 个典型视角是大多数西方学者以及国内学者已经基本达成的共识，但这些观点主要关注的是个体以及个体建构意义的方式④。然而，随着休闲在社会经济发展过程中的重要性日渐增强，与发展休闲相关的物理地点、社会文化背景等因素进一步扩展了休闲的含义。人们在休闲过程中会赋予地点一个内涵，形成地方依恋与记忆⑤；社会文化背景突破了以往以个体为中心的休闲定义，人们对休闲活动的选择会受到社会化过程和机会以及社会文化的影响。

2. 国内外学者对休闲产业概念的表述

从以上表述可以看出，休闲是与人密切相关的一个术语，当人们的可支配收入增长和休闲时间增多，人们对各类休闲相关产品和服务的消费将加速扩张。随着社会的发展，越来越多的人需要休闲产品和服务，因此这些领域中创造出了越来越多的就业机会。资料显示，从 1971 年到 1996 年，英国消费者的总消费额增加了大约 75%，但是休闲产品和服务的消费额增加了大约 100%。休闲产品和服务在总消费中的比例从 22% 提高到了 26%⑥。随着休闲在经济中所占份额的增加，经济的休闲化趋势明显，这使得休闲产业的发展日益重要。但是，与休闲实践相比，学者对休闲产业的界定正如休闲概念的多元一样，其定义和含义仍然是模糊不清的。

琼斯（Jones）认为休闲产业是在市场上提供的有关娱乐、体育以及具有空闲时间特征的产品和服务，休闲产业的产出和结构是多样化的⑦。肯·罗伯茨虽未明确指出休闲产业的定义，但他提出休闲产业提供产品和服务，并能够

---

① ［美］苏珊·霍纳，约翰·斯瓦布鲁克. 全球视角下的休闲市场营销［M］. 罗兹柏，主译. 重庆：重庆大学出版社，2012：16.

② ［美］麦克林，赫德，罗杰斯. 现代社会游憩与休闲［M］. 梁春媚，译. 北京：中国旅游出版社，2010：39.

③ 王宁. 略论休闲经济［J］. 中山大学学报（社会科学版），2000，40（3）：13-16.

④ ［美］卡拉·亨德森. 休闲的延伸观点：可能性与挑战［J］. 浙江大学学报（人文社会科学版），2008，38（11）：112-121.

⑤ ［英］D. R. 威廉姆斯，M. E. 帕特森，J. W. 罗根巴克. 超越商品隐喻：考察对场所的情感和象征依恋［J］. 休闲科学，1992，14（1）：29-46.

⑥ ［英］马丁，梅森. 旅游业在城市更新中的作用［J］. 休闲研究，1988，7（1）：75-80.

⑦ ［英］斯蒂芬·G. 琼斯。英国的休闲产业，1918-1939［J］. 服务业杂志，1985，5（1）：90-106.

反映出相关群体的特性①。休闲产品和服务的供给渠道包括公共休闲部门、非营利部门和商业休闲部门，其中商业休闲部门是休闲产业发展的主要部门，约占该行业的90％②，当然也是最不稳定的③；这3种部门涵盖10种不同的休闲服务机构，分别是公共机构、商业游憩部门、员工服务与游憩福利部门、军队士气福利与游憩单位、个人组织、校园游憩项目、康复治疗游憩服务、旅游与酒店业④。埃廷顿进一步区分了休闲服务与产品的概念，认为休闲服务是通过种种安排来提供一些人们所期望的、有用的和必要的东西，通常是一些体验；休闲产品则是一个有形的休闲物品，如滑雪装备和服装⑤。所有的休闲产品和服务都具有两个特征：第一，休闲产品和服务容易受到时尚趋势的影响，这使得提供休闲产品和服务的企业具有比较高的风险；第二，休闲产品和服务的增长率高于其他产品和服务，这意味着成功的休闲产品和服务的供应商可以获得很高的回报⑥。

此外，美国维基百科将休闲产业界定为主要提供游憩、娱乐、体育和旅游相关产品和服务的部门集合。英国的休闲产业报告中将休闲产业定义为向消费者提供休闲产品和服务的部门集合，它能够满足人们对休闲机会、体验和设施的需求，尤其是体育、文化、游憩、娱乐、餐饮、住宿、赌博和博彩等方面的休闲需求。

可以看出，国外学者的表述中，休闲服务业而不是休闲产业往往是其用到较多的一个术语，休闲服务业的主要内容是休闲产品和服务的生产和消费，主要功能是提供服务，并且是提供与休闲和娱乐相关联的服务。休闲服务的项目策划、休闲服务的质量与价值等问题是西方学者关注的领域和焦点。此外，在休闲产业部门分析中，休闲产业的商业性也受到学者的关注，如肯·罗伯茨指出休闲产业是商业性的，永远受利润的驱动⑦，因而休闲商业化问题受到了一些学者的批评。

贝特西·韦恩（Betsy Wayne）等就坚持认为休闲的商业化限制了个人的

① ［英］肯·罗伯茨.休闲产业［M］.李昕，主译.重庆：重庆大学出版社，2008：2.
② ［奥］萨利文，等.休闲与游憩：一个多层级的供递系统［M］.张梦，主译.北京：中国旅游出版社，2010：223.
③ 乔治·托克尔岑.休闲与游憩管理［M］.田里，董建新，曾萍，等，译.重庆：重庆大学出版社，2010：253.
④ 麦克林，赫德，罗杰斯.现代社会游憩与休闲［M］.梁春媚，译.北京：中国旅游出版社，2010：190-191.
⑤ 克里斯多弗·R.埃廷顿，德波若·乔顿，多纳德·G.道格拉夫，等.休闲与生活满意度［M］.杜永明，译.北京：中国经济出版社，2009：367.
⑥ ［英］肯·罗伯茨.休闲产业［M］.李昕，主译.重庆：重庆大学出版社，2008：2.
⑦ ［英］肯·罗伯茨.休闲产业［M］.李昕，主译.重庆：重庆大学出版社，2008：6.

自由，而不是扩大了个人的自由，休闲的大规模生产使得一些休闲活动如跑步转变成为一项数百万美元的产业①。并且，休闲产品和服务的供应商往往都想使他们的产品对潜在顾客尽可能有吸引力，而竞争有时就可能来自使休闲服务的消费过程尽可能地不费力气②。

国内学术界对什么是休闲产业的研究虽较多，但尚未形成统一的看法。于光远认为，休闲产业是为满足人们的休闲需要而形成的产业③。这一表述指出了休闲产业形成和发展的基础即休闲需要，这成为后来学者界定休闲产业概念考虑的因素之一。在此基础上，马惠娣进一步将休闲产业概括为与人的休闲生活、休闲行为、休闲需求密切相关的领域④。这一概念将休闲产业上升到经济层面，休闲需求较之休闲需要，更贴近人们的休闲消费生活，但并未明确提出界定这一概念的依据。许峰指出，休闲产业的界定应以经济活动的主体特性为依据⑤，它是为人们提供产品和劳务的部门⑥，是为其休闲消费者的需要创造便利条件并提供所需商品和服务的综合性产业⑦。在此基础上，卿前龙明确提出休闲产业当属于经济学研究范畴，应遵循经济学的定义方法。在经济学里，休闲是消费者对休闲物品和服务有消费需求的一种消费活动，因而休闲产业是为国民经济中所有生产休闲物品和服务的部门⑧，这一观点成为诸多学者研究休闲与休闲产业的基础和依据。

3. 休闲产业概念界定

以上分析对把握和理解休闲产业概念提供了重要参考，休闲产业的概念特征、内涵和属性等逐渐明晰。回到本书研究的学科视角，在产业经济学学科背景下界定休闲产业，更需要认识产业的概念，然后来确定存在于经济环境之中的休闲产业概念。

《辞海》将产业的概念界定为由利益相互联系的、具有不同分工的、由各个相关行业所组成的业态总称，它们的经营对象和经营范围都是围绕共同产品

---

① ［美］贝特西·韦恩，斯蒂芬·韦恩. 身份与休闲商品化［J］. 休闲研究，1992，11（1）：3-18.

② ［奥］萨利文，等. 休闲与游憩：一个多层级的供递系统［M］. 张梦，主译. 北京：中国旅游出版社，2010：59.

③ 于光远. 休闲、休闲产业人的全面发展［N］. 中国新闻出版报，2002-12-18（3）.

④ 马惠娣. 21世纪与休闲经济、休闲产业、休闲文化［J］. 自然辩证法，2001，17（1）：48-52.

⑤ 许峰. 休闲产业发展初步探析［J］. 中国软科学，2001（6）：112-115.

⑥ 楼嘉军. 休闲产业初探［J］. 旅游科学，2003（2）：13-16.

⑦ 唐湘辉. 我国休闲产业结构特征及其影响因素分析［J］. 求索，2006（12）：42-44.

⑧ 卿前龙. 休闲产业：概念、范围与统计问题［J］. 旅游学刊，2007，22（8）：82-85.

展开的①。

芮明杰认为，产业是国民经济中产品和劳务的生产经营具有某些相同特征的企业或单位及其活动的集合和系统②。李江帆指出的产业概念与此相似，即生产具有共同特性的某类产品的集合体③。江小涓等提出，第三产业是指除农业和工业以外的所有经济活动的集合体。"第三产业"这个词最初被使用时，具有专业化、企业化提供服务并提高效率的含义④。因为原本由制造企业内部和消费者自己提供的服务转变为由专门的服务企业提供，带来了提高生产效率的真实变化。

江小涓等进一步指出，学界并没有给出集合体的共同特征，在后来研究中，服务业内部的异质性受到关注。因而，服务业的复数形式（services）逐渐替代了单数形式（service），学界的研究对象从"服务部门"转向"服务产业"⑤。

结合这一部分的研究可以认为，休闲产业是指投入一定的人员、资本等要素，生产或提供的产品和服务具有休闲特征的企业或单位及其活动的集合和系统。这一概念可以从3个方面解读。第一，休闲产业是满足人们享受和发展的产业；第二，休闲产品和服务在生产过程中涉及了休闲娱乐性质，这是理解休闲产业概念的基础；第三，休闲产业是个产业群，没有明确的产业边界，即它以满足人们的休闲娱乐需求为核心，不断与其他要素融合发展，从而扩大产品和服务的范围，向外辐射。可以认为，一个地区、一个国家等地域范围内所有休闲形式及其相关服务提供者的集合体，共同构成了该地区、该国或研究关注的任何其他地域范围内的整个休闲产业。

## 二、休闲产业的内涵

产业一词最早由重农学派提出，特指农业。在人类迈入资本主义大生产时代后，产业主要是指工业，在英文中，产业与工业的表示方式都是industry。马克思主义政治经济学曾将产业表述为从事物质性产品生产的行业，并被人们长期普遍接受为唯一的定义。20世纪50年代以后，随着服务业和各种非生产性产业的迅速发展，产业的内涵发生了变化，不再专指物质产品生产部门，而是指"生产同类产品（或服务）及其可替代品（或服务）的企业群在同一市场上相互关系的集合"。在这里，不管是物质性生产行业，还是服务性行业，产

① 夏征农，陈至立. 大辞海 [M]. 上海：上海辞书出版社，2015：362.
② 芮明杰. 产业经济学 [M]. 上海：上海财经大学出版社，2005：171.
③ 李江帆. 文化产业：范围、前景与互动效应 [J]. 经济理论与经济管理，2003（4）：26-30.
④ 江小涓，等. 服务经济——理论演进与产业分析 [M]. 北京：人民出版社，2014：24-27.
⑤ 江小涓，等. 服务经济——理论演进与产业分析 [M]. 北京：人民出版社，2014：16.

业这个概念都是从生产或供给的角度来定义的。而休闲体育的概念则是从个体消费角度来定义的。我们知道，休闲体育活动本身是个人参与的身体活动，但是这些活动的展开是需要外在条件的，也就是说，体育活动需要外在服务条件。体育活动是由两种行为合成的，一是消费者自己的行为，二是自己或社会提供的作为外部条件的行为。从消费服务总体考察，人类社会存在的基本消费方式有 3 种类型：第一种是自己生产消费资料，自己消费；第二种是社会提供消费资料，消费者消费，即消费品的供给和消费分离；第三种是消费资料一部分由自己承担加工服务，一部分由社会提供加工服务，消费者消费。第一种方式是自给性的，即"自我服务型"消费方式，其特点是"每个人除了自己从事生产劳动或对生产劳动进行剥削外还必须执行大量非生产的并且部分地加入消费费用的职能"。第二种方式是社会化的，其特点是消费者自己承担的加工和服务全部被社会所提供的加工和服务替代。第三种方式介于自我服务和社会化之间，兼有二者的特点。消费服务由消费者个人承担，还是由社会承担，以及各自承担多少，反映着消费方式的不同类型、消费结构是否合理，标志着消费者自由全面发展的水平。

由于休闲这一活动现象包含的范围非常宽泛，由此决定了休闲产业包罗万象，涉及不同行业和领域这一特点，只要与人们的休闲行为和休闲消费有关的产业，都可以被列入休闲产业。休闲产业是以满足人们休闲需要为目的的产业，这一点也决定了休闲产业发展的内涵。从这个角度来讲，休闲产业是一个体系。对休闲产业的界定与划分应该以系统论的思维来考察。

关于休闲产业的界定，在产业的实际运行中遵循着基本相同的发展规律，产业所涵盖的领域也大同小异。主要集中反映以下 4 个含义。

第一，休闲产业是由消费者的休闲消费需求引发的产业，是以休闲消费者为对象的产业；

第二，休闲产业是提供休闲产品的产业；

第三，休闲产品包括休闲物质产品和服务产品；

第四，休闲产业是一个范畴宽泛的复合产业，包括旅游、文化、娱乐、体育以及相关装备等领域。

## 三、休闲产业的分类

目前，对休闲产业的分类尚未达成一致，究其原因主要在于：第一，理论界尚未对休闲产业有统一的定义，分类的理由和依据也模糊不清；第二，各国或各地区对休闲相关产业的统计口径迥异，导致分类存在差异性；第三，学者们因研究课题不同而产生不同的研究视角，导致分类各有侧重。尽管如此，仍可以从中了解到休闲产业的门类主要包括文化业、娱乐业、旅游业、体育业、餐饮业、批发零售业、信息业、交通运输业、会展业。也应看到,如今随着社会的发展,除了以上所指出的休闲产业门类外,一些与社会大众休闲生活息息相关的行业也在不断地涌现和发展,如园林绿化业、信息通信业、金融业、房地产业、环保业。基于此,纳入本书研究的休闲产业包括文化业、旅游业、体育业、娱乐业、餐饮业、会展业、批发零售业、园林绿化业、信息通信业、交通运输业、金融业、房地产业、环保业 13 个部门。

## 第二节　休闲产业发展现状分析

休闲产业相关研究、概念界定、类型总结等构成了休闲产业发展研究的基础性内容,这是认识休闲产业发展状况的前提。本节紧扣这些基础内容,从宏观视角梳理了我国休闲产业各部门的发展现状,分析了我国休闲产业管理体制、产业政策的变化,总结了我国休闲产业整体的发展阶段和特征,剖析了个案城市休闲产业发展的历程和特点。通过这一节的分析,希望能展现我国休闲产业发展状况的全局式基本面貌。

### 一、休闲产业发展现状

（一）文化业

当今世界,文化与经济、政治、科技的结合日益紧密,已经形成一个产业而且正在发展成为一个重要的产业群。纵观国外发达国家,自 20 世纪 50 年代起,文化产业在互联网等信息技术的推动下得到前所未有的发展。经过半个多世纪快速发展,文化产业已经成为发达国家国民经济的主导产业,同时在国际上亦产生了重要的影响力,譬如美国的电影业和传媒业、日本的动漫业、韩国的网络游戏业、英国的音乐产业等,在国际文化产业中都占据了重要地位。

在我国,自 2002 年党的十六大报告首次将文化产业纳入政府工作报告后,各地政府纷纷制定文化产业发展规划,推动了我国文化产业相当程度的发展,产生了巨大的社会效益和经济效益,主要体现在两个方面。

1. 文化产业增收明显

在"十三五"规划的引导下,我国文化产业有序发展。2018 年,我国文化产业实现增加值 38 737 亿元,较 2004 年增长 10.3 倍;2005—2018 年,文化产业增加值年均增长 18.9%,高于同期 GDP 现价年均增速 6.9 个百分点;文化产业增加值占 GDP 比重由 2004 年的 2.15%、2012 年的 3.36%提高到 2018 年的 4.30%,在国民经济中的占比逐年提高;2019 年,全国文化及相关产业增加值为 41 171 亿元,占 GDP 的比重为 4.48%,比上年提高 0.22 个百分点。可见我国文化产业经济总量明显增加,文化产业市场繁荣发展。

2019年，按行业大类分，文化制造业增加值为11 999亿元，占文化及相关产业增加值的比重为29.1%；文化批发和零售业增加值为4 340亿元，占比为10.6%；文化服务业增加值为24 832亿元，占比为60.3%。值得注意的是，文化产业构成中的文化制造业比例从2004年的47.7%下降到29.1%，文化服务业则从40.0%上升到60.3%。这一方面显示出文化产业正逐渐发展成为国民经济的一个重要组成部分，另一方面体现出文化产业在为大众提供信息获取、审美享受、娱乐等社会功能的价值不断显现。

2. 文化产业跨界融合发展加速

在互联网时代背景下，文化产业与信息产业融合形成的信息传输服务业发展迅猛，在2015年实现产业增加值28.58亿元，比2013年增加1 055亿元，年均增速为25.9%；2019年第三季度的信息传输、软件和信息技术服务业增加值当季值为8 341.3亿元，累计值为32 689.7亿元。信息传输服务业中，软件和信息技术服务业是研发投入最集中、创新最活跃、辐射带动作用最强的行业之一，软件和信息技术服务业在产业升级及政策支持下呈现加速发展的态势。2020年1—5月，我国软件业完成软件业务收入27 999亿元，同比增长4.2%，软件产品实现收入7 546亿元，同比增长0.7%。1—5月，信息技术服务实现收入16 990亿元，同比增长7.3%。其中，电子商务平台技术服务实现收入2 782亿元，同比增长12.1%；大数据服务实现收入768亿元，同比增长4.5%。

在创新驱动战略的引领下，文化产业与创意产业融合形成的文化创意和设计服务业也呈现蓬勃发展态势，2015年实现增加值49.53亿元，比2013年增加1 237亿元，年均增速高达15.4%。2019年上半年，文化服务业的占比继续提高。文化服务业营业收入的增速为13.0%，分别比文化制造业、文化批发和零售业快8.6和7.5个百分点；文化服务业营业收入的占比达40.9%，比上年同期提高了4.2个百分点。这些数据实际隐含着，在供给侧改革推进背景下，我国文化产业已经从数量型增长迈向质量型和效益型，在未来的发展中其布局会更为合理，结构会更为完善，成为增强我国民族自信、实现美丽中国梦的重要产业。

（二）旅游业

随着旅游活动的日趋丰富和参与者的日益增多，旅游业已经成为全球最大和发展最快的经济部类。联合国世界旅游组织发布的数据显示，旅游业已经成为全球第三大出口行业，仅次于石油和化学品，领先于食品和汽车。2019年，全球旅游总人次（包括国内旅游人次和入境旅游人次）为123.1亿人次，较上年增长4.6%；全球旅游总收入（包括国内旅游收入和入境旅游收入）为5.8万亿美元。旅游业的巨大效益也推动着各国积极发展旅游业，现如今投资旅游业已经成为增强各国综合竞争力的重要战略决策。2019 年，中国在全球旅游业竞争力榜单中排名第十三位，比上年提升两个位次。另据世界旅游组织测算，旅游收入每增加 1 元，将带动相关行业增收 4.3 元；旅游业每增加 1 人直接就业，社会就能增加 5～7 人就业。旅游业对经济的拉动能力由此可见一斑。近年来的利好政策使得我国旅游业发展处于黄金发展期。首先，经济的快速发展为旅游业发展提供了坚实的基础；其次，全域旅游纳入政府工作报告，进一步凸显了旅游业在经济社会发展的总体布局和国家重大战略中的地位与作用；再次，旅游交通体系的完善进一步增强了游客在旅行过程中的便利性、娱乐性和体验性，旅游的大众化趋势更为明显，已经成为大众居民最重要的休闲方式之一。这一系列有利政策带来的直接效益主要体现在：第一，旅游业总收入高速发展，2019 年 4 月，文化和旅游部授权中国旅游研究院发布了《2019 年旅游市场基本情况》。发布的数据显示，2019 年，我国全年实现旅游总收入 6.63 万亿元，同比增长 11%；旅游业对我国 GDP 的综合贡献达到 10.94 万亿元，占据了 GDP 总量的 11.05%。第二，国内旅游市场井喷式发展，2019 年，旅游经济继续保持高于 GDP 增速的较快增长。国内旅游市场和出境旅游市场稳步增长，入境旅游市场基础更加稳固。全年，国内旅游达到 60.06 亿人次，比上年同期增长 8.4%；入出境旅游总人数 3.0 亿人次，同比增长 3.1%。可见，旅游业对我国经济增长的拉动作用显著，已经成为国民经济战略性支柱产业之一，成为满足人民美好生活的幸福产业。

（三）体育业

在休闲产业中，体育业是一个后起产业，但属于迅速崛起的庞大产业。20 世纪中期后，随着欧美发达国家人均 GDP 相继步入 3 000～5 000 美元的发展阶段，社会对于人的健康、生活质量密切相关的大众体育服务消费品的需求迅速上升，极大地激发了体育休闲业的内在潜力，实现了体育产业多元化发展的格局。进入 90 年代后，随着人均 GDP 水平的进一步抬升，体育休闲业逐步实现了大众化、生活化，其产业规模和产值均超过了职业体育而成为全球体育产业的主导产业。

近年来，随着国民对健身娱乐、景观体育等消费需求的渴望，体育产业规模呈不断扩大趋势。2007—2014 年，我国体育产业增加值从 989 亿元提升到 4 040.98 亿元，人均体育消费水平增长了 52%，大众体育健身休闲意识逐渐增强。值得注意的是，2014 年，国务院 46 号文件《关于加快发展体育产业促进体育消费的若干意见》指明了体育产业的发展方向，并将全民健身上升到国家战略，要求大力培育健身休闲、竞赛表演、场馆服务、中介培训等体育服务业。这一政策的提出引发了国民运动休闲浪潮，运动休闲（athleisure）这个词成为时尚潮流趋势，如今骑行、跑步、健身、秀马甲线的人越来越多，体育已从专业赛事发展为全民参与的文娱活动,体育休闲蔚然成风。与此同时,在供给侧改革进一步推动下,2015 年的体育产业开始规模化发展,首先是大量企业争相布局运动赛事,参股足球、篮球俱乐部等,其次是体育服务业快速发展,比如万达宣布未来的战略重点是体育产业和体育旅游,智美体育积极发展体育智能设备和体育运动健康大数据。我国参加体育锻炼的人数不断上升,从 2015 年到 2019 年,我国经常参加体育锻炼的人数从 3.9 亿增长到 4.4 亿。随着锻炼人数的增长,我国体育产业产值同样持续增长,2019 年我国体育产业产值为 2 660.34 亿元,较 2018 年增加 251.3 亿元,同比增长 10.43%;我国体育消费市场也在逐年增长,市场规模从 2015 年的 4 760.1 亿元增长到 2019 年的 11 654.8 亿元,年复合增长率为 19.61%;近年来我国体育行业相关企业注册量快速增加。到 2019 年,体育相关企业注册量达到 156.6 万家,较 2018 年增加 81.6 万家,同比增长 109%。从目前大量的体育智能设备、运动手机软件(App)等现象,就可以窥见我国的体育产业正迎来高速发展。

(四)娱乐业

自工业革命后,娱乐业就逐步得到发展,在其基本范围内——电影、电视、电台、景观体育、主题公园、赌场、杂志、报纸、书籍、儿童玩具等,娱乐业已经成长为一个重要的产业部门。在日本,20 世纪 80 年代时,娱乐制造业就已成为第五大产业部门。在 20 世纪 90 年代初,美国人一年花费在娱乐活动中的费用就高达 3 400 亿美元。在我国,现代娱乐业是伴随着改革开放的步伐发展起来的,尽管起步较晚,但在"互联网+"的战略推动下,在 IP 价值全面升级下,越来越多的资本涌入娱乐产业领域,将娱乐产业视为未来最有增长潜力和价值回报的投资领域。同时,国家也高度重视泛娱乐产业的发展,电影产业、音乐产业、网络游戏产业等领域的相关政策法规相继出台,以利于行业的良性发展。娱乐产业的布局和发展,进一步加速了互联网企业战略部署的调整,这一布局会进一步加速我国娱乐市场的爆发式增长和娱乐产业的规模化发展。

(五)园林绿化业

20 世纪 50 年代后,发达国家经济发展迅速,人们的闲暇时间开始增多,相应的休闲需求日益增长。为保障人们的休闲娱乐需要,公园通道或绿色通道景观开始建设。这一规划理念直接促进了城市休闲产业的发展,并反过来成为城市更新的重要手段。比如 20 世纪 90 年代,澳大利亚墨尔本市政府建设并美化了其园林绿化系统,清理了河流,改造了河滨公园,从而促进了与休闲相关的产业的繁荣,增强了城市的竞争力。

近年来,随着我国大众生活水平的不断提高,居民对休闲生活环境日益关注,于是城市公园、滨水绿地、绿道、居住区绿地、广场等园林绿地景观规划建设被提上日程。尤其是随着我国"十三五"规划将生态文明建设纳入政策体系后,各地都纷纷制定绿色发展战略,如上海提出要将廊道、绿道建设列入重大项目建设,并通过绿道,将现有的绿地和公园串联起来,建设城市慢行系统,为居民提供充足的游憩和交往空间。当然,充分发挥园林绿化业的休闲价值,也离不开相关部门的支持,在美国,国家园林协会会利用园林资源,开展娱乐活动、体育活动等,其宗旨是倡导积极的生活方式,并促使社区组织改变策略,为人们创建一个良好的工作、生活和游玩环境。

## 二、休闲产业发展阶段与特征

### (一)发展阶段梳理

与国际经验相似,我国休闲产业也是经济现代化和城市化过程中产生和发展的产业部门集合,在此过程中,经历了3个发展阶段,产业规模由小变大,产业格局由点状式向全局式发展。

1. 20 世纪 90 年代中晚期的个体层面发展

20 世纪 90 年代晚期,我国东部几个大城市人均 GDP 开始迈入 3 000 美元的发展阶段,休闲产业发展呈现出地理集中性的特点。1997 年,深圳人均 GDP 率先进入 3 000 美元,随后,上海于 1998 年、广州于 2000 年、北京于 2001 年先后进入人均 GDP 3 000 美元阶段。这一时期,深圳已经由一个边陲小镇发展成为初具规模的新兴城市,但是城市功能的单一限制了其进一步的发展。经济的快速发展也催生着城市功能向多元化转变,1995 年,深圳提出建设"现代文化名城"战略,之后一系列有关文化建设的政策文件出台,并致力于"两城一都一基地"文化项目建设,即"图书馆之城、钢琴之城、设计之都、动漫基地",真正做到把文化发展纳入城市发展规划战略中。此时的上海,确立了都市旅游的发展目标,包括都市风光、都市文化和都市商业三大内容。现实实践已表明,东方明珠、杨浦大桥、上海博物馆、上海图书馆、上海大剧院等先后成为上海休闲产业发展过程中的标志性建筑与休闲服务设施。历史的发展总是表现出相似性,北京于 1997 年提出大力发展文化产业后,文艺演出、出版发行、影视节目、文化会展、古玩艺术品交易、动漫、网络游戏等文化产业项目的规划和发展被提上日程,尤其是 798 艺术区的规划项目,成为北京休闲产业发展的品牌项目。此时的广州,正站立在改革开放的前沿,一大批休闲文化设施先后建成,1992—1998 年,广州建设了电视台、购书中心、芭蕾团、美术馆、雕塑公园、歌剧院、报业文化广场等休闲文化娱乐设施,同时博物馆、文化馆、艺术馆、艺术表演场所等规模不断扩大,旅行社、星级酒店、旅游景区等旅游部门快速发展。这一时期,广州的文化艺术、新闻出版、广播电视、旅游业等休闲相关部门发展,并逐渐走向规模化。

2. 21世纪初期的区域层面发展

20世纪90年代晚期，受制于经济发展水平，休闲产业还只是"零星式"的发展状态。进入21世纪，随着更多城市的人均GDP水平迈入3 000美元，休闲产业的区域性发展特点逐步呈现。除了北、上、广、深外，2002年后人均GDP超过3 000美元的城市包括天津、南京、厦门、青岛、大连、宁波、杭州、苏州等城市。可以发现，这些城市主要集中在东部地区，分布在京津冀、长三角、珠三角三大区域。休闲产业的发展，高度聚集在以少数几个大城市为核心的都市圈里。这些城市中，尤以杭州的休闲产业发展进程最为快速，并形成了自身的特色。

2006年，杭州举办世界休闲博览会，围绕"休闲"要素，杭州优化城市休闲功能，譬如还湖于民的举措，拓展城市休闲空间，增强休闲的公平性；发展十大特色潜力行业，包括美食、茶楼、疗休养、演艺、化妆、保健、运动休闲等，延伸休闲产业链条；注重城市休闲特色打造，将城市定位为休闲之都，其本质是做大休闲产业规模，服务于本地居民需求，从而能够吸引更多的人才进入城市，提高城市竞争力。与杭州城市定位相似的是成都，尽管成都人均GDP于2006年才突破3 000美元，但成都氤氲的休闲气质促使其2003年就提出打造"休闲之都"的发展方向，此后成都积极打造文化娱乐、体育休闲、医疗保健、餐饮等产业的发展，逐渐促进了成都休闲产业的规模化发展。现今，成都已经成为除了北京、上海、广州、深圳外，年轻人最期待和渴望去工作和生活的城市，这与成都良好的城市休闲环境有密切关系。

3. 2008年至今的整体层面发展

在经济继续高速发展的背景下，2008年我国人均GDP整体突破3 000美元，这标志着我国休闲产业发展的全局版图开启。值得关注的是，这一年我国颁布了新的休假制度，居民享有的总休闲时间大约占到全年时间的1/3，这为休闲产业的发展提供了制度保障。值得注意的是，2008年的全球金融危机，也暴露了我国经济发展模式的问题，即对出口的依赖以及政府为了追求短期社会稳定而牺牲环境和长远的理性发展。为此，建立新的发展方式，即更依靠国内消费和降低对投资和出口依赖的方式，成为我国经济发展的转折。

2008年的世界金融危机冲击了各个行业，但是以网络销售和B2B中小企业电子商务为代表的网络经济在此过程中获得了快速发展，同时部分外贸型的B2B企业转向内贸，因此，2008年后"互联网＋内贸"的发展模式刺激和带动了国内消费，有学者称这种经济发展模式为信息经济。国内消费需求的旺盛，为我国休闲产业的崛起和发展提供了机遇。从发展实践看，2008—2015年，我国平均每人互联网支出每年增长15%，用户的消费内容主要包括娱乐（视频、游戏、音乐、阅读等）、信息（新闻、搜索、学习、地图等）、社交

（微信、微博、电子邮件等）、电子商务（购物、银行交易、账单支付、旅行预订等），这些内容基本都涵盖在休闲产业范围内。可以发现，经济发展模式的转变，居民可支配收入水平的提高，以及休闲时间的增多，这些背景和条件直接影响了居民的消费支出模式，显著的改变是更多分配用于有趣的产品和服务消费，如金融服务、医疗保健、住房家具、传媒娱乐、文化娱乐、餐馆酒店、观光旅游等，而用于普通必需品的花费减少，相应带来的是休闲相关产业的发展，如消费金融服务业、医疗保健行业、家居行业、文化娱乐业、餐饮业、旅游业等。

2014 年，我国经济增速放缓，这意味着我国经济发展进入了一个新的发展阶段，2015 年的中央经济工作会议首次提出"我国进入经济发展新常态"。这种新常态包含 3 个要义，分别是速度从高速增长转为中高速增长；结构不断优化升级；动力从要素驱动、投资驱动转向创新驱动。这一发展模式转变的具体体现是信息（数据）成为社会生产活动的投入与产出要素，"云端"为代表的新信息基础设施的建设，生产组织和社会分工方式倾向于网络化、平台化，以满足消费者的个性化需求。因而我们看到，大数据在休闲产业中的地位越来越重要，比如一部电影可以通过对数据的分析和运用提升票房，可以被越来越多的消费者通过智能手机、平板电脑等科技产品观看，可以被儿女们通过在线服务为父母提供观影服务等。一道餐饮通过 O2O 平台打通了消费者和商家，包括下单、支付、配送等环节，便捷了消费者的生活需求。一部交通工具通过出行平台使得消费者的出行更加智能化和便捷化。一部智能手机让消费者的娱乐方式更加多样。不可否认，大数据全方位联结着消费者的休闲娱乐生活，这种模式已经渗透到工作中，如今的工作场所开始追求场景化，除了工作空间，还囊括了咖啡厅、书吧、酒吧、剧场、画廊、健身房、医疗诊所、游戏室等空间，提供给工作者最舒适的工作与休闲环境，以最大限度地发挥他们的创造力。

需要进一步说明的是，除了经济、时间等因素，休闲产业的发展与城市的发展、中产阶层的崛起也密不可分。首先，相比乡村，城市拥有 3 个独特的优势，即投入品的分享、劳动力市场的群聚、知识的溢出[①]。投入品的分享可以使得供应商能够根据客户的需求提供高度专业化的产品和服务，所以城市能够举办大型的节庆演艺活动，是因为城市有足够的观众来共同分担成本；劳动力的群聚使得城市的各种生产要素可以更好匹配，所以城市的休闲娱乐活动丰富多彩，是因为城市的规模经济使得餐馆、饭店、咖啡吧、酒吧等做到专业化，

---

① 陆铭.空间的力量：地理、政治与城市发展［M］.上海：格致出版社和上海人民出版社，2013：7.

于是消费者就获得了休闲娱乐消费的多样性；知识的溢出指的是生活在城市中的人，其创意和思想的产生和传播更快，人与人之间的信息交流更频繁，从而可以获得更高的劳动生产率，促进产业的创新发展。纽约、伦敦、巴黎等国际大都市的繁荣同样受益于不断放大人类的创造性这一能力，其本质体现就是大量人才的汇聚带来了人与人之间交流的更多机会，因而休闲这一要素就在其中发挥了重要作用。其次，我国经济的快速发展造就了中产阶层的崛起，他们的消费习惯和理念已发生重大变化，最显而易见的是家庭消费结构的改变，娱乐、教育、文化、交通和通信消费支出升幅较快，食品消费支出不断下降。他们不再会为柴、米、油、盐、醋、茶的"茶"付钱，但会为琴、棋、书、画、诗、酒、茶的"茶"买单，这意味着精神层面的消费成为社会的主流，消费者对产品和服务的品质、效率、体验的认知程度越来越高，这其实就是当今社会人民对美好生活向往和追求的体现。但现实的发展问题是产业供给质量还有待提升，比如电影类型的单一、娱乐节目的一成不变等；产业链条还有待延伸；产业布局的均衡性还有待加强等，这也正是中共十九大报告中提出的社会主要矛盾转化的问题，即人民日益增长的美好生活需要和不平衡不充分的发展之间的矛盾。

从 20 世纪 90 年代晚期至今，我国休闲产业经历了从散点式到区域型再到全面型的发展历程，基本形成初具规模的产业体系，但在资料利用、内容提供、消费渠道、创新能力等方面还存在一些明显的短板，这些问题都需要通过供给侧改革来有效解决。

（二）发展特征总结

从我国休闲产业发展状况梳理和发展阶段分析看，我国休闲产业呈现 4 个主要特征。

1. 休闲产业综合性特征显著

休闲活动的范围实际上是无限的，因为它取决于每个个人的动机[①]。这一观点隐含了休闲产业的综合性特征。随着休闲产业在国民经济中的地位日益增强，几乎每个产业部门，都或多或少地与休闲产业相关。从学者对休闲产业相关概念的界定看，休闲产业涵盖的门类较多，无法把握其边界。就好比休闲和生活的其他部分之间很难划出一条明显的界限，那么，休闲消费和人们的其他消费活动之间也没有清晰的界限，因为休闲产品和服务本身就包含在"消费者的产品和服务"之中。从现实生活中看，我们也无法区分开消费者购买生活必需品的花费和购买纯休闲产品与服务的花费，休闲产业内部企业之间的较强的关联性，造就了休闲产业本身的综合性和行业边界的模糊性。

---

① ［法］罗歇·苏. 休闲［M］. 北京：商务印书馆，1996：1.

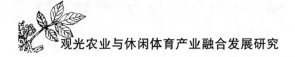

2. 休闲产业精神需求性特征明显

从某种意义上说，休闲首先是一项消费活动。如果把人的消费活动分为物质消费和精神消费，那么显然，休闲消费的精神属性更强。尽管休闲产品和服务的提供要借助于物质化的载体，但产品和服务的真正价值体现在其精神内涵上。从休闲产业门类看，旅游、文化、娱乐、体育等都是人们寻求愉悦、满足幸福感等精神层面的产业部门。以与大众居民休闲娱乐消费密切相关的餐饮业为例，曾经，餐饮是家庭生活的重要组成部分，正所谓"民以食为天"，人们在"吃"上重点解决的是"吃饱"问题；而随着人们生活水平的提高，餐饮消费从家庭转移到社会，如今的人们更愿意外出就餐，在"吃"上重点解决的是"吃好"问题，即餐饮环境要好、餐饮服务要高、餐饮品类要多等，这些要求实际上都是精神消费的重要内容。为满足人们转变的消费需求，餐饮企业也是纷纷改良，推出各色佳肴。单就上海来说，已经形成覆盖国内八大菜系，延伸到欧美、东南亚、日本、韩国甚至非洲的菜肴，类型包括了正餐、快餐、团餐、主题餐厅、商务套餐、休闲餐饮、婚庆餐饮、农家乐等各种业态。足以见得，精神性的消费需求极大地延伸和拓展了休闲产业链条。

3. 休闲产业跨界融合力度增强

产业的跨界融合已成为经济转型升级的重要手段，反映到休闲产业上，这种融合主要体现在两个层面。其一是产业之间的融合，休闲产业涵盖门类广，在创新驱动的经济发展模式下，部门之间的融合力度不断增强。比如文化产业，其与旅游、体育、餐饮、零售、房地产、金融、信息、创意等相关产业的融合密度加强，已经形成了"文化＋"产业发展模式，既拓宽了产业的广度和深度，又提升了产业的附加值和竞争力。其二是技术与产业的融合，比如数字化技术。数字化技术与休闲产业的融合，一方面形成了数字电视、数字广播、数字图书、数字电影等产品形式，它不仅推动休闲产品和服务的生产方式改进，提高生产效率，同时也深刻改变了人们的休闲娱乐体验方式。另一方面催生了数字图书馆、数字博物馆、数字艺术馆以及动漫游戏、网络视频、创意设计等产业业态，不仅极大提升了休闲产品的生产能力和服务水平，而且推动了休闲产业规模和质量的发展。

4. 休闲产业组织行为复杂性强

相比一般的物质生产和交易，休闲产业内部的生产和交易行为要更复杂，因为它与人的关系更为密切，尤其是人的精神消费需求具有多元性和不可控性，所以其产品的供给和人的需求之间往往存在较强的信息不对称性。这一特征一方面表明休闲产业发展的风险较高，另一方面说明休闲生产和交易过程的分工和专业化较强。以电影业为例，电影的制作和发行已经演变成一个多元、复合型的产业。在每一部电影的拍摄、发行和营销过程中，都有各种不同规模和类型的组织参与其中。电影开拍前需要多方协调，涉及剧本策划团队、投资方、演员、制作团队等，拍摄结束需要后期剪辑、配音和混音等工作；一部电影真正制作完成后，要考虑发行数量和影院票价问题，这又决定着整个产业的营业利润。因而一部电影的生产和交易不可能由一家公司独立完成，通常都是围绕一部电影的生产制作、发行等工作成立的分属各个专业化公司人员组成的团队。电影产业的生产和交易的复杂过程一定程度是整个休闲产业生产和交易的缩影，休闲产业链上的各个环节都需要高度专业化的团队成员来完成，可见其组织行为的复杂程度。

## 第三节　休闲产业的发展与开发

### 一、休闲产业的发展

（一）宏观支持

1. 延长产业链

延长产业链就是要从休闲的直接需求（终端需求），往上游一步一步地延伸，这样的延伸就会使休闲产业作为一个产业体系更加完善，而且对国民经济的拉动作用更大，很多产业都涉及这个问题。企业面对的是一个终端需求，终端需求的好处是直接拉动消费。但是，每一个终端需求同样都会形成中间需求，终端需求又进一步拉动上游产业的发展。这就是为什么要延长产业链。同时，终端需求还会衍生出一系列的其他终端需求，也同样会使产业链拉长。

2. 扩大产业面

休闲涉及生活的各个方面，它不仅仅是一个单一的产业链，而是各个产业链之间的组合、整合后形成的一个产业面。同时对于一个地域来说，休闲产业的全面发展自然也形成了一个产业面，这个产业面应该说是覆盖社会生活方方面面的。

3. 形成产业群

产业群的发展培育了整个产业的实力，也构造了产业的形象。现在休闲产业的实力应该说具备了，尤其是在发达国家，但是产业形象并不鲜明，大家都没有在休闲产业总的平台之上来研究产业发展的问题。如果以上 3 步都达到了，整个的休闲产业就会迎来一个大发展的局面。

（二）微观拓展

1. 休闲产业发展中的问题

因为休闲企业的特点是规模都比较小，所以没有一定数量的企业，休闲产业是支撑不起来的。现在休闲产业在发展过程中，最主要的两个问题是信息不对称和激励不相容。

（1）信息不对称。市场需求是多方面的，市场上的供给数量也非常多，而两者之间信息不对称，消费者要想找到企业比较困难，企业找到消费者也比较困难，所以自然而然就形成了交易成本比较高的状况。

（2）激励不相容。在休闲企业的发展上政府没有明确的态度，甚至没有管理的意识，就形成了这样的局面：开发商有一套想法，运营商也有一套想法，消费者又有另外一套概念，各个方面的激励不相容，甚至发生了冲突。这也是影响休闲企业发展的一个重要因素。

企业就是有效率、专业化的经济组织。但是，目前休闲企业的特点恰恰是效率不够高，专业化不够强，虽然是经济组织，但多数都是家族式的，甚至家庭性的，这样的经营方式自然不能适应市场需求的发展。休闲产业的发展，呼唤一批真正休闲企业的产生，休闲企业的产生一定会推动休闲产业的长远发展，两者是相互依存的关系。

从企业的长远发展来说，现在也同样存在着一系列的问题，比如没有完善的法人治理结构，更有甚者，像家族式企业，连账本都没有，税务部门对这部分企业所采取的收税方式往往是包税制，因为这部分企业的总收入很不好计算。

从经济管理方面来看，休闲企业没有得到充分发展；从学界来看，对于休闲企业几乎没有研究（除了休闲企业中的旅游企业，学界现在是研究得比较透彻的，对其他类型的企业几乎没有研究）。有些很专业的项目，比如漂流、高尔夫，这些方面的理论研究在国内还是十分欠缺的。其实，这些项目的学问很大（如日本有专门的高尔夫学院）。因此这应该引起学界的关注。

2. 休闲业的拓展

（1）市场主体。把休闲企业真正当作市场主体来看待，就意味着它应该变成有效率、专业化的经济组织。

（2）市场环境。培育一个公平的市场环境，就是使市场在公平的法律框架下运行，创造一个良好的市场环境。企业在市场上的绝对公平是不可能的，因为企业进入市场的时间有早有迟，机遇有多有少，规模有大有小，这种公平只是一个法律框架内的公平，这种公平应该是可以达到的。现在国内的休闲市场还没有达到公平的程度，尤其是在城市有大型的节庆活动的时候，这种弊端就会体现出来。比如，武汉的吉庆街，那里非常热闹，人们在那里会感觉非常的放松，觉得那条街里洋溢着生命的气息和生活的热情。但是，只要城市搞活动，这条街就会被管制，整条街变得冷冷清清，活动过去了，街道才恢复正常。其实，吉庆街在一定意义上已经变成了武汉的一个品牌，真正需要管的是让它卫生一点、环境搞好一点。

（3）"顶天立地"的大企业。培育一批"顶天立地"的休闲企业，这一批企业的培育实际上不需要给更多的优惠政策，而是能够在政策方面宽松一些。比如，北京的九华山庄、杭州的世界休闲博览园、港中旅在珠海投资的海泉湾等。这些企业现在已经初具规模，只需要进一步的政策支持就能发展成为"顶天立地"的休闲企业。从国际上来看更是如此。比如，迪士尼主题公园、韩国乐天集团的娱乐场、日本九州岛的海洋巨蛋等。这些国际的大型企业，做出了一系列的休闲产品，这些产品形式各异、别出心裁。实际上这种发展对应的正是最普遍的社会需求，而且随着休闲需求不断增长，势必就需要一批"顶天立地"的大型休闲企业，甚至大型休闲企业集团。

（4）"铺天盖地"的小企业。休闲产业的发展不仅需要一批"顶天立地"的大企业，还需要"铺天盖地"的小企业，这些小企业应该具有便利性、灵活性等特点。市场上需要一部分巨型的大企业和灵活便利的小企业，来全面满足老百姓日常休闲生活需求，这两种企业配合，才可以构成一个比较完整的企业组合和产业体系。

## 二、休闲产业的开发

历史丰富传统，是差异化开发的基础。大国的规模化扩展，是现在运作的条件。体系化发展，是未来的方向。

### （一）树立新的资源观

原来讲旅游资源是两大类：一类是自然旅游资源，即名山大川；一类是人文旅游资源，即名胜古迹。实际上，结合国际的旅游发展经验和我国旅游业的发展历程，可以很清楚地看出，很多东西不完全是靠这两类资源的。我国在2002年制定的旅游资源分类调查与评价标准中，就专门设立了一个新的资源概念——社会旅游资源。可以说，近年来，很多地方对社会旅游资源的运用产生了非常大的作用，如中华人民共和国文化和旅游部评定工业旅游、农业旅游示范点，就超越了传统的自然旅游资源和人文旅游资源的概念，实际上就是对社会旅游资源的利用。这三大类旅游资源的定位，就意味着旅游业基本上没有不可用的东西。

此外，树立新的资源观还指可以从观光旅游、度假旅游、特种旅游、商贸旅游等角度来研究和划分旅游资源。有些地方，观光旅游资源不足，但其他旅游资源丰富，就不能简单地判断该地旅游资源不足，而要从其他资源研究当地旅游业发展问题。

因此，对旅游资源的认识必须更加开阔一些，除了认识的开阔，还要进一步地细化，研究怎样将资源转换成产品。这里涉及3个概念：第一种概念叫"无中生有"，比如，深圳基本上就是一个"无中生有"的地方，但深圳有市场，只有拥有广泛的市场，它的旅游产品才能"无中生有"。第二种概念叫"有中生好"，就是说，这里资源是有的，但还要在里面生出好。第三种概念叫"好中生优"，旅游开发的方向应该是有中生好，进一步好中生优的。这才是产品的概念。在这里不宜过分强调资源，关键在于如何利用。

（二）产品评价

第一类情况，是人文类的产品，在现实中体现出来的往往是"很有说头，很少看头，很没玩头"。因为中国历史悠久，5 000 年的文化不曾中断，各地的文献典籍非常丰富，历史上的名人逸事一般都很有说头。然而，中国的古代建筑基本上是土木结构，无法长久保留下来，能流传至今的也只是石窟和塔建筑，其他所谓的古代建筑大体上是明清以后的，这就势必造成地面上有看头的景点越来越少。形成"很有说头，很少看头，很没玩头"的普遍情况。

第二类情况，是自然类的产品，通常体现出来的是"很少说头，很有看头，很没玩头"。实际上，把自然类产品的"没说头"转换成"有说头"是比较容易的，只要在自然科学方面下功夫，自然能形成一套比较生动的说法。但是，这些说法仍需要对应消费的深层心理结构，使旅游者兴奋起来。就是要把"说头"转化成旅游者的"看头"，进一步转化成旅游者的兴奋点。

总之，无论哪种旅游产品，都要"有说头、有看头、有玩头"。在此基础上才能更好地研究产品是否有市场；否则，只能是适得其反。

（三）建设

1. 组合度与优化度

对资源的认识和评价，除了其独特性和品位之外，还有实践层面的组合度和产品层面的优化度问题，其中，组合度多涉及区位、时间、资源品种的互补等。

2. 少开发，多利用

要少开发、多利用，是因为旅游发展永远有阶段性的局限；如果只片面强调开发，就意味着要进行大规模的建设，但大规模建设的可行性往往难以判断；如果在没有准确的可行性判断之时就急于进行开发建设，就很可能失误。对经济发达地区而言，由于有强有力的经济后盾，对建设决策中的一些失误还能进行弥补，对造成的环境影响也可以弥补；然而，对经济欠发达地区而言，一旦建设失误，就难以挽回。在规划和发展中，应注意谋定而后动。在总体思路上，要遵循少开发、多利用的原则。很多资源，尤其是文化性的资源，可以先行充分利用，把它们整合起来就成为产品。坚持这个原则，就可以少犯错误。

3. 强化软开发，适度硬开发

在规划建设的过程中，更多地要强调软开发。软开发的核心就是规划、设计与策划。在实际操作中，一定要努力将这些工作做到位。人们总有一种普遍的心态，即"多什么就烦什么，缺什么就想什么"，这在一定程度上导致了很多事情的盲动性。比如，农民羡慕城市，就往往把房外贴的白瓷砖看成城市化的一种标志，殊不知，这样的行为反而毁掉了自身特有的资源，这种情况非常普遍。旅游也是如此。发展旅游，就应该从游客的角度来考虑，游客厌倦了城市生活，才愿意亲近大自然，人们看惯了内地的文化体系，为追求差异化，才跑到其他地区来，这是很自然的心态。在规划中就需要强化软开发。所谓适度硬开发，不是说不搞建设，但是要适度。只有这样，才能把资源整合做到位。

4．良性循环格局

把观念创新付诸规划和发展的具体行动中，形成"思路出规划—规划出项目—项目出资金—资金出建设—建设出效益—效益出发展—发展出思路"的良性循环格局。

5．六个"第一"

第一，百年大计，策划第一。第二，策划方案，创意第一。如果缺乏创意，搞不好就成了想象力竞赛。第三，创意构思，特色第一。与其模仿，不如仔细研究自己具备什么特色，这才符合旅游经济作为特色经济的本质。第四，特色立论，文化第一。旅游的竞争说到底是文化的竞争，特色最终也要体现在文化上，不能把项目策划变成资金竞赛。从政府部门来说，必须对发展负责，必须对地方负责，必须对项目单位负责。文化方面所形成的特色，怎么强调都不过分。第五，文化竞争，市场第一。作为发展中国家，发展才是硬道理，文化不和市场衔接，再好的策划也立不住。第六，市场开发，超前第一。一些项目在立项时市场很好，等工期完成了，市场形势却大变，这里最根本的问题就是超前性不够。要在跟从潮流的基础上最终达到开拓潮流的境地。这六个"第一"有层次递进关系，也有内在逻辑关系，再形成传导关系，最后形成反馈关系。

(四) 产品与市场

1．产品分类

旅游产品可以分为 4 类：第一是观光旅游产品，第二是度假旅游产品，第三是特种旅游产品，第四是商贸旅游产品。当然，如果再往下细化，还可以分出很多。然而，多年以来，在旅游发展的模式上，全国普遍只注重观光旅游。我国从 1992 年就开始调整这种方向，可是，至今这个调整过程还没有完成，甚至可以说才刚刚开始。之所以形成这种状况，一个主要原因是市场还不够成熟。多年以来，旅游发展就是以观光旅游特别是文化性的观光旅游为主体，市场没有上升到一个更高的层次，也没有发育到更成熟的阶段。现在市场在变化，休闲度假旅游逐步培育，特种旅游开始逐步产生，商贸旅游发展势头已经兴起。但是，很多地方的基本思路还是单一观光旅游的发展思路，这样的思路既有好的一面也有不利的一面：一方面，它可以迅速带来人气，没有人气就没有财气；另一方面，它也使很大的投入得不到理想的回报，这是一个普遍的问题。在旅游产品方面必须研究好这四大类，最好能达到四大类产品的共同发展。

2. 市场分层

从消费的角度来说，市场可分为 3 个层面：高端市场、中端市场和大众市场。一般来说，观光旅游所对应的是大众市场，休闲度假旅游所对应的是中端市场，特种旅游和商贸旅游对应的一般是高端市场。市场包括这 3 个层面，如果我们把所有的精力都集中到单一观光上，也就意味着旅游只能对应大众市场。大众市场流量大，但是人均花费额比较低，甚至造成旺季的时候疲于奔命，但效益低的情况。必须研究 3 个层次市场的综合开发，实现高端市场的主导性、中端市场的主体性和大众市场的基础性。

3. 服务分档

主要体现在打造商务精品，创造文化新品，规范观光产品，提升休闲产品，使各个层次、各种偏好的旅游者各得其所。

4. 开发分时

开发时序问题很重要，有些项目开发早了失败，开发晚了又会错过市场机会。只有在市场最合适的时机开发，才能得到最大的效益。

5. 产品和市场的对应

首先要实现资源和产品的对应，然后再是产品和市场的对应。如果只强调资源，用资源直接来对应市场，这种思路是不对的。只强调资源就是依据现有资源来开发产品，然后再去寻找市场，这样往往会造成遍地开花的局面。如果能针对市场，有选择有重点地开发产品，效果则会好很多。各行各业都要以销定产，旅游也是如此。如果有什么资源就一定要形成什么产品，这样会造成很多无效劳动，投入很多无效资金，甚至形成近距离低水平的重复建设现象，也就意味着自己在和自己竞争，不会有更好的效果，必须研究产品和市场的对应关系。

从另一个角度来看，4 类产品也对应了 4 个层面：地方性产品、区域性产品、全国性产品和国际性产品。研究旅游发展首先就需要定位，地方性的产品对应周边市场，区域性产品对应区域市场，全国性产品对应全国市场，国际性产品对应的就是国际市场。对于地方性的产品，用不着研究如何加大投入把它提升起来，而对于国际化的产品，在这方面往往就要下功夫。

6. 新老产品与新老市场

一般来说，用新产品巩固老市场，用老产品开发新市场，是一个很好的模式。因为老产品都是比较成熟的产品，在市场上的影响也比较大，所以要用老产品开发新市场；而老市场多是回头客，所以必须用新产品巩固老市场。从这个意义上说，除了少数主题公园类的产品之外，旅游产品没有老化问题。再过1 000年，黄山不会老化，故宫也不会老化，旅游者一代代地成长。只有老市场，没有老产品。旅游产业不能简单地套用工业产品的生命周期理论①。

（五）建设一流的目的地

1. 发展脉络

回顾旅游发展与创新的过程，大体可以看出一个脉络：旅游目的地的建设和发展，在外延上不断扩大，在层次上不断提高，展示了良好的发展前景。具体表现为：一是初期开发。以直接的自然旅游资源和人文旅游资源作为对象物，开发成为旅游景区景点，形成普遍开发和遍地开花的局面。二是范围扩大。与社会各类经济资源相结合，创造了工业旅游、观光农业、观赏林业、采摘林业、休闲渔业、科教旅游等各类新型旅游产品，也形成了新的旅游目的地。其中，环城市旅游度假带的形成就是集中表现。三是层次提升。与各类发展要素深化结合，形成了旅居结合的景观房产新型运作方式。四是范围和层次的并进。开始研究休闲社区和主题城镇的发展。五是全面整合。在旅游城市的层次上强化。如果说市长的主要工作是经营城市，那么，旅游主管部门的主要工作就是包装城市和销售城市。从这个意义上讲，旅游工作自然更得到政府的重视，也更有利于目的地发展。以上几个方面，从总体上构成旅游目的地的结构和层次。既是历时态的过程，也是共时态的存在，这恰恰是中国发展不平衡的一种体现。但其中所展现出来的方向是令人振奋的，其中所蕴含的精神是需要深入研究的。

2. 总体要求

实践需要形成一套定性的总体要求。这些要求，首先是旅游者对一个完善的旅游目的地的要求，是市场性的要求。同时，也是旅游目的地自身谋求长远发展的内在要求。概括起来，是两个方面的"可"。

从旅游者的角度来看，一是可进入。这是对旅游交通基础设施的要求：区外大交通便捷，区内小交通舒适有趣，总体确保安全。二是可停留。这是对旅游服务设施的基本要求：进得来之后要散得开，有需要的地方要住得下。三是可欣赏。这是对自然景观和人文景观的要求：不仅是可观赏，而且要赏心悦目，也是对环境的更高要求。四是可享受。旅游不是受罪，以前旅游者只要能看到、能多看就满足了，现在则是享受旅游，不仅要满足，而且要满意；不仅要吃饱，而且要吃好。随着经济社会文化的发展，旅游者这方面的要求会越来

---

① 董金生. 休闲观光农业可持续发展对策初探 [J]. 南方农业，2020，14（24）：110-111.

越高，也就意味着旅游目的地面临着越来越严峻的挑战。五是可回味。离开目的地，回到常住地，回想起来，印象甚佳。达到这一步，就升华到一种境界。

从长远发展的内在要求来看，一是可联动。孤立的产品难以形成规模效益，要努力形成联动性产品，乃至形成环形线路。二是可拉动。在联动的基础上，形成足够的市场影响力，可以持续拉动市场。三是可推动。通过一个旅游目的地的发展，推动当地社会经济文化进步。回馈社会是一个有长远意识的负责任的企业的必然行为，其中不仅体现企业理念，也洋溢着一种文化精神。四是可发扬。旅游目的地的特色要持续发扬，尤其是对一些人造景区而言，能否做到这一点往往是生死成败的关键。五是可持续。要在加强环境保护、生态可持续的基础上，通过一系列的工作措施，努力达到市场影响力的持续增长，综合质量的持续提高，经济效益、社会效益和环境效益的持续保持。要达到这一点，就更需要管理的持续改进，人才的持续提高，竞争力的持续增强，最终达到全面的可持续发展。

3. 旅游文化的创新

（1）旅游文化。旅游文化可以简单地概括为：以突出的特色为文化形式，以丰厚的品位为文化内涵，以人文主义精神为文化本质。

文化形式的基本要求是具备突出的特色，而不是一般的特色，更不是雷同化。具体表现形式有资源的独特性、建筑形式的独特性、环境的独特性，以及三者之间的协调性。

文化内涵的基本要求是丰厚的品位。具体表现形式一是品类的丰富，二是味道的厚重，三是展示的精美，四是内涵与形式的统一和谐。

文化本质的基本要求是人文主义精神。旅游要做到在各个细节上体现对人的关心和尊重。从这一文化本质出发，景区需要做到以下几点：在建筑格局上要注重结构合理、功能完善；在设施配置上要处处为游客着想；要努力强化服务意识，提高服务质量。

（2）旅游区的文化目标。旅游区（点）的质量等级标准可以概括为"五级"：1A级卫生，2A级方便，3A级舒适，4A级完善，5A级文化。逐级递进，逐级包容，永无止境。

从观赏度方面来说，则可以概括为"五看"：想看，可看，好看，耐看，反复看。

（3）旅游文化创新的把握。在旅游文化的创新上主要把握4个方面。

一是异质文化。作为旅游目的地，异质文化的把握是发挥其特色的根本，对国外要弘扬中国特色，对国内要弘扬地方特色和民族特色，对本地要弘扬自我特色。这就需要从各个方面研究景区的历史化、民族化、乡土化、个性化等问题。

26

二是同质文化。大众化的旅游需要商业化的运作，也需要现代化的设施。从这一点来说，世界各个国家、国内各个旅游区（点）都是相同的。如住宿设施、各类公共设施等，都要提升到文化高度来认识、来操作、来努力达标，这就要求国际化、现代化和标准化。

三是异质文化与同质文化的有机结合。这就要求一部分相应的设施要达到异质外观，同质内涵，具备民族化的形式、现代化的内容。

四是管理和服务文化。其本质上也是同质文化，具有相通性、普遍性。服务质量所体现的是综合质量，从静态角度说，包括服务项目、服务设施、服务价格；从动态角度说，包括服务观念、服务技能、服务效率和服务态度。这样两大类体现出来的综合质量，只有在文化的层面上才能全面诠释，全面把握。

（六）商业模式：以景区为例

1. 开发的商业模式：卖什么

作为一个开发商，卖出的东西归纳起来可以包括8种。

第一，卖手续。卖手续的实质是卖关系，这可以说是一种最恶劣的做法。有些开发商凭着和当地政府的关系，把景区的经营权拿下来，然后又转手卖出，以赚取高额利润。这种做法不仅贬低了自己的信誉，更辜负了当地的信任，应坚决反对。

第二，卖理念。理念的载体是规划，首先形成一个好的规划，通过这个规划充分体现出景区的理念。同时，这个理念本身是值钱的，本身就可以卖。

第三，卖门票。这是景区长期的主体收入，也是现在景区普遍的经营模式。

第四，卖名气。从根本上来说是创品牌。对于那些一流的旅游资源，品牌基本上都已经创立出来，剩下的就是品牌如何持续的问题。然而，现在很多景区仍需要研究如何创品牌，这是值得好好探讨和反思的，因为好的品牌才可能卖名气。

第五，卖土地。卖土地实际上是卖升值空间。由于这两年国家土地政策的调整，使得成片的圈地可能性不大，但是在景区经营方面，还是有空间可利用的。此外，现在的很多景区手续很早就办下来，在土地的利用方面，就更需要认真加以研究。

第六，卖项目。景区里有很多具体项目，这些具体项目有时候可以分开来卖。卖的是议价空间，其核心就是理念、名气和土地这3个硬要素。

第七，卖综合。一个景区要根据自己的具体情况，形成一个产业链条，而不是单一的门票环节。比如，有足够的空间，就可以形成休闲、娱乐、度假、餐饮、住宿的产业链条。因为游客的需求是一个需求链，围绕需求链就会形成一个服务链，围绕服务链必然形成一个产业链。更何况，再进一步推演，需要把景区的各方面资源充分利用起来。比如，有的景区有一些土特产品，这就可以充分开发，甚至可以形成一个"公司＋农户"的模式，景区本身作为一个公司运作，和周围的社区连在一起。这个模式的形成，会使周边资源的利用更充分，产业链条更完整。

第八，卖股份。要形成多方式的资本运作，上市并不是唯一的方式。1998年时，桂林旅游的上市就引起了巨大的争议，各部门有支持的也有反对的，这种争执一直上报到国务院也未能达成一致。一开始的桂林旅游包含了4个景区，但最后都撤了出来，它们隶属桂林旅游集团但不在上市公司的行列，这就使得上市的规模缩小了一半多，国家也对此没有意见。然而，在之后国家发展计划委员会组织的两次调研中，由于部门意见的不统一，最终也没能得出结论，只能将该事搁置。景区的所有权和经营权分离问题也是如此，国家没有意见，但各地已经普遍施行。

从上述事例可以看出，在景区长远的经营方面，多方式的资本运作存在可能空间，但上市基本没有可能。景区还需要寻求更多的发展方式，如开发项目、发行企业债券等。同时，我们也应看到，如果资本运作做到位，就能更好地体现前面的"八卖"，景区也就有了真正的议价空间，而不完全局限于门票收入，这是很有利于其长远发展的。

2. 经营的商业模式：做什么

第一，做品牌。这是首先要做的。品牌对于每一个景区来说都是必需的，只不过有的品牌可能做大，有的可能做小，但不管做到什么程度，这是一定要做的事情。

第二，做环境。要把环境做到最好。这个环境不仅指自然生态环境，也包括文化环境、社区环境，甚至服务环境，景区服务员的状态就是一种服务环境。

第三，做知识。景区要让游客感觉到一种知识的熏陶。游客虽不追求成体系的知识，但还是喜欢有知识的东西，尤其是博物馆，或者以文化主题为主的这类景区。

第四，做文化。景区要形成自己的文化主题，形成自己的文化竞争力。现在很多景区认为只要在自然方面规划好就行，文化方面不需要下很大的功夫。其实不然，我们不能把文化只理解为一种文化符号。服务文化本身也是一种文化，服务做到极致也是文化。文化应该是一个大文化的概念，甚至是一个泛文化的概念，要把文化环境做出来。

第五，做娱乐。由于现在多数景区都以观光为主，形成了一种疲劳之旅，这种疲劳之旅使游客的兴奋度逐步降低，也让旅行的质量大打折扣。景区要强化其娱乐概念。其中一个重要的研究点在于广场娱乐。国外的很多城市和景区就很注重这类娱乐，广场活动花样百出，如歌手的弹唱、人扮成的雕塑等，都极大地增强了生活的趣味性。如果我们能有这样的广场娱乐、广场文化，景区就会有味道，就会有吸引力。广场娱乐的操作方式也很简单，只要提供一块地方给一些社会人士进行表演，培育出一种普遍的娱乐氛围，就可以使全民的娱乐性大大提高。

第六，做商品。现在我国景区的商品销售普遍不理想，全国在20％左右，这与国际上的30％还有很大的差距，而国内旅游则相差更多。对于旅游商品的研究是很重要的。目前有这样一个现象：不同的景区，旅游商品却如出一辙，除了一些与景区有关的纪念品外，大多都是牛角、珍珠、假画一类的商品。究其原因，主要还是成本问题。这类商品的成本很低，低成本就有相应的利润空间。如果去研究适合景区特点的商品，往往成本很高，一旦卖不出去，就会造成极大的损失。作为景区而言，如何定位自己的旅游商品，尤为重要。旅游商品不是简单的工艺品、纪念品，还包括工业性产品及土特产品，且后两者在购物花费中占的比重还比较大。对于景区来说，最适合销售的是土特产品和工艺品、纪念品。要使景区产品成本低、有特色、有品位，就需要研究景区和周边的结合方式。这种资源的挖掘、一村一品的方式有可能创造出一个新的模式。

这样就需要研究一下，我们在商品方面到底怎么做。对于景区来说，最适合销售的是土特产品和工艺品、纪念品。礼品档次偏高，不是景区能卖的东西。工业性产品用不着在景区买，可以到城市去买。比如，到意大利买皮鞋，到法国买香水。这都是工业产品，只不过有些东西把它结合起来了。比如，你在埃菲尔铁塔，不管买酒还是买香水，都是铁塔的造型。

这一方面需要好好研究，下点功夫。旅游商品又要成本低，又要有特色，又要有点品位，这就需要研究和周边的结合。我们现在总说是我们的社区问题、产品开发问题，其实中国工艺美术设计的旅游纪念品是一流的，设计绝对好，但是太贵了。北京开展了5次旅游商品设计展，东西真好，可是那是礼品；有的东西是藏品，不是旅游工艺品、纪念品。所以首先要把位置定准，事情才可能做得更好。

第七，做体验。这也是景区经营的一个核心，要让游客对此次旅行有一个深入的体验，这个体验综合了上面一系列的要素。这种体验也需要景区在情景规划、体验设计方面做更多的努力。

第八，做成长空间。景区卖的是议价空间、升值空间，在运营上就要做成长空间。一个景区一年来几十万甚至几百万的游客就是最大的优势，这个优势本身就孕育了成长空间。只不过这个成长空间要转化成具体的项目，转化成具体的工作抓手，这样才能卖出去。

第九，做商业机会。一个大景区的运行可能涉及二次招商，二次招商卖的就是商业机会；或者有些项目承包出去，卖的也是商业机会。

总之，如果景区能做到上述几点，尤其是将做体验、做成长空间、做商业机会这3个"做"做到位了，一般来说，景区就可以开创出一条崭新的道路。

3. 开发模式和经营模式的统一

我国很多景区现在大体还处在初期阶段，普遍采用的是单一经营模式，这样就造成单一景区、单一观光、单一主题、单一市场、单一门票的状态。目前90％的景区都是这样的状态。因为有门票收入支撑，景区并没有意识去寻求其他更好的经营模式。然而，随着竞争局势的日益激烈，原有的单一模式显然是不够的，景区必须研究开发模式和经营模式的统一。通过延长产业链，扩大产业面，形成产业群等方式来对应统一，来改变现在的单一经营模式，最终达到有形资产和无形资产的统一性。

第一，创品牌。资源品牌是天然的。有些地方的资源具有垄断性，有些则未必有垄断性，如生态旅游、温泉度假、溶洞、沙漠、森林等同质化的资源就谈不上品牌。要在资源的品牌基础上创立产品的品牌，要形成大家可以消费的产品、可以体验的产品。此外，还要把产品品牌转化提升到市场品牌。市场品牌主要靠营销，营销做不到位，市场品牌就出不来。没有任何一个景区是具有天然优势的，如世界自然遗产地九寨沟就是一个垄断性资源，它所形成的品牌大体上也是垄断性品牌，但是去过一次九寨沟的人基本不去第二次。研究有形资产和无形资产的统一性，首先就要把无形资产打出来，要创品牌。

第二，重营销。营销首先要有资金预留。景区如果只重视建设，而忽视营销，是违背市场经济规律、以生产者为导向的思维，是不可取的。其次是人才预留。在建设的时候就需要研究营销的人才。专业性的营销人才可以从市场角度对景区的建设提出意见，促进景区更好地发展。最后是方式预留。营销方式应该多样，景区在建设期间需要把方式研究透。

第三，强管理。景区管理的复杂性远远超过一般的企业管理，如饭店管理、旅行社管理等，这就促使景区形成一个管理团队，这个管理团队应该是一个多学科的、真正有实践经验的、能够互相补充的团队，要求团队具备相应专业化和职业化的能力。目前，我国景区管理在专业化和职业化方面做得都不够，一个很典型的例子就是职业经理人的缺失。景区要想强管理，就必须在这两点上下功夫。

总之，从管理的角度来说，以上3个方面都需要进一步强化。有些东西不是马上就能办到的，管理的团队化应该说是可以努力做到的，但专业化和职业化则有待于经过市场的逐步培育。

# 第四节　休闲经济对国民经济的需求

任何一个经济领域的发展都需要国民经济的支撑，探讨休闲经济对国民经济的需求主要涉及以下方面。

## 一、收入的增长

收入的增长是培育休闲经济的一个重要前提。在发达国家，15 年左右总体收入可以翻一番，这是一个稳定增长的态势；在我国，人民收入呈现出健康向上的增长态势，未来也会有一个较高的增长速度。主要存在两方面的因素：一方面，随着社会经济的发展，人民对生活质量的要求不断提高，不再甘愿做廉价劳动力，对收入提升的呼声越来越高，引起社会各界的重视，促使收入增长，促使国家加强社会保障体系的建设与完善。第二次世界大战以后，发达国家基本上经历了两个变化的阶段：第一个变化的阶段是随着 20 世纪 50 年代经济恢复和 20 世纪 60 年代的经济成长，形成了普遍的高福利制度，这种高福利制度不仅体现在收入上，也体现在时间上，但是这种福利制度一旦形成会形成一种刚性，所以就变成一个不干活的人占了社会便宜的现象，生孩子生得多的人占了社会的便宜，在福利制度保障之下，也是一种大锅饭养懒汉的状态，因为工作的人缴纳的所得税很重，国家要集中一部分财力来保持社会福利的均衡，形成高福利制。

到了 20 世纪 70 年代，大家感觉这个制度已经维持不下去了，这样从撒切尔夫人开始，展开了一个公共行动的改革，这种公共行动的改革基本上是把政府当一个企业，把政府所服务的民众当作顾客，来研究这个"企业"如何低成本、高效率地运行，从而在这个基础上来对现行的高福利制度进行调整，包括大量的国有企业私有化、股份化，国有经济退出，转化成民营经济。这个过程很艰苦也很痛苦，很多政府就是因为推行这样的制度，最后下了台。包括日本前首相小泉推出的邮政改革运动，一开始遭到议会的全面反对，最后小泉是把这个事情当作他的政治生命来赌博，解散议会，重新选举，最后还是把这项改革推行下来了。

这样一个改革方式就意味着，市场经济发达的国家，基本福利保障比原来的高福利要适度地降低。而我们现在基本的福利制度正在逐步地建设过程之中。严格地说，我们现在还谈不上高福利，再加上西方很多配套的政策我们现在都没有采用，包括很多法规，比如说高额递进的所得税制度，我们现在基本没有采用，所以我们现在个人所得税的大头是工薪阶层在缴纳，真正有钱的人反而缴纳得不多，这也形成了一个独特的现象。再比如说遗产税，我们现在还没有采用，关于遗产税的讨论，讨论了若干年，但是考虑到我们现在推行遗产税还是不行，如果我们现在采取西方这样的遗产税制度，马上就会形成一个现象，富人大量地外流，财富大量地外流，所以这也需要假以时日，才能够逐步地完成。

从近年来我国社会福利制度的建设来看，虽然是宽领域、广覆盖和低水平，但是给老百姓的基本生活提供了保障，改变了社会不稳定的心态，促进了社会及经济的发展，所以从这个角度来看，全世界逐步地发展使收入稳定增长，福利制度有全面保障，从而有助于大家在有钱有闲的时候有更大的勇气和动力去休闲度假，给休闲经济的发展创造了条件。

## 二、二元结构的缓解

二元结构的缓解促进了休闲的均衡。在经济研究中，通常把主要精力放在城市人口上，对于发达国家来说这样是可行的，因其城市人口占了整个国家人口的主体部分。然而，我国是典型的二元结构。截至 2021 年 5 月 11 日，我国居住在乡村的人口为 50 979 万人，占 36.11%。与 2010 年相比，乡村人口减少 16 436 万人。2020 年，我国农业总产值 10.7 万亿元，占到 GDP 的 10%。这就涉及一个二元结构的转换和二元结构的缓解问题。虽然不可能做到绝对均衡，但相对的均衡也可使我国二元结构得以缓解，同时也构成了一个休闲需求的均衡。之所以乡村休闲、乡村旅游备受关注，主要是一个需求的均衡，同时也是一个财富再分配的过程，在另外一个意义上也刺激了需求的均衡。

目前，中国具有三农旅游，即农村旅游、农业旅游、农民旅游。农村旅游是一个区域经济的概念，也是一个农村经济结构调整的概念；农业旅游是一个产品的概念，也是现在乡村旅游的主体；而农民旅游是一个市场的概念，富裕的农民正不断地转变思想，成为现实的或潜在的旅游者，形成了一系列的联动作用。从需求的均衡来说，二元结构的缓解短期内很难解决，基本上是以30%～40%的人为主体，来拉动整个休闲业的发展，逐步使 50%～60% 的人也受益，进而培育自己的需求，这也就形成了中国休闲经济不健康的发展状态。

## 三、假日结构的完善

假日结构的完善促进休闲需求的增长。2021 年，国家规定的法定节假日有 11 天，包括元旦等法定节日，在总量上加上每周的休假日已经不算太少了，但缺乏较长时间的假期，这种较长时间假期的发展是在高福利制度之下培育出来的，这是我国现阶段经济状态下还无法做到的，但是可以有相对的调整。比如，欧洲人可连休 1 个月，我国也可设计一个相对较短的连休制度。这里不完全是假日结构的延长问题，更主要的是结构的完善问题，这种结构的完善将会进一步促进需求的增长。

## 四、市场环境的公平

在发展过程中，尤其是休闲产业的培育，市场环境的公平是更重要的一个方面。一个产业的培育并非一定要得到优惠政策才能培育起来，毕竟在市场经济条件下，对于一个产业的优惠就是对其他产业的歧视，对于一个企业的歧视同样也是对其他同产业企业的歧视。企业最基本的需求是公平，休闲经济的成长也不例外。然而，由于受传统经济发展理论的影响，第三产业总是处于边缘化的地位。传统的经济发展理论认为，国民经济的增长主要靠五大生产部门，即工业、农业、商业、运输业、建筑业，而非生产部门不创造价值，第三产业却恰被归于非生产部门，所以在政策的制定与执行的过程中，第三产业总是处于被歧视的状态[①]。类似的不公平现象并不只是第三产业，如城市与农村、外资与内资企业、国有与民营企业等，这也是我国市场经济培育过程之中的短板。休闲经济的发展首先或者很大程度上取决于市场管理部门。然而，达到绝对的公平却不是一件简单的事情。例如，一方面我国饭店业的水、电、气价格居高不下的状况持续多年都迟迟得不到解决，成为困扰整个行业发展的难题，直到2001年的国发9号文件才针对这个问题进行调整。然而，政策落实的过程却仍阻碍重重。另一方面，我国休闲需求在普遍产生，而供给体系却没有全面形成，所以对于第三产业的培育，迫切地需要公平的市场环境，从而促进休闲业供给体系的形成与完善。

# 第五节　休闲产业的整合

## 一、产业发展基本规律

第一阶段追求规模扩张，第二阶段追求品种丰富，第三阶段追求特色发展，这是各个产业发展的基本规律，也是在竞争的过程中必然要产生的。

对于休闲产业来说，我国现在处于第一个阶段，而发达国家已经进入了第三个阶段——特色发展的阶段。在第一个阶段追求规模扩张，有以下两种基本的思路：

第一种思路是通过不断地扩大再生产，增加新的基本建设项目，来形成产业规模的扩张。

第二种思路是通过对现有资源的整合，来逐步地形成产业体系，达到通过

---

① 张文玲．浅谈休闲产业与国民经济［J］．法制与经济（中旬刊），2009（10）：106-107.

内涵的深化发展的目的，同样是一个规模扩张的过程。

在中国的现阶段之下，我们追求规模扩张需要两条路并进，一方面需要新的项目不断地投产、不断地建设，另一方面需要整合现有的产业体系。

## 二、产业融合的内涵释义

### (一) 产业融合的定义

不同时期、不同学者对产业融合的定义都有所不同。厉无畏在 2003 年对产业融合下了定义：产业融合是由于资源、市场、技术等各种要素的渗透、交叉，而后又进行重组，导致原本独立的产业逐渐融合，产生新产业的动态过程[①]。

马健将产业融合的定义概括为：由于技术融合和产业管制的放松，各产业发生了业务、组织、管理和市场方面的资源整合，由此引起的竞争合作关系导致产业界限的模糊化[②]。

李美云认为产业融合是原本各自独立、性质各异的两个或多个产业的产业边界逐渐消失或模糊而使企业成为直接竞争者的过程[③]。

胡金星提出产业融合是一种在开放产业系统中，不同产业构成要素间竞争演进而形成一个新兴产业的过程。

使用厉无畏对产业融合下的定义作为基本定义，则产业融合可分为 3 种形式：一是产业渗透，产业技术之间的渗透融合，是利用信息技术向其他产业进行融合，如互联网信息产业与农业融合，将信息技术应用于农业，用于监测和监管农业生产农事活动。二是产业交叉，产业链条之间的交叉融合，不同产业间的融合形成了新的产业，休闲农业就是交叉融合的典型，把农业和旅游业进行融合，具有很强的综合性。三是产业重组，产业之间由于转型升级进行结构调整，内部各产业之间重组融合。

产业间的融合创造全新的价值链，实现 1+1>2 的效果，带来显著的经济效益，促进产业的转型升级，实现价值增值。产业融合运用创新的手段将产业内部或不同产业之间进行融合发展，优化产业结构，提升竞争能力，提升经济效益。

### (二) 产业融合的类型

从不同的视角分析，产业融合类型的分类也不尽相同：

产业融合可以分为需求融合和供给融合，这是按照市场的供给与需求分类的。

① 厉无畏. 中国产业发展前沿问题 [M]. 上海：上海人民出版社，2003：54.
② 马健. 产业融合理论研究评述 [J]. 经济学动态，2002 (5)：78-81.
③ 李美云. 国外产业融合研究新进展 [J]. 外国经济与管理，2005 (12)：12-20, 27.

产业融合也可以分为替代性融合与互补性融合两大类，这是按照技术分类的。

基于替代性融合和互补性融合这个分类，结合了供给性融合与互补性融合，然后出现了新的产业融合分类：包括供给替代性融合、需求替代性融合、需求互补性融合以及供给互补性融合。

产业融合又可以被分类成完全融合、部分融合、虚假融合这 3 种类型，这是基于融合程度和市场效果得出的分类方法。

（三）产业融合的特性

产业融合摒弃了传统的产业创新理论，对产业创新有进一步的论述，其实产业融合就是打破了人们传统意义上的产业创新，即一种新范式的产业创新，它促进了整个社会系统的变革。

在不同产业之间的边界位置，产业融合大多数情况下出现在此处。产业融合的发生是某个产业内与产业外进行信息与物质的交换。由于某些产业处于产业边界位置，它与别的产业进行的信息、技术、能量以及物质的交互，使产业融合确实能够发生。

（四）产业融合的过程

产业融合是一个缓慢、动态且不断变化的过程。开始阶段，两个及两个以上的产业"互不相干"。但是当产业规模不断变大以及相关技术出现更新时，部分产业组织以适应生存为目的，就会生产越来越多功能、用途不一样的产品，造成了有些产业的产品出现相似的现象，它们"相互依存"，但是它们的关联度不大。然后更多的产业生产用途、功能不一样的产品时，部分产业的边界会慢慢出现模糊的情况，进而出现不同产业交叉、互融的情况，融合型产品随之被生产出来，这表明产业融合已经出现。

发生上述产业融合的各类产业中，产业 1 会促进产业 2、产业 3 的发展，产业 2 和产业 3 反过来也会促进产业 1 的发展，并且逐渐出现产业创新的现象，当新兴产业的出现以及融合型的产品在市场中占主要位置时，产业融合就彻底实现了。

## 三、产业融合的理论分析

（一）产业融合理论

产业融合最早产生于 20 世纪 60 年代，西方学者对其关注并取得了一定的研究成果。产业融合最初出现在信息技术领域，90 年代时产业融合理论才逐步形成，我国学者从 21 世纪之后才开始对产业融合进行研究。产业融合是在多个产业或不同产业之间相互交叉渗透形成新的产业的动态过程，产业融合的发展进程包括从技术融合到产业业务融合再到市场融合 3 个阶段。随着技术创

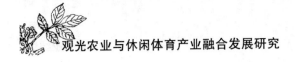

新发展与市场的需求加强，管制放松的情况下，产业间竞争合作关系的加强，在其发展过程中，技术、产品业务和市场的交叉渗透，各产业间边界模糊最终融合出现新的产业。

休闲农业实质是现代农业和旅游业融合的新业态，是产业融合的典型。两个产业相互交叉渗透融合发展，农业与旅游业相结合，合理优化配置并整合资源优势互补，改变单一的传统农业结构，产业链条延伸，产业结构得到优化。这样不仅促进农业的发展，还能满足游客回归自然、感受田园风情、农事体验、感受农耕文明、休闲娱乐和放松身心的多样化需求，有利于扩大市场内需，实现社会生态经济效益的协调发展。

（二）农业多功能理论

农业多功能最早产生于 20 世纪 90 年代初日本学者提出的概念，国内学者从 21 世纪之后对农业多功能理论进行研究。农业多功能是指农业具有多项功能，包括经济功能、社会功能、文化功能和生态功能等。农业具有的多功能特征提升了农业的效益，由单一化发展为多元化功能发展，是未来农业发展的趋势。

湖北省仓埠镇曾经是传统的农业小镇，经济发展动力不足，农民增收困难，靠天吃饭。发展休闲农业改变传统的农业方式，带动区域经济的发展是经济功能的体现；休闲农业的发展能拓宽就业渠道，解决当地农民的就业问题，提供就业岗位促进劳动力向乡村回流，这是社会功能的体现；休闲农业依托当地特色文化资源优势，进行科普教育，宣传推广特色文化，有利于传统文化的传承，这是文化功能的体现；发展休闲农业强调对生态环境的保护，这是生态功能的体现。

（三）可持续发展理论

可持续发展最初是在 20 世纪 70 年代瑞典首相布伦特兰（Brundtland）在 1972 年提出的概念。可持续发展理论要求在社会发展过程中，人们科学规划，合理布局，开发利用自然资源，将坚持生态平衡的原则作为前提条件，满足当前发展需要的同时，保证子孙后代发展所需的资源不受威胁；开发利用自然资源要有规划，不能超过承载能力，保证资源的繁衍持续。可持续发展理论是社会经济生态协调统一的发展方式，休闲农业的发展要把可持续发展作为前提，发展农业旅游开发休闲项目要合理规划建设，优化农业资源，保证资源和环境的可持续发展。

# 四、休闲农业的产业融合分析

（一）休闲农业的产业融合动因

近年来，产业间的融合发展成为当前社会发展的趋势，各产业间的交流合作加强，休闲农业是产业融合发展的典型，休闲农业的蓬勃发展是当前农业发展的新动力，产业结构得到优化，极大提升当地的经济效益。休闲农业是农业和旅游业的融合，农业提供农业资源，旅游业延伸服务到农业。休闲农业与其他产业相互渗透，相互交流合作的趋势也在逐渐加强。影响休闲农业的产业融合主要是市场需求、投资推动、技术革新和政策支持 4 个因素。

1. 市场需求

社会经济不断发展，人们的需求也呈现多样性的趋势，休闲意识逐渐增强，市场需求是休闲农业产业融合的根本内在动力，消费者需求升级推动了休闲农业产业融合发展。乡村的自然风貌和乡土文化吸引游客回归自然，休闲娱乐、农事体验等娱乐项目来放松身心，从而亲近自然，舒缓压力。休闲农业是农业和旅游业的有机结合，乡村旅游的发展依托农业资源，也是农业产业的转型升级。休闲农业旅游满足人们旅游需求的多样化和个性化，促进农业和旅游业的市场融合，加快休闲农业发展。

2. 投资推动

投资推动也是休闲农业产业融合的重要因素。近年来，我国社会经济快速发展，人们生活水平提升，休闲农业是当前发展的趋势。越来越多的投资者将目光定位在农村休闲农业的发展上，特别是资金雄厚的农民企业家和农业龙头企业对休闲农业的发展意愿强烈。休闲农业最初缺乏资金，现在获得资本投入，可以很好地推动休闲农业产业融合发展。投资刺激可以拉动经济，此外国家设立有专门为三农服务的农业银行、农业发展银行，还有专项补贴等优惠政策引导社会投资，满足休闲农业产业融合发展的资金需求。

3. 技术革新

产业融合最早是从技术领域融合开始的，技术的革新发展促进产业间融合的加强，各个行业之间的边界变得越来越模糊。信息技术的发展推动了休闲农业的产业融合发展，为各产业提供技术平台，产业之间深度融合。休闲农业的发展需要融合信息技术对农业旅游产品进行开发设计营销，增加个性化的卖点，增强吸引力；在管理方面运用大数据信息技术，为游客提供更好的服务，智慧管理精准施策。技术革新给休闲农业的产业融合发展带来了新的动力，产业之间深层次互动，休闲农业的发展前景广阔。

4. 政策支持

完善的政策推动了休闲农业的产业融合发展，也促进区域经济的发展。政府出台了一系列优惠政策鼓励乡村壮大发展休闲农业产业，为休闲农业的发展提供良好的环境，推进产业间的融合发展。近年来每年的中央 1 号文件连续多年明确提出大力发展乡村休闲农业，推动农村一、二、三产业融合发展，转变传统的农业发展方式，促进农民持续增收，培育新的经济增长点。休闲农业的

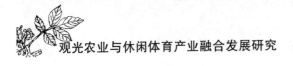

产业融合发展需要政策的支持，才能更好地健康发展。

（二）休闲农业的产业融合过程

休闲农业的产业融合过程是两大产业的产业链对接的过程，即第一产业农业与第三产业旅游业的融合过程。是农业为旅游业提供旅游资源，旅游业延伸服务到农业的过程。产业融合过程中，休闲农业产业由前期调查研究、中期生产加工、后期宣传销售环节组成。农业为旅游业提供农业资源，如农村的自然风貌和田园风光、农民生活的田间劳作形成的农耕文明、农村独特的建筑风貌，以及农村当地特色的民俗文化等旅游资源，加以充分开发利用。旅游业为农业提供服务，旅游活动依赖农业资源得以体现，与农业的各个环节交叉融合，开发出有特色的休闲农业产品，满足游客的多样性需求，促进休闲农业的快速发展。

（三）休闲农业的产业融合效果

产业融合整合各产业间的资源要素，优化产业结构，能更好地适应市场竞争，提高产品附加值。休闲农业的产业融合结合农业和旅游业的新型业态，农业提供资源，旅游业提供服务，两大产业结构更趋于合理，产业结构得到优化，提供了新的经济增长点。对于农业改变传统增加就业岗位，解决农村剩余劳动力，为农业农村农民创造更高的效益；对于旅游业带来新的业务来源和营利点，丰富产品类型，延伸旅游业发展。二者相互结合是城乡产业的衔接点，有利于推进城乡和谐发展。产业融合提升了产业之间的竞争力，促进产业间的创新，延伸了产业链，实现价值增值，催生新的合作形态，市场前景广阔。休闲农业的产业融合促进经济的一体化发展。

## 五、休闲农业产业融合的发展重点

（一）明确休闲产业概念

要发展休闲产业，首先就要明确休闲产业这个概念。现在很多企业在发展的过程中都还很迷茫，不知到底应该被纳入哪个行业，比如咖啡厅、酒吧、茶馆之类，按照休闲产业框架来说，这都属于休闲产业，可企业自己不清楚，也没人理清，基本上处于自由发展的阶段。对于产业的发展来说，对概念的理解是至关重要的，否则就可能造成市场的不稳定及"跟风"等不成熟的市场现象，使资源遭受浪费。比如，保龄球馆兴盛的时候，有的城市最大的保龄球馆达到108道。然而，没几年就很快从市场上衰落下去，很多保龄球馆被迫关门。

（二）整合产业

就休闲产业发展的历程来看，其整个过程都处于不断变化之中，这个变化就意味着需要在这个过程中不断地整合，实际上这也反映了休闲的时尚性特点。如果我们从投资和回报的角度来看，基本上是第一年投资，第二年回报，第三年可能就需要转化成新的经营业态了。所以休闲产业的培育、规模的扩张，整合可能比新增更加重要，尤其是一些大的项目，需要不断整合资源，突出自身特色，真正形成自己稳定的品牌，形成相应的市场影响。

比如迪士尼乐园。迪士尼乐园开园 50 多年了，全世界只有 6 个，它并不追求乐园的扩张，而是采取迪士尼品牌的扩张和产业体系的扩张，所以除了迪士尼 6 个乐园之外，迪士尼的出版物、玩具、电影等都形成了系列。前些年，迪士尼为进驻中国研究了 10 年，耗资 5 000 万，最后却得出不能进入的结论，但是迪士尼认为这 5 000 万花得很值，后来采取了先进驻香港再来上海的策略。这样一个世界性的品牌，一定意义上是美国生活方式的代表，是美国主流文化的体现。就我国来看，整合产业首先是三大体系的整合，即旅游体系、文化体系和体育体系这三大体系的整合。

（三）整合城市休闲体系

我国城市休闲体系客观上来看已经基本形成，但是需要理清，制定相应的标准，逐步提升，并把整个休闲体系整合起来。

（四）整合城市和乡村

通过这种整合来追求规模的扩张，追求品种的丰富，使我们从第一阶段迅速地进入到第二阶段，进而追求第三阶段的特色发展。

仅靠国家的优惠政策培育企业是行不通的，最主要的应该是靠市场的吸引。所以从这个角度来说，整合和培育是两个方面的任务，两者同时并进，在一定意义上现在也是 3 个阶段同时并进。若从发育过程来说，3 个阶段是历时态的，但是从现在的发展状况来说，3 个阶段却是共时态的，这也反映了我国国情的不平衡，一定意义上也反映了在经济全球化背景下我国休闲产业发展的一个总的框架。

# 第二章
## 休闲观光农业

## 第一节 休闲农业的认知

### 一、休闲农业概念

休闲农业，又称观光农业、休闲观光农业，是传统农业与现代旅游业相结合形成的一种新型交叉型产业，是利用农村设施与空间、农业生产场地、农业产品、农业经营活动、自然生态、农业自然环境、农村人文资源等，经过规划设计，以发挥农业与农村休闲旅游功能，增进民众对农村与农业的体验，提升旅游品质，并提高农民收益，促进农村发展的一种新型农业。

### 二、休闲农业分类

在休闲农业不断发展的实践中，多个特色鲜明的休闲农业类型逐渐成形。休闲农业类型的划分可以使人们更加清晰地认识休闲农业，把握其本质和特色，可为休闲农业企业发展提供宏观决策依据，也可为园区建设提供较为科学的参考。

根据休闲农业的定义、发展概况、目标市场定位及产品特色进行分析，将休闲农业划分为 8 种类型。

（一）观光采摘园

观光采摘园是指在城市近郊或风景点附近开发特色果园、菜园、花圃、茶园等，让游客入内摘果、采茶、赏花等，体验劳作过程，享受田园乐趣[①]。

中国观光采摘园于 20 世纪 90 年代出现在上海、广东等沿海经济发达地区。目前，观光采摘园在休闲农业类型中占据重要的位置，是中国休闲农业发展的最早形式，也是国外休闲农业最普遍的一种形式。综合看来，其基本特征为：靠近城市，交通便利；规模不求大，可集中连片；特色突出。

观光采摘园主要的服务对象是久居城市、经济基础良好、对产品品质要求较高的城市居民。与其他类型的果园、菜园等最显著的区别是其科学的园区管

---

① 朱磊. 旅游观光采摘园规划建设初探［J］. 农业与技术，2017，37（2）：214-215.

40

理、优质的果品及良好的基础条件（凉亭、座椅等）。园区主要构成元素是优良且可供采摘的农业产品（水果、蔬菜、瓜类、茶、渔业产品等）和良好的基础服务设施（餐饮设施、休闲设施等）。

（二）教育农园（场）

教育农园（场）又称认知农园，是利用农林业生产、自然生态、动植物、农村新生文化等资源，设计体验活动及进行教育解说，让一般学生、民众可以体验、学习的农园（场）。其更突出知识的传播和体验，兼顾有关技能的传授，以在生态教育、休闲体验中获取知识为主要目的。

教育农园（场）兼备了农业科技示范园区和休闲观光农业园区的观光休闲娱乐功能，是21世纪观光农业在全世界发展较为普遍的一种形式。北美洲和欧洲的教育农园（场）简直不计其数。在日本，政府对教育农园（场）投资比例大，政府还将建设教育农园（场）视为加强青少年心理健康教育的措施之一。中国的教育农园（场）起源于20世纪90年代，典型的教育农园（场）有北京的儿童农庄、海南的热带植物园等。

教育农园（场）主要以儿童、青少年学生及对农业知识、自然科学知识感兴趣的旅游者为主要服务对象，园区可提供农业认识、体验与相关教学服务。园区的主要构成元素是可供学习、认知的动植物、自然现象、农业器具等和可供休闲的其他服务设施。

（三）高科技农业示范园

高科技农业示范园又称农业科技园，是指在一定的地域范围内，以当地的自然资源、社会资源为基础，以农业生产、科技教育、技术推广等单位为依托，进行农业科技研究、实验、示范、推广、生产、经营等活动的农业新类型。其具有科研、实验、解化、推广示范、集聚、扩散等功能。

高科技农业示范园是随着现代农业时代的到来而悄然兴起的，中国的高科技农业示范园从1993年开始出现。2001年，国家农业科技园区建立，标志着中国高科技农业示范园走上了规范发展的道路。具有代表性的有上海孙桥农业开发区、珠海农科奇观、杭州传化高科技农业园区等。

高科技农业示范园一般具有以下特征：园区内高新技术和人才高度密集；产出技术高、新、精、尖和高附加值的农业产品或技术；园区内的行政、企业管理及经济运作方式有别一般开发区，更为灵活；具备良好的孵化功能；环境优美，田园风光和城市景观协调、融合，生活服务设施完善。

按园区的投资主体、带动方式、产业类型，高科技农业示范园可分为以下几种形式：按投资主体分为政府主办型、政府搭台企业运营型、企业主办型；按运作方式分为科技带动型、龙头企业带动型、开放带动型；按产业类型分为专业型、综合型。

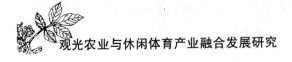

高科技农业示范园的主要服务对象是中小学生和对高科技农业技术及农业新产品知识感兴趣的人群，其主要构成元素是：现代高科技农业技术、农业新品种等。

（四）农家乐

农家乐是以农民家园为基本接待单位，以利用自然生态与环境资源、农村活动及农民生活资源、体验生活为特色，以农业、农村、农事为载体，以"吃农家饭、住农家屋、干农家活、享农家乐"为主要内容，以旅游经营为目的的观光农业项目。一般在原有的农田、果园、牧场、养殖场的基础上，将环境略加美化和修饰，以纯朴的农家风光吸引城市居民前来观光浏览。

农家乐源于欧洲的西班牙。我国真正意义上的"农家乐"始于20世纪90年代。近年来，"农家乐"旅游以其浓厚的乡土、田园文化气息，逐渐发展成为旅游产品类型中一个新的亮点，满足了当前中国城市居民返璞归真、回归自然的心理需求，吸引了许多城市游客的眼光。一些地方随之也兴起了"农家乐"旅游的热潮。在湖南、湖北、陕西、四川、上海等省份，"农家乐"已形成了产业链，促进了当地经济的发展。

农家乐服务的目标游客以中、低收入层次的城市居民为主，具有乡土气息浓厚、季节性明显等特点，一般可以分为农家园林型、花果观赏型、景区旅舍型、花园客栈型这4种类型，主要构成元素为农村风光、农舍民情、农家饭、农事活动等。

（五）生态农业园

生态农业园是指以生态农业为指导理念，在园区内建立农、林、牧、副、渔综合利用的生态模式，形成林果粮食作物、农林牧结合、桑基鱼塘等农业生态景观为主的观光农业类型。其既可为游客提供观光、休闲的良好生态环境，又为游客提供多种参与农业生产的机会，强调农业生产过程的生态性、艺术性和趣味性，具有良好的生态效益和社会效益。目前，比较成功的生态农业园有北戴河的集发生态农业观光园、广新生态园和深圳的海上田园等。

生态农业园的主要服务对象为具有较高科学文化知识、较强生态环保意识的居民和学生。园区的主要构成元素以生态农业模式、生态农业知识载体、生态农业观赏地、生态农业体养地为主。

（六）市民农园

市民农园是由农民提供土地，让市民参与耕作的园地。一般是将位于都市或近郊的农地集中规划为若干小区，分别出租给城市居民，用以种植花草、蔬菜、果树或经营家庭农艺，主要是让市民体验农业生产过程，享受耕作乐趣。

市民农园以休闲体验为主，多数租用者只能利用节假日到农园作业，平时交由农地提供者代管。德国是世界上较早发展市民农园的国家，在19世纪初，德国就出现了市民农园的雏形，确立了市民农园现在的模式。在中国，市民农园中的农地多由各种类型观光农园提供，农地平时由农园中的专业人员代为管理，租用者在空闲时间才来使用。

市民农园根据使用对象的不同，又可分为家庭农园、儿童农园、残疾人农园（如盲人农园等）。尽管有此分类，但市民农园一般都包含在其他观光农园类型中，较少独立存在。

市民农园主要服务对象为对农业和农业劳作感兴趣的城市人群，主要以家庭为主。园区的主要构成要素是一定面积可供出租的农田、农业基本设施（如灌溉设施、瓜架等）、基本农业物资（如种子、肥料、农业劳作工具等）和瓜果蔬菜栽培种植常识材料等。

（七）休闲农庄

休闲农庄主要指集科技示范、观光采摘、休闲度假于一体，经济效益、生态效益和社会效益相结合的综合农业园区。游客在园区内不仅可以观光、采果、体验农作、了解农民生活，享受乡土情趣，而且可以住宿、度假、游乐。园区内提供的休闲活动包括田园景观观赏、农业体验、童玩活动、自然生态解说、垂钓、野味品尝等。

早在1855年，法国巴黎市的贵族就组织到郊区乡村度假旅游。我国休闲农庄最早开始于20世纪90年代中、后期，是随着收入水平的提高，在生态旅游观念的推动、国际旅游的示范和脱贫致富政策的促进下，乡村旅游兴起了，才迅速发展起来的。

从宏观社会功能来看，国内外休闲农庄有以经济功能为主、以生态功能为主、兼顾经济社会和生态功能3种发展模式。从满足游客需求来看，国内外休闲农庄也有观光型、休闲型、乡村文化旅游型3种主要发展模式。

休闲农庄的服务对象范围很广，各种有休闲需要的游客均可成为其目标客户群。其主要的构成元素有农业资源（可观赏的麦田、稻田等农产品）、休闲体验活动资源（农业劳作过程等）、休闲服务设施等。

（八）民俗文化村

具有地方或民族特色的地区，利用农村特有的民间文化、地方习俗和少数民族的传统作为观光农业活动的内容，让游客充分享受浓郁的乡土风情和浓厚的乡土气息，如农村民俗文物馆、民族风情园、乡村博物馆等。在国内，民俗文化村多以子项目的形式存在于其他农业园区中，单独以民族文化村形式出现的观光农业类型较为少见。深圳的中国民俗文化村是其中成功的特例。

民俗文化村一般以展现中国各民族的民间艺术、民俗风情和居民建筑为主体，少数还兼有非物质文化遗产保护的功能。民俗文化村可以分为民间艺术展示、民俗风情展示、居民建筑风格展示及少数民族农具展示4种类型。

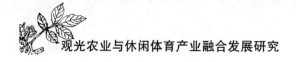

民俗文化村服务对象为对民俗文化感兴趣的各类人群，主要构成元素为民间艺术、民俗风情和居民建筑等。

## 三、休闲农业发展趋势

### （一）向生态旅游方向发展

环境优美、资源独特、人情浓郁的生态农业旅游是今后休闲农业的发展方向。第一，休闲农业建立在农业生产和自然、人文环境融合与协调的基础之上。这种融合、协调营造出的优美自然风光、独特农业景观、浓郁乡村风情满足了都市居民对农村风情、绿色农产品和无污染环境的渴望，以及走向自然、回归自然的心理渴求。第二，维护农业生态环境，保护原始的农业生态景观和农耕环境本身就是休闲农业项目开发的重要内容。要注重对自然生态以及人文生态的保护，做到科学规划，形成独有的特色。

### （二）向特色化旅游方向发展

"千城一面"的城市建设，使很多城市的文化受到破坏，在发展休闲农业、设计乡村景观的过程中，我们必须避免历史的重演，走特色化发展之路，即突出景区特色、产品特色、地域特色，只有突出特色，才能增强旅游吸引力。例如，成都周边古镇游突出的是地域及民俗文化特色，上海孙桥科技园突出的是科技特色，成都三圣花乡突出的是农业文化特色。

### （三）向乡村文化的参与和体验方向发展

休闲农业是农业资源的再生产过程，而我国具有几千年历史的农耕文化和农业文明，孕育了丰富的农业文化内涵和民俗风情以及独特的生产方式和习俗，合理科学地对其进行开发设计，可形成丰富的参与和旅游资源体验，例如，游客可参与耕地、收割、采摘，直接从事农事活动，对游客全面了解中国传统乡村文化有更强的吸引力。

### （四）向品牌化旅游方向发展

休闲农业经过多年的发展，将由追求数量向追求质量、特色方向发展，形成旅游品牌。这就需要项目开发应以长期投资收益为目的，进行明确的旅游主题和活动策划，重点做好旅游资源的挖掘和旅游市场的开发，其中资源是市场的基础，市场是资源利用的决定因素。片面追求资源，把资源与市场等同起来，贪大求多，既造成极大的浪费，又影响旅游市场的健康发展；而一味强调市场，却不考虑资源是否具备，则使旅游及旅游产品不能名副其实，从而损害当地旅游的招牌。

### （五）向产业化旅游方向发展

无论是哪种类型休闲农业项目的开发，都不能只围绕单一的农业项目进行，而应形成一个涉及餐饮、住宿、交通、商业以及通信、医疗、保险等相关行业的产业综合体。只有形成一个良性发展的产业综合体，才能使农业与旅游业紧密结合，才能保证旺盛的游客资源，促进休闲农业产业的健康发展。

## 第二节　休闲观光农业的产生和发展

### 一、观光农业产生和兴盛的原因

城市的环境不断恶化是观光农业产生必不可少也非常重要的一个缘由。城市现代化和工业化的发展，不断促进和提高了城市经济的发展和人民生活质量的水平，但它也带来了自然资源和城市环境的巨大压力。人口数量剧增使生存空间变得拥挤，雾霾污染严重导致空气质量下降，生活垃圾和污水造成环境被污染，在这些因素的影响下，城市居民迫切需要到农村寻找新空间，远离城市污染与压力，回归自然休养生息。生态观光旅游正以极大的吸引力吸引着城市居民，观光农业的发展拥有无限潜力。观光农业的兴起也离不开农业一直以来的发展。全国人民能否吃饱饭的问题一直是困扰我国这个世界人口大国的重点问题之一。自改革开放以来，中国已成为粮食生产大国，人们缺乏粮食的时代已经一去不复返了。农业发展开始从解决"吃饱"的数量问题转变为解决"吃好"的质量问题，发展高质量的农业已经成为趋势。生态农业得到了更多的关注，农业可持续发展问题也被放到了眼前，使观光农业得到了更多关注和发展空间。农业的进步也为观光农业发展提供了所需的土地和基础设施，使其能更好地落实与发展。

观光农业的发展还得益于人民生活水平和质量的提升及人均收入的提高。党的十九大已经对我国现阶段的主要矛盾作出了新的阐述，人民日益增长的美好生活需求与不平衡不充分的发展之间的矛盾已经成为当前的主要矛盾[①]，人民的生活水平和质量提升了之后，不但对物质文化生活提出了更高要求，对农副产品质量以及农村旅游度假等方面的要求也日益增长，为了满足游客，观光农业需要在各方面不断进行改进和完善。

观光农业的发展最离不开的是国家相关政策的支撑与扶持。国家对扶持小农户发展观光农业、体验农业等方面的措施，使得农民发现脱贫致富的新办法，为农村留住了本来要进城务工的农民，避免了农村人力资源的流失和农村土地资源的荒废，从而使观光农业得到更好、更充分的发展。

---

① 鲁杰，武倩倩．全面布局谋划乡村平衡充分发展——2018年中央1号文件解读 [J]．中学政治教学参考，2018（9）：13-14.

## 二、休闲观光农业的含义与特点

### (一) 休闲观光农业的含义

休闲观光农业是指利用农村田园景观、自然生态环境资源，结合农林渔牧生产和经营、农村文化及农家生活，经过科学规划和开发设计，发挥农业与农村休闲功能，为游客提供观光、度假、体验、推广、示范、娱乐、健身等多项休闲需求，以增进城市居民对农业及农村的体验、提高农民收益为目的的农业经营形态。从广义的观点来看，休闲观光农业还包括休闲林业、休闲渔业、休闲牧业、休闲农家乐等。可以说，休闲观光农业以农业为基础、以休闲为目的、以服务为手段、以城市游客为目标，是农业和旅游业相结合、第一产业和第三产业相结合的新型产业。休闲观光农业是社会经济发展进入新阶段的产物，是农业多功能的拓展和延伸，是现代农业的组成部分。

### (二) 休闲观光农业的特点

休闲观光农业具有如下特点。

第一，休闲观光农业是体现生产、生活和生态"三生"一体的农业经营方式。

第二，休闲观光农业是农业生产、农产品加工和游憩服务业 3 级产业相结合的新兴产业。

第三，休闲观光农业具有强烈的季节性，一年四季不同，有旺、淡季之分。

第四，休闲观光农业体现人与自然的和谐性，为游客提供亲近自然、回归自然的机会。

第五，休闲观光农业所提供的休闲产品、休闲活动和休闲服务，具有服务业商品的特性。

## 三、观光农业发展的意义

观光农业使我国的农业成长得更好也更快。观光农业将农业与第二、第三产业相融合，调整和优化了产业结构，使农业功能得到更多的开发，延长了产业链、提升了价值链、完善了利益链①，这个过程是农业走向现代化必须经历的，只有这样农业才能实现可持续发展。观光农业是农业从低级模式向高级模式转化的过程，在过去，农产品只是单纯的粮食作物，然而随着观光农业的发展，农村自然风光以及传统民俗文化也演变成了新型"农产品"摆到人们的面前，不仅提高了农产品商品率，也成为推动着农业经济效益的增长。

观光农业有利于农村资源与剩余劳动力的利用。观光农业的发展需要一整套的服务设施，需要大量的土地资源和房屋资源，随着进城务工人员的增加，

---

① 衡荣 . 生态农场健康平衡，生机繁荣 [J] . 中国产业，2010 (10)：71.

大量农村土地被闲置，通过土地流转使闲置土地可以用来发展观光农业，不仅带动农村经济发展也使资源得到合理的利用。生态旅游涉及住宿、饮食、交通等多个行业，能够满足农村剩余劳动力的就业需求，在一定程度上给农民留守农村创造了更多的条件，农民工返乡就业人口上升可以减缓城市的人口压力[①]。

观光农业使城市和乡村之间的差距进一步缩小了[②]，对于城乡一体化的建设有积极的作用。城市居民是观光农业的主要目标旅游群体，城市居民到农村进行观光体验，对农村优秀风俗文化以及农耕文化进行学习和了解，同时农村的居民为了更好地满足游客的需求就必须对城市文化和先进的农业技术进行学习。从而促进了城乡文化的交流并且提高了农村人口的素质，为缩小城乡差距打下坚实基础。

观光农业对帮助农民脱贫和致富有不可替代的作用。农村由于交通、文化、经济等方面的制约，在工商业发展水平和科技发展水平上比城市落后很多，但是也因此使得农村的自然资源保存完好，历史文化和民俗风情没有遭到同化。发展观光农业吸引游客，不仅促进当地农产品产业化经营，同时也能使自然资源和农业旅游资源得到充分的利用，利用极小的成本较快地增加了农民的收入，使农村人民脱贫致富实现小康。

## 四、我国休闲观光农业的发展类型

目前，我国休闲观光农业发展主要有以下7种模式（含30种类型）。

（一）民俗风情休闲模式

以农村风土人情、民俗文化为休闲吸引物，充分突出农耕文化、乡土文化和民俗文化特色，开发农耕展示、民间技艺、时令民俗、节日庆典、民间歌舞等休闲活动，增加农业休闲的文化内涵。主要类型有农耕文化游、民俗文化游、乡土文化游、民族文化游。

（二）田园农业休闲模式

以农村田园景观、农业生产活动和特色农产品为休闲吸引物，开发农业游、林果游、花卉游、渔业游、牧业游等不同特色的主题休闲活动，满足游客体验农业、回归自然的心理需求。主要类型有田园农业游、园林观光游、农业科技游、务农体验游。

（三）村落乡镇旅游模式

以古村镇宅院建筑和新农村格局为休闲吸引物，开发观光休闲。主要类型

---

① 朱慧兰，严志强，胡宝清.广西喀斯特地区生态城镇建设当议——以龙胜各族自治县为例［J］.广西社会科学，2006（4）：85-88.

② 曾艳."农超对接"，拉近从田间到餐桌的路［N］.赣南日报，2014-04-05（3）.

有古民居和古宅院游、民族村寨游、古镇建筑游、新村风貌游。

### （四）回归自然休闲模式

利用农村优美的自然景观，如奇异的山水、绿色的森林、静荡的湖水，发展观山、赏景、登山、森林浴、滑雪、滑水等旅游活动，让游客感悟大自然、回归大自然。主要类型有森林公园、湿地公园、水上乐园、露宿营地、自然保护区。

### （五）农家乐休闲模式

指农民利用自家庭院、自己生产的农产品及周围的田园风光、自然景点，吸引游客前来吃、住、玩、游、娱、购。主要类型有农业观光农家乐、民俗文化农家乐、民居型农家乐、休闲娱乐农家乐、食宿接待农家乐、农事参与农家乐。

### （六）科普教育模式

利用农业观光园、农业科技生态园、农业产品展览馆、农业博览园或博物馆，为游客提供了解农业历史、学习农业技术、增长农业知识的旅游活动。主要类型有农业科技教育基地、观光休闲教育农业园、少儿教育农业基地、农业博览园。

### （七）休闲度假模式

依托自然优美的乡野风景、舒适宜人的清新气候等，结合周围的田园景观和民俗文化，兴建一些休闲、娱乐设施，为游客提供休憩、度假、娱乐、餐饮、健身等服务。主要类型有休闲度假村、休闲农庄、乡村酒店。

## 五、休闲观光农业的产生和发展历程

### （一）休闲观光农业的起源

休闲观光农业是 20 世纪产生的。它在世界范围的真正兴起为 20 世纪中、后期，在我国则从 20 世纪 90 年代开始。意大利在 1865 年就成立了"农业旅游全国协会"，专门介绍城市居民到农村去体味农田野趣，距今已有 100 多年的历史。然而，就把农业引入园林这一简单形式看，也可以从园林的最初形态上找到休闲观光农业的雏形。

在古希腊园林形成的初期，实用性很强，形式也比较简单，多将土地修正为规则式园圃。种植则以经济作物为主，栽培果树、蔬菜及生产香料和各种调味品，这是当时主要的表现形式。

在古罗马园林中，基本继承了古希腊园林规则式的特点，并对其进行了发展和丰富。在种植方面，花园占了较大的比重，园林中的葡萄园、稻田则不再具有强烈的功利性。

在"黑暗的中世纪"，园林以实用为主，城堡内的园林中设有规则的药圃和菜地。

在我国园林的雏形——周朝的苑、圃中，也栽有大量的桃、梅、木瓜等农作物，这从《周礼》上"园圃树之果瓜，时敛而收之"、《说文》上"园，树果；圃，树菜也"（树即栽培之意）、《诗经》上"桃之夭夭，灼灼其华"等诗句中可以看出。

随着历史的发展，农作物在园林中的应用也逐渐减少，到文艺复兴时期，当时最大的园林理论家阿尔伯蒂（Leon Battista Alberti）的设计思路就摒弃了纯实用的观点，认为果树不应种植在园林里……

从中外园林的最初形态上我们能看到很多农业的影子，而今天，农业观光、农业旅游又成为新一轮的热点，这也说明人类对农业的认识已经历了一个否定之否定的过程，人们的认识已经上了一个新台阶。

（二）休闲观光农业的发展

1. 休闲观光农业的背景与意义

休闲观光农业集农业和旅游业的特点，是农业发展的新途径，也是旅游业发展的新领域。休闲观光农业的发展与国民经济的发展、人们生活水平的提高以及生活方式的改变有着密切关系，特别是在城市化迅速发展的今天，城市高楼林立，街道纵横，交通拥堵，绿地减少，环境污染，人口增加，生活节奏紧张繁忙，人们生活空间日趋缩小。假日里有限的城市公园和风景区，由于人满为患，已经不能满足人们对休闲和旅游的心理需求，迫切需要到郊外农村寻求新的旅游空间，去欣赏田园风光、享受乡村情趣，实现回归大自然、陶冶情操、休养健身的愿望。

与城市相比，农村天地广阔，空气新鲜，自然环境优美，山村野趣浓厚，绿色食品多样，农事活动新奇，乡土文化丰富，对城市居民来说，是一种别具情趣的享受，具有极大的吸引力。发展休闲观光农业可以为城市居民扩大观光旅游领域、学习和丰富农业知识、体验农民生活、促进城乡文化交流创造条件。农村优美的自然环境及新异的农业景观和城市居民扩大休闲旅游的强烈愿望相结合，就形成了休闲观光农业发展的客观背景。

为适应旅游业发展的客观要求，充分开发利用农业资源，加快休闲观光农业的发展，具有重要的现实意义。主要表现如下。

第一，可以充分有效地开发利用农业资源，调整和优化农业结构，促进农业和旅游业的合理结合，建立新的"农旅合一"的农业发展模式。

第二，可以扩大旅游市场和农产品销售市场，同时还可以带动相关产业的发展，扩大劳动就业，增加经济收入，发展高效农业。

第三，可以保护和改善农业生态环境，塑造良好的乡村风貌，提高城市人的生活质量和环境质量，达到休憩健身的目的。

第四，可以让游客了解农业生产活动，体验农家生活气息，享受农业成

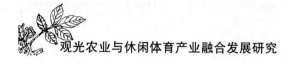

果，普及农业基本知识，促进城乡文化交流。

第五，可以开拓新的农业旅游空间和领域，使部分游客走进"农业"这一大世界，以减轻某些观光地的人满为患的压力，缓解假日里城市旅游地过分拥挤的现象。

### 2. 我国休闲观光农业的发展

我国是个古老的农业国，有悠久的农业历史，孕育了丰富的农耕文化；我国地大物博，农业资源异常丰富，农业景观新奇多样，这些都是促进休闲观光农业发展的内因。近年来，我国实行改革开放，居民经济收入增加，生活水平显著提高，尤其是城市居民生活消费不再仅仅满足于衣食住行，而转向多样化、高层次的文化娱乐形式，由于城市人口增加，生活空间拥挤，工作节奏加快，人们产生了回归大自然、向往田园之乐的强烈愿望。因而，广阔的客源市场和旅游要求为休闲观光农业的发展提供了强有力的外因。

近年来，随着农业、旅游业的发展，农村条件的日益改善，为休闲观光农业的发展提供了可能。世界各国休闲观光农业发展的成功经验，也促进了我国休闲观光农业的迅速发展。20 世纪 80 年代后期，改革开放较早的深圳首先开办了荔枝节，主要目的是招商引资，随后又开办了采摘园，取得了较好的效益。于是，各地纷纷仿效，开办了各具特色的休闲观光农业项目，这些农业观光基地大多项目独特、条件优越，既可观光游览，又可休闲度假，还有许多农业节活动相辅，正在逐步形成具有中国特色的休闲观光农业基地。

# 第三节　休闲观光农业的功能与定位

## 一、休闲观光农业的基本功能

从世界各国与国内各地的发展历程来看，休闲观光农业作为一种农业与旅游休闲服务业有机融合而生化出来的一种新型"产业"，其所承载的基本功能如下。

### （一）生产功能

休闲观光农业是融合第一产业和第三产业的新型产业，因此其生产功能是第一位的。它不但生产农产品，同时也生产旅游产品；不但生产物质产品，更生产精神产品。休闲观光农业的生产功能具体体现在它能为服务对象提供农产品、农副产品，并提供休闲体验所激发的心灵愉悦与升华的精神产品。

### （二）游憩与保健功能

为人们提供自然清新的休闲场所从事有益的休闲活动，让远离泥土气息的城市居民领略大自然的情趣，品味返璞归真的愉悦，从而解除工作、学习及生活的压力，达到心情舒畅、修身养性的作用。

（三）经济功能

改善农业和农村的产业结构，增加乡村居民的就业机会，拓宽农村经济的发展渠道，提高农业和农民的收入。

（四）社会功能

加强城乡居民的交流，拓宽乡村居民的人际关系，推进城镇化进程，提升农村生活品质，缩小城乡差别，构建和谐社会。

（五）教育功能

通过休闲观光农业活动，人们可以认识农业和农耕文化，了解动、植物生长过程和农业科学知识，分享农业收获的喜悦，体验宁静朴实的乡村生活，激发人们热爱大自然、保护生态环境、造福子孙后代的环保意识和文明行动。

（六）环保功能

在经过精心规划设计、建设改造和科学运行管理的休闲观光农业景区环境的熏陶下，促使乡村居民改变不良的生活习惯和仅向大自然索取的生活态度，主动改善环境卫生，提升环境品质，树立维护自然生态平衡的理念，主动参与环境资源保护，达到自然生态环境可持续发展的目的。

（七）文化传承功能

通过休闲观光农业的建设与发展，使农村特有的农耕文化、生活文化、产业文化、民俗文化等具有特殊风格的乡村文化得以保留、升华和继承。休闲观光农业着力表现的乡村景观，往往有其特有的内涵，积淀着久远浑厚的历史和文化，使游人仿佛置身于一幅幅优美的山水写意画中，思古怀旧与诗情画意油然而生，令人心旷神怡。

## 二、休闲观光农业的定位

（一）关于休闲观光农业内涵定位的争论

作为一种新兴的经济发展态势，学术界对休闲观光农业的概念至今还没有形成统一认识，存在着休闲观光农业姓"农"还是姓"旅"的争论，这给休闲观光农业的理论研究与实践带来了不利。根据对休闲观光农业概念的研究侧重点不同，可将现行的休闲观光农业概念分为两类。

1. 以"农"为主的休闲观光农业概念

该概念持有者认为，休闲观光农业是一种兼具发展农业生产、提高农业经济附加值和保护乡村自然文化景观的农业开发形式。有学者认为休闲观光农业的本质在于强调农业生产与人、自然诸方面的和谐，是现代农业发展的高级形式。也有学者认为休闲观光农业是一种以市场为导向，以区域优势为基础，以高新示范园区为桥梁，以产业化经营为主线，将直接效益与观赏效益、长远效益与社会效益融于一体的现代农业新体系。

2. 以"旅"为主的休闲观光农业概念

该概念持有者认为，休闲观光农业是一种以旅游者为主体、满足旅游者对农业景观和农业产品需求的旅游活动形式。有学者认为都市休闲观光农业是都市农业生产与现代旅游业相结合而发展起来的，是以都市农业生产经营模式、农业生态环境、农业生产活动等来吸引游客实现旅游行为的新型旅游方式。也有学者将"休闲观光农业"表述为经营者广泛利用农村野外空间的活动，其内容包括传统的农业生产经营活动、农村观光游览以及与之有关的旅游经营、旅游服务等。

现有休闲观光农业的两类概念中，以"农"为主的休闲观光农业概念比较强调休闲观光农业的农业特性，而以"旅"为主的休闲观光农业概念则比较强调休闲观光农业的旅游产品特征。休闲观光农业的概念和内涵提法很多，反映了不同学者从不同角度对休闲观光农业的理解，这在一定程度上说明了其内涵的丰富性和复杂性。同时休闲观光农业概念的模糊化和泛化，影响对休闲观光农业正确深入地理解，以致在学术研究方面造成了一定的混乱。

(二) 产业融合——休闲观光农业的本质属性

对于任何事物的研究，把握其本质属性至关重要。休闲观光农业的本质就是一种产业融合。

休闲观光农业是农业和旅游业之间相互融合而成的产物，是以农村景观和农业活动等为吸引物，满足旅游者观光、休闲、求知等需求的一种新兴产业。之所以被称为"休闲观光农业"，恰好反映了这种产业的双重特征：即既有旅游业的观光特征，又具有传统农业的常规功能。它既不属于传统农业，也不属于传统的旅游业，是农业与旅游业之间的产业边界被突破并在某种程度上融合的产物。休闲观光农业的发展必须具备两个产业的一些共同特征和功能，同时也具备农业和旅游业各自不同的特征。

(三) 基于产业融合的休闲观光农业产生过程

1. 产业融合理论

产业融合是以前各自独立、性质迥异的产业或同一产业内的不同行业在它们的边界处融会成具有共同特性的新型产业的过程。产业融合的本质是一种产业创新，即产业融合蕴涵着新产业的诞生，是一个新产业形成与发展的过程。

按照熊彼特（Schumpeter）的观点，所谓创新，就是"建立一种新的生产函数"，即把从未有过的关于生产要素和生产条件的"新组合"引入经济体系。创新包括以下 5 种方式：①采用一种新的产品；②采用一种新的生产方法；③开辟一处新市场；④开辟一项新的供给来源；⑤实现一种新的产业组织。有"新熊彼特主义"之称的克里斯·弗里曼在此基础上提出产业创新理论，他认为产业创新是一个系统的概念。包括全方位多层面的创新，涵盖了技术和技能创新、产品创新、业务和流程创新、管理创新和市场创新等多方面。

产业融合在不同层次有着不同的融合内容和融合形式，这种不同层面上的融合（技术、产品、组织、市场融合）所激发出的各种形式的创新涵盖了弗里曼提出的全方位的产业创新，即技术创新、产品创新、组织创新和市场创新。产业融合过程的实质即一种产业创新，是以产业之间的技术融合、产品融合为手段，以业务、组织融合为过程，以获得融合产品、新的市场和新的增长力为主要目标的一种产业创新。

2. 休闲观光农业的融合过程

（1）技术融合。要求在发挥传统农业生产功能的同时，以旅游者的需求为导向，用旅游业的观念、技术来开发农业，将农业的生产要素如土地、劳动力、资本和知识、技术、文化、休闲产品与服务相结合，对农业进行加工和规划，使之成为适合发展休闲观光农业的现代农业。主要包括以下技术融合途径。

第一，田园生态景观化。即运用农业景观学、园林学、美学等理论作为指导，采取一系列的生物技术措施，对原有的农业自然景观、生态景观进行改造和规划，形成能够吸引游客前来观赏、品尝、体验、休闲的路相通、渠相连、林成网、水相映、四季常青的现代田园景观。

第二，生产技术园艺化。即以现代农业科技示范园的形式，将农业与生物技术、基因工程、电子技术等多种现代科学技术相结合，在科技引导生产的同时，向游人展示现代科技的无穷魅力，以此为样板示范兼作旅游基地。

第三，农业劳作休闲化。即把农业劳作开发成具有参与性的休闲活动。参与性就是让游客参与农业生产过程（如亲自参加种植、饲养、捕钓、采摘等活动），通过模仿、习作、体验使游客有成就感、满足感，使游人在农业生产实践中学习农业生产技术，在农业生产习作中体验农业生产的乐趣、增长农业知识。

第四，农业产品旅游化。即对初级农产品及其加工品包装成旅游商品，满足游客的购物需求。

（2）产品融合。农业与旅游业融合过程中，获得了不同于农产品和传统旅游服务的新的融合产品，即休闲观光农业具有农旅合一性：一方面具有常规性的农业生产功能，如生产粮、菜、果、药、花、肉、蛋、奶等农副产品，具有自身的产品价值；另一方面还具有为游客服务的旅游观光功能，包括提供观赏服务、品尝服务、购物服务、务农服务、娱乐服务、疗养服务、度假服务等，具有旅游业的基本属性。

根据不同的分类方法，产业融合具有不同的表现形式。

第一，根据休闲观光农业所依赖的农业资源不同，可以将休闲观光农业分为观光种植业、观光林业、观光牧业、观光副业、观光渔业等。

第二，根据开发形式不同，可以将休闲观光农业分为观光农园、民宿农庄、农业主题公园、教育农园、民俗旅游。

## 三、我国休闲观光农业发展概况

休闲观光农业是现代农业的一种新型产业形态，是现代旅游的一种新型消费形态，是农村经济新的增长点，是一、二、三产业融合发展的产物。近年来，我国休闲观光农业在一定程度上取得了长足的发展，呈现出"加快发展、优化布局、提高质量、拓展领域"的良好态势。随着多学科的出现、新机制的探索、新功能的拓展和新类型的多样性，休闲观光农业已成为一种新的经营形式和经济社会发展的新亮点。2018 年，全国休闲观光农业和乡村旅游共收入0.49 万亿元，同比增长 8.2%，呈现快速发展态势。2018 年，84 个县（市、区）将成为全国休闲观光农业和乡村旅游示范县（市、区），其中县级市 55个。到 2018 年年底，全国休闲观光农业和乡村旅游示范县（县级市）将达到248 个。文化和旅游部在全国乡村旅游（民宿）工作现场会上发布了《全国乡村旅游发展监测报告（2019 年上半年）》。报告显示，2019 年上半年全国乡村旅游总人次达 15.1 亿次，同比增加 10.2%；总收入 0.86 万亿元，同比增加11.7%。截至 2019 年 6 月底，全国乡村旅游就业总人数 886 万人，同比增加 7.6%。

从各个区域的发展现状来看，由于区位、资源优势、自然环境等条件的差异，区域发展存在较大差异。从区域分布来看，东部沿海地区经济发展较快，生活水平较高，休闲观光农业发展较早，对休闲的需求较高。同时，其自然经济区位和自然环境优势也为休闲观光农业的快速与长足发展提供了优势资源。由此看来，东部地区比中西部地区拥有更多的全国休闲观光农业和乡村旅游示范县。从各省份的发展现状来看，浙江、北京、上海、四川等大城市及其周边地区已成为休闲观光农业的发展区域，显示出了超强的生命力和优势发展前景。其中，山东省拥有全国较多的休闲观光农业和乡村旅游示范县；另一方面，北京和上海发达的经济和庞大的人口基础为休闲观光农业的发展提供了良好的经济基础和消费潜力。山东省休闲观光农业的发展主要是以"观光"为主体的休闲农场农业。

## 第四节　观光农业的载体——农业观光园

### 一、农业观光园

#### （一）农业观光园的内涵

农业观光园是进行农业生产和提供观光旅游服务的综合性园区。农业观光园既具备农业生产属性，又具备观光旅游属性。其概念的界定与观光农业有着密不可分的联系。农业观光园作为一个具有农业生产性质的园区，只有维持园区农业生产的可持续性才能保障园区的长期健康发展。同时，农业观光园的景观体验要区别于城市生活带来的束缚感，还要彰显出地方特色，将生产生活所需的基础配套设施在规划设计时融入乡村风格中，强调娱乐性、参与性，注重人的体验感受，充分体现农业与旅游完美结合的景观场所[①]。

现代农业观光园是顺从现代化观光农业成长的一种全新的园区经营体系，是现代化农业在特地领域内的时间和空间的融合，是观光农业发展的核心载体。现代农业观光园以农业为基础，引入现代化生产、开发及管理经验，推进现代化农业改革的同时，高度有效地集中生产、旅游、教育、示范、科研、休闲、娱乐等要素，形成当代新型农业旅游业结合的生产经营模式。

农业观光园是观光农业建设和发展的载体，它将观光农业进行园区化管理，依托当地特有的农业资源和乡土人情，通过合理规划布局，集观光采摘、休闲度假、教育、娱乐于一体，是生态效益、经济效益和社会效益相结合的农业产业园区。

观光农业有以下基本内涵：首先，它是一种生态旅游，它在自然生态的基础上开发的旅游项目，具有可持续性。其次，它的基础是农业，如果大量建设现代感比较强的景观项目而忽略农业的自然景观，它的真正内涵就会偏离。再次，它是农业和旅游业相结合的产业，具有双重特征，能形成自身的特色景观。最后，农业观光的客源多样，包括外来游客、远离乡村的城市居民或参观学习的农民、学者。

#### （二）农业观光园区的特点

1. 综合效益显著

（1）生态效益。农业观光园作为生态系统的有机组成部分，具有较高的生态服务功能，其生态效益主要体现洁净空气、美化环境、保持生态平衡等方面，是城市及周边地区的隔离带和保护伞。和普通农田相比，观光农业园生物

---

① 张瀛予，朱新明，杨立新．观光农业景观规划设计原理述略［J］．辽宁林业科技，2016（2）：41-45.

物种也较为丰富，具有更高的生态稳定性。

（2）经济效益。农业观光园具有多重经济效益。首先，可以通过批发销售瓜果蔬菜、花卉、动物等农产品获得经济效益。其次，通过提供观赏、体验、品尝、购物等多功能的消费服务形式，将传统低收入的农业产业转化为高收入的旅游产业，刺激了消费。再次，它还可以通过经营科研、教学、培训等活动，获得较高的经济回报，如新品种的培育、办理培训班、提供考试场所等。还有农业观光园还可以作为宣传农业新产品的有效途径，增加农产品的销路。综上所述，园区产业的多样性带来了多重经济效益。

（3）社会效益。园区高效的经济效益能够加快城市化进程，扩大农村就业力，提高郊区农民的生活水平，显著减小城乡之间的差距，实现城乡的协调发展。同时，通过观光农业的发展，能有效带动旅游、休闲等相关第三产业的发展，促使农业格局由单一型向综合型转变，带来了良好的社会效益。另外园区还通过举办公益活动、展览农业历史等方式向游客宣传农业知识，有的园区还专门为中小学生免费开放，达到了宣传教育的功能，获得了良好的口碑。

（4）精神效益。农业观光园综合效益性还表现在满足人们的精神需求方面。城市居民由于平日生活节奏快，生活、工作压力大，希望能走进自然，身心得到释放。为此，农业观光园应运而生，为城市居民提供了一个休闲度假的好去处，在园区中游客能深入地融进自然，寻求自我。

2. 季节性和地域性

园区具有明显的季节差异性。一方面景观具有季节性，农业生产活动和农作物生长与季节有很大的关系，季节不同，适合生长的植物种类也有所不同，营造的景观也就不同；另一方面，游客数量具有季节性，相比较来说，冬天适合生长的植物较少，营造的景观也不够丰富和有吸引力，加之气候寒冷，人们更愿意去温暖的地方，所以冬季游客人次较春、夏、秋来说较少。

园区还具有明显的地域色彩，我国地域广阔，各地的自然条件和风土民情各不相同，在植物种类、建筑风格、节庆活动、农事习惯等方面存在差异，而这些恰是园区营造景观的素材，不同地域的园区景观风格存在很大的不同。

3. 内容广博性

园区具有丰富的景观内容：首先，它的景观属性多样，既有特色农村自然景观，又有农村历史、乡村生活方式、地方风俗等丰富多彩的人文景观，不仅表现了与城市环境不同的自然风光，还展现了不同的文化魅力和民族色彩。其次，它的景观形态多样，既有静态的无生命元素，如温室、建筑、景观小品等，又有动态的有生命元素，如果林、菜园、溪流等，这样动静结合，可以形成丰富多样的景观意境。再次，它涉及的内容广泛，只要与农业有关的都可以作为园区设计的素材，既可以是农作物种植的展示，也可以是动物养殖的展示，还可以是野菜野草的特色展现，在规划时需要将各种景观要素相互协调融合，形成景观丰富、各具特色的园区景观。最后，农业观光的形式也有很多种，有散步、爬山、漂流等自然风光游览，也有休闲度假、采摘、垂钓等参与性较高的乡村体验，体现了农业园区的农游合一性。这样农业园区形成了内涵丰富的系列旅游产品。

（三）农业观光园的分类

我国地大物博，园区的种类也各式各样，各有侧重，可以按不同的标准将其分类。在实际建设中，园区往往兼具不同的特征，是多种类型的融合（表2-1）。

表2-1　常见农业观光园类型

| 分类标准 | 主要类型 |
| --- | --- |
| 开发模式 | 自发式（自发形式的个人或小群体）、自主式（中、小旅行社主动参与经营）、开发式（大旅游企业集团开发与经营管理） |
| 开发内容 | 观光农园、休闲农场、市民农园、田园化农业、教育农园、农业科技园、花卉植物园、森林公园、民俗观光村、农业公园 |
| 活动方式 | 旅游农场、自助式农场、休闲式农场 |
| 产业类型 | 种植业主导型、林业主导型、牧业主导型、渔业主导型、副业主导型、科技农业主导型等 |
| 所依托的对象 | 依托自然型和依托城市型 |
| 经营方式 | 政府兴办型、院地联营型、民间兴办型、民办官助型 |
| 发展模式 | 产业型、休闲型、科技型 |

## 二、国外现代农业观光园的发展

### 1. 国外现代农业观光园的发展历程

欧美农业观光园的产生发展要领先于我国，已经有100多年历史，大致经历了19世纪的萌芽成形期、20世纪前半叶的发展期、20世纪后半叶的成熟期等几个阶段。初期的农业观光园以观赏乡村农业风光的形式开展，其起源可追溯到19世纪30年代的意大利。19世纪80年代以后越来越多的国家和地区开始重视对农业旅游资源的开发，逐渐得到较大规模的发展。1865年，意大利有关机构联合创建了"农业与旅游全国协会"，该机构大力倡导市民去乡村放松和游玩，享受乡村生活的独特性，在当时那个时期虽然没有提出观光农业的概念，但农业景观结合旅游开发的发展模式已经开始实践。20世纪30年代以后，德国、法国、意大利、日本、澳大利亚等国家已经有大量如"度假山庄""教育农业""绿色度假""观光农园""郊野宿营"等集农业、度假、探险、宿营等各种观光农业项目于一体的农业旅游形式。20世纪后期，随着城市化的快速发展以及人们对旅游度假需求的快速增长，观光农业在后期的发展中逐渐成为现代社会的一项新兴产业。

在欧洲，可以说是早期观光农业的发源地，20世纪的农业旅游成为欧洲不少国家旅游业的新兴生力军。意大利作为南欧重要的农业国家，20世纪崛起的农业旅游之风被学术界概括为"绿色假期"，截至20世纪末期，意大利国家完全开放农业旅游活动的行政区则达到了21个，比如：在1996年，单托斯卡纳区所接待的中西方游客中，有20多万人次都是农业旅游游客。除此以为，法国在农业资源方面也有较大的优势，法国现有农场有上百万个，其中中小农场居多，包含畜牧型农场、果蔬型农场、谷物型农场等多种农场。20世纪70年代城市居民兴起的"第二住宅"促进了乡村地带的开发，同时拉动了观光农业的进一步发展。农民纷纷推出农庄旅游以吸引更多城市居民前往观光居住，并增加一系列多种类型的休闲娱乐和文化教育等活动，观光农业内涵更加丰富。

在美洲，美国作为拥有900余万平方千米国土面积的超级大国，耕地资源优质而丰厚，较早地进入了农业机械化耕种，并进行规模化经营，农业在美国得到高度的发展，并且受到政府多个支持和保护政策。观光农业在美国同样随之得到较好发展，早在1941年，就有关于农业游憩类项目的经营，随之政府予以大力支持，度假农场及观光牧场等农业结合观光形式的产业得到迅速发展。不仅如此，美国在积极开发农业旅游资源的同时，还十分注重对农业景观的保护，政府部门并为此设置相关机构以加强农业资源的合理保护。

在亚洲，相比于欧美的观光农业起步较晚，日本在亚洲地区是观光农业行业发展的先驱国家，对其他国家地区的观光农业发展有一定影响。在日本，国土资源相对匮乏，耕地面积小，大部分人居住在城市，使城市化程度很高，而农村则面临不断衰退的危险，发展观光农业成为化解农村衰退危险的一种有效途径。20世纪60—70年代，日本农业积极利用先进的技术化设备与专业化管理，加快农业的现代化发展，与此同时，着重鼓励农业与旅游融合，形成具有高质量及品牌效应的精致农业，观光农业园从最初以采摘为主的观光园逐渐发展为拥有多种旅游特色的园区，通过乡村田园风光、特色的旅游项目等吸引游客。

2. 国外现代农业观光园的模式

世界农业观光的成长发展经历了近百年的过程，前后履历了如下三种成长模式：

（1）自发式发展模式。该种模式以私人和小群体为主导者，仅是自我个人需要，并无旅游主题，仅是自行休闲使用。

（2）自主式发展模式。该种模式以中小旅行社为主导者，旅游主题单一，具有较少相关活动。

（3）开发式发展模式。该种模式主要以大型旅游集团开发管理为主导者，旅游主题较多，旅游相关活动大型且集中，是比较成熟的运营模式。

根据农业观光园的区域分布，可分为两种个增长模型，如表2-2所示。

表 2-2　观光农业园按区域分布模式分类

| 模式 | 区位及目标市场 | 特点 | 管理形式 |
|---|---|---|---|
| 依托自然型 | 位于大中城市附近，交通便利。目标市场主要以周边大中城市为主 | 有较完善的农业基础，地理地貌非常适合发展农业；周边具有良好的自然生态环境；种植范围一般较大 | 以乡村农业的各级组织为主；管理较为分散；十分自然的生态环境 |
| 依托城市型 | 位于城市周边、距离城市很近的郊区<br>目标市场主要以一个大城市为主 | 需要一定的农业生产基础设施；农业生产的场所主要依靠人工建成，并非自然形成，生产需要依托城市；生产范围相对较小 | 由企业或组织管理；综合经营管理；主要项目由人工制造而成 |

## 三、国内现代农业观光园的模式

我国的农业观光产业发展较西方国家起步较晚，现如今正处于快速发展阶段，根据不同地域特色可以划分为以娱乐为主、以体验旅游为主和以科教生态为主三类发展模式。

（一）以娱乐与康健为主的农业游览模式

当今社会旅游的目的在于在旅游中体验快乐、开阔视野、释放压力、愉悦身心、创造一种悠闲的生活方式，满足人们精神层次上的需求，以娱乐与康健为主的农业旅游模式完全符合当今社会旅游的价值目的，以娱乐与康健为主的发展模式主要包括农家乐式和康健调理式两种。

农家乐式的发展模式在我国大多都市均已培育显现，是一种以"吃在农家一住在农家一干农家活"为主的特色旅游体系。游客可以在农家乐吃到纯粹的特色农家饭，感受农家生活、体验乡村农家农事活动。农家乐式模式的长处在于，给没有涉足村落的都市居民供给体验乡村生活的机遇，同时这里没有都市紧张的生活节奏，没有勾心斗角，可让旅客身心得到放松伸展；缺点在于，对于想开阔眼界、想游览大城市生活的游客缺乏吸引力。

康健调理式的发展模式首要需求者为都市工薪阶层。随着城市工作竞争激烈、生活节奏快、环境日益恶化、城市居民对自身健康越来越重视，需要一个缓解压力、休闲健康的场所。健康疗养式模式的优点在于：居民收入不断增加的同时生活压力逐渐增大，消费者的需求量会越来越大；缺点在于：要有独特的生态资源优势和恢复疗养环境。

(二) 以体验为主的农业游览模式

该模式的目的在于让旅客体验新鲜感,领会村落风尚民习、了解村落文化。以体验为主的发展模式首要包括民俗风情式和产业式两种。民俗风情式的模式主要以体验了解乡村风俗民习为主,是在乡村的优势资源基础上进行整合升级,以农业展示的方式供游客游览。通过农业艺术的推广、农村节庆活动和从事农事活动,让旅客充分体验村落特色风情。

产业式模式主要是以瓜果采摘、蔬菜采摘、垂钓等为主,让游客在采摘中体验农事活动,增加休闲娱乐生活,深受城市游客的喜爱。

(三) 以科普生态为主的发展模式

该类模式的目的是让游客在观光游览中学习农业知识和保护生态环境。以科普生态为主的模式首要包括科普教育式和生态农业休闲式。

科普教育式是通过观光游览和农事活动实践,传授游客农业知识,让游客学到在课堂中学不到的农业知识,实现旅游与学习的高效统一。

生态农业休闲式是以实现人与自然和谐相处为方针,推行生态庇护,成立生态农业园,扩宽农业产业维度,提高农业生态功效。该模式是以生态农业发展为基础的,是一种新型的跨产业与农业和旅游业相关的产业。

进入 21 世纪以来,随着社会经济的不断发展和进步,城市化规模越来越大,进而促使我国旅游业处于高速发展的状态。经过大量的实践调查发现,目前许多游客提出了关于农业这方面的旅游需求,迫切地希望能够建设起与生态环境紧密接触的旅游地,这促使农业观光型园林在我国快速地发展起来。据不完整统计,目前,在我国多个省、市已经开发建设多个具有特色的农业观光园。全国农家乐已超 150 万家,规模休闲农业园区 1.8 万家,年接待人数超过 12 亿人次,年经营收入超过 3 200 亿元,带动 3 300 万农民受益,不仅成为一些地区壮大县域经济的支柱产业和民生产业,还是我国未来生态旅游发展的主要趋势之一,行业发展前景非常光明。

# 四、农业观光园可持续发展策略

(一) 提高可持续发展意识

目前,农业观光园在发展的过程中,过度粗放使用各种自然以及社会资源,我国的生态以及自然资源受到了严重的破坏。但是全新的经济发展观追求可持续循环发展,其中包括生态持续发展、经济持续发展以及社会持续发展。虽然部分农业观光型项目对国家的自然生态具有一定的消极影响,但是从整体上来看,该项目符合新时代经济发展观念,还能够使人们的旅游需求在很大程度上得到满足;除此之外,还能提升我国农业发展效率,是提高农民生活水平的良好途径。值得注意的是，为了能够达到理想中的效果，要在条件比较成熟的地区进行相关建设工作，并且在此过程中坚持以可持续发展为首要思想，通过各种措施将目标区域的消极影响降到最低。

（二）保留农业观光园的原真性

农业观光园能够受到广大游客欢迎的主要原因在于其具有优美恬静的自然风光以及独特的民俗文化。如果在农业观光园建设过程中对这两个主要要素作出大量的人工修饰，即使在后续投入再多的人力、物力以及财力也会无济于事[①]。另外，在整个建设的过程中，要对其中的文化内涵以及民俗特色进行深入地挖掘，消除其中消极的影响，最为重要的是要对农业观光型园区的核心内容进行重点呈现，在不断探索的过程中高度完善和优化整个农业观光型园林。

（三）对服务对象进行准确的定位

相对于城市园林建设，农业观光园更有较强的经济特点，要求其能够做到利用园区获取相应的经济利益来供给日常开销与经济建设需要。另外，农民在观光园建设的过程中属于投资者，但是他们抵御风险的能力相对较弱。有必要对观光园服务对象进行定位。例如，国内一些农业观光园具有独特性的优势，与国家许多 A 级自然景区相邻，这类型的农业观光园对服务项目进行确立的过程中要面向整个国家乃至世界。但并不是所有的农业观光园都具有这样的地理优势，大多数观光园的服务对象都定位为周边城市居民。

（四）加强对农业观光园的管理

农业观光园的管理及修护工作包括 3 个方面：一是要强化员工以及游客的环境保护意识，对观光园的垃圾废物进行妥善处理；二是要对高峰期观光园内各项工作进行适当协调；三是要对游览项目以及各个时期游客量进行合理规划，使客流量处于环境承载能力范围之内。通常，农业观光园都具有极强的季节性、假期性，其客流量高峰期常处于假期，农业观光园中各种观赏项目具有季节性，一旦处于观赏的季节与假期，园内的客流量就会成倍增长[②]。但环境都具有其能够承受的最大值，观光园的客流量一旦超出了这个最大值，就会导致生态环境在一定程度上遭到破坏。农业观光园的建设规划者要对该方面进行严格的监测以及管理，采取相应的措施，控制好客流量。

农业观光园具有极强的综合性和特色，能缓解我国农业萎缩的现象。在区域规划、基础建设和材料选择上，应加强可持续发展的生态理念，充分注重园区生态的自然基底。在景观形态上，应深入挖掘当地特色文化，凸显和传承当

---

① 王超，张璐. 我国观光农业园中园林景观设计的应用现状及展望［J］. 黑龙江农业科学，2016（8）：156-158.

② 张淑琴. 观光农业型园林规划设计分析［J］. 现代园艺，2014（8）：108.

地文化特征。在运营管理方面，应处理好旺季客流量与园区承载力之间的关系。只有生态保护、文化传承及科学管理三者完美结合，才能塑造具有可持续发展和特色鲜明的观光农业园。

## 第五节　观光农业发展模式的创新
### ——以"电子商务＋观光农业"为例

观光农业是一种新型农业生产经营形态，它是结合农村生产活动，以农村观光旅游建设为基础给游客提供有特色的服务，以满足游客进行休闲的需求，发展旅游、休闲、观光为目的的活动①。

### 一、三农与观光农业的关系研究

"互联网＋观光农业"与三农关系密切，相互促进。一方面，提升农村消费空间，增加农民收入，实现农村富裕。另外一方面，农业的发展，为"互联网＋观光农业"发展和农民的文化水平的提升，有益于"互联网＋观光农业"经营管理的改革，打破分散经营、管理混乱的弊端；农村的基础设施的完善以及环境的优化，为"互联网＋观光农业"的发展提供了发展空间和发展条件。两者相互依赖，共同发展②。

（1）农业。农业是发展观光农业的基础和载体。传统的农业生产不能满足观光农业的发展，现代农业取代传统农业在观光农业发展中的地位。农业的产业化、创新化为丰富产品体系提供基础③。

（2）农民。农民作为观光农业发展的主体，他们对发展观光农业的态度、知识水平等影响观光农业的发展。首先，农民在观光农业发展中的参与度是观光农业的重中之重。其次，农民的知识水平直接影响休闲农发展中的服务、经营管理。目前从事观光农业生产和经营的农民大多数知识水平较低、没有经过专门的培训，这将制约观光农业的发展，因此需要加大对农民的培训，提高农民的知识水平④。

（3）农村。农村的文化、社会环境以及基础设施等为观光农业的发展起到

---

① 罗天平，吴华丽，刘萍．"互联网＋观光农业"的转型升级研究［J］．时代金融，2018（6）：294，299.

② 韩芳菲，常利娟，赵婷，等．京郊农村"互联网＋观光农业"发展状况浅析［J］．信息记录材料，2018，19（3）：204-206.

③ 熊伟，程鸿．基于"互联网＋"背景下旅顺口区观光农业发展对策研究［J］．对外经贸，2017（12）：73-74.

④ 谢尚威，马尚平．观光农业发展中O2O模式的应用研究［J］．管理观察，2017（34）：91-92，95.

支撑作用。首先，David W. 认为观光农业是有利于自然环境的保护，提高观光农业相关产业的所属农民的生活水平。其次，游客的决策选择也会影响观光农业的发展方向。最后，农村的基础设施，如交通、住宿等，影响农村的可进入性和观光农业的发展。游客选择观光农业目的地时一般会考虑地区的文化、社会环境和基础设施①。

## 二、电子商务视角下观光农业内涵的延伸

### （一）相关概念辨析

#### 1. 智能农业

从狭义上讲，智能农业应充分利用物联网、互联网、移动终端等现代信息通信技术，对大型农业系统中的数据进行感知、提取和处理，形成知识、决策和欺骗。通过机器学习等人工智能技术来实现高质量、高效率和生态安全。现代农业生产的目标。广义而言，智能农业的内容更加丰富，包括农业电子商务、食品溯源预防、农业休闲旅游、农业信息服务等②。

#### 2. 智能旅游

狭义的智能旅游，是指游客利用互联网作为平台，及时了解旅游信息，根据信息安排和调整对工作和旅游计划的理解；管理者使用云计算、物联网、互联网等移动终端设备发布人们的旅游信息。从广义上说，智慧旅游是通过发挥智慧思维，凝聚智慧团队的力量，实现低成本、高效率、个性化的目标，从而满足旅游者不断变化的需求，实现旅游者智慧旅游的目的。总的来说智慧旅游是通过引入新的理念、应用新的技术，实现旅游活动、经营、服务的全过程，从而实现和创在智慧价值③。

#### 3. 农业信息化

农业信息化是人们运用数据库网络通信、人工智能等现代信息技术，开发利用农业生产活动中的信息资源，为生产者、经营管理者提供有用的信息，从而提高生产效率，推动农村经济可持续发展。具体而言包括农业生产、流通、经营过程以及农村社会服务 4 个方面的信息化，实现科学化和智能化的农业管理④。

---

① 黄翔，王倩格，郑彪，等. 基于"互联网＋"新形势对观光农业商业模式创新的研究——以"江西省现代生态农业示范园"为例［J］. 中国集体经济，2017（33）：6-7.
② 向雁，屈宝香，侯艳林. 北京观光农业发展现状特征及对策建议［J］. 中国农业资源与区划，2017，38（4）：214-222.
③ 王波. 观光农业效益评价体系构建与发展路径选择［J］. 世界农业，2017（4）：61-68.
④ 张海琳. "互联网＋文化"背景下成都平原观光农业发展路径探讨［J］. 现代经济信息，2017（7）：317-318.

4. "互联网＋农业"

"互联网＋农业"将大数据、物联网、互联网等现代信息技术运用到农业发展的各个领域中，大力发展农村观光农业，创建基于互联网的农业新形态，促进农业生产、农村发展和农民增收。

(二) 电子商务＋观光农业

"互联网＋"是利用信息通信技术，将互联网的创新成果融合到各行业中，从而促进生产要素优化配置，推动跨界融合和产业转型升级，构建连接一切的新形态。旅游农业是以农业活动和农村生态环境为基础的农业生产经营新形式。结合乡村生产活动，观光农业为游客提供独特的休闲服务。

"互联网＋观光农业"是以互联网为平台，利用信息通信技术，实现观光农业与其他产业的跨境整合，促进观光农业产业转型升级，创新观光农业产业。重视农产品贸易，改变旅游方式。服务、管理，增加农民收入，促进农业发展和农村富余[①]。

## 三、电子商务时代观光农业的发展环境分析

(一) 电子商务时代的三农

1. "互联网＋"时代的农业

传统农业的变化主要表现在以下两个方面：

第一，生产精细化，智能农业模式深入推广。随着物联网、互联网等现代信息技术向农村渗透，智能农业生产模式在农业生产经营中得到日益广泛的推广，这对农业的标准化、规范化、精细化生产起到了很大的推动作用。智能农业模式的推广和农业生产的精细化不仅能够节省人力成本，还可以增强农业生产的自然风险抗击能力[②]。

第二，流通模式创新，电子商务顺势而起。我国传统的农产品流通模式主要有生产者主导、零售商主导、批发市场主导、龙头企业主导 4 种模式。传统的流通模式的产品从田里生产出来要经过批发、零售等多个流通环节才能最终到消费者手里，其中存在着诸多问题。总的来说，我国传统农业流通模式呈现出结构不对称、权力不平衡的特征等问题。随着"互联网＋"的提出和发展，一种新的以电子商务为主要形式的流通模式在互联网的催化作用下正顺势发展，农产品的流通主体、组织方式等呈现出巨大的变化和创新，例如：生产者本身可以直接对接消费者、消费者由过去的被动接受产品变为主动提出诉求、

---

① 陕西省汉中市农业局推出首款三产融合观光农业手机智能 App 加快推进"互联网＋现代农业"[J]．农业工程技术，2017，37 (9)：65.

② 初云玲．"互联网＋"背景下海南观光业旅游的创新营销 [J]．现代商业，2017 (5)：15-16.

批发商和零售上主动求变等。截至 2017 年，农业零售平台卖家数量达 75 万家，同比增长达到 98%①。

2. "互联网＋"时代的农村

在"互联网＋"时代背景下，农村发生着巨大的变化，呈现出以下几个特点。

第一，电子商务加速渗透。随着"互联网＋"的提出，电子商务对社会经济的影响日益加深，互联网和电子商务加速向农村渗透。到 2020 年 3 月，中国网民规模为 9.04 亿，其中农村网民规模为 2.55 亿，占网民整体的 28.2%，较 2018 年年底增长 3 308 万。农村网民数量增加迅速。这正是电子商务加速渗透农村的体现②。

第二，基础设施持续改进。农村地区普遍存在着交通不便、网络不通、物流匮乏等基础设施难题。随着社会经济的发展和政府的大力扶持，以及以互联网等内容的"村村通"工程的实施，农村地区的基础设施得到了而较大的改善。同时，在"互联网＋"的大背景下，淘宝村的兴起刺激了对基础设施的需求，从而加快了农村基础设施的建设速度。

第三，淘宝村迅速崛起。在"互联网＋农业"发展的浪潮中，优秀的电商头人积极投资农村，抢占农村市场，"淘宝村"这一农村新现象开始出现并迅速发展。这些不仅对提高了农民的收入、改善农民的生活、破解农村难题有重要的影响，还对拉动农村经济的发展和促进农村创业和就业起着重要作用。2019 年 8 月，阿里研究院公布 2019 年淘宝村淘宝镇名单。截至 2019 年 6 月底，全国共出现 4 310 个淘宝村、1 118 个淘宝镇，"淘宝村集群"达到 95 个。现在淘宝村已经成为影响中国农村发展不可忽视的新兴力量。

3. "互联网＋"时代的农民

"互联网＋"时代背景下，农民为适应时代的发展，积极改变自我，投身"互联网＋"的浪潮中，这个时期农民的改变表现在以下几点：

第一，文化水平提高，创新能力爆发。随着互联网在三农领域渗透，农民为迎合发展的需求，不断提高自身的文化水平。另外，许多受过高等教育的年轻人，近几年都选择回到农村，造福家乡。互联网为他们创新提供沃土，被互联网赋能的农民爆发出的想象力是超乎我们想象的。

第二，互联网赋能，直接对接市场。传统的农民处于产业链的末端，与市

① 孙小伟，熊凯，叶雨榕．"互联网＋"时代观光农业的创意营销［J］．电子商务，2017（1）：45-46，88.

② 马宁．"互联网＋"背景下陕西观光农业发展途径探析［J］．现代商贸工业，2016，37（31）：1-3.

场相隔甚远，随着互联网、移动终端等现代信息技术深入农村，农民通过互联网可以直接对接市场，从产业链的末端走向前台。农民根据市场需求，生产、提供产品，能够有效地提高产品附加值，增加农民收入。

第三，交流互助，广泛合作。传统的农民生产分散，独立经营，随着互联网深入渗透进农村，农民的思维发生了很大的变化。他们借助互联网技术和资源对接平台分享生产经营经验，交流心得体会，寻求合作，从而实现生产效率和经营水平的提高，最终实现农民增收致富的目标①。

(二) 电子商务时代的消费被重新定义

在电子商务背景下，消费者被重新定义。消费者基于互联网在虚拟平台自发地聚集和互动。举个简单的例子，传统的消费者是相互隔离的，而现在互联网让消费者相互联系，消费者可以通过互联网了解所要购买商品。这个时期的消费者具有以下两点特征：

第一，消费者同类集聚。古话说"物以类聚，人以群分"。在"互联网＋"时代，消费者之间因为有相同的价值观、情感、兴趣自发的聚合在一起。如以前人们查资料都去图书馆，而在互联网时代人们会选择百度文库、谷歌等。

第二，消费者行为发生转变。首先"互联网＋"时代消费者行为从传统的个人行为转变为群体行为，消费者不再是一个人，而是一个群体，他们拥有共同兴趣、爱好以及价值观；其次，消费者购买的目标产品、购买地点以及购买程序都在发生变化，如传统的购买一般为单一的一次性购买，而在互联网时代，信息流通，消费者在购买某一产品的同时会产生新的购买，形成"交叉消费"行为②。

## 四、电子商务时代为观光农业发展带来的机遇

(一) 政策扶持，推动观光农业整体发展

国家重视三农问题，从 2004 年的中央 1 号文件里首次提出要解决好三农问题，到现在 12 年，每年中央 1 号文件都对三农问题十分重视，提出要解决好三农问题，并指出积极发展观光农业对解决三农问题有着重要的作用，并在 2015 年的中央 1 号文件中提出支持搭建涉农电子商务平台。智能化、精细化的生态农业新模式得到了较为充足的发展。农业农村部办公厅、财政部办公厅《关于开展 2019 年国家现代农业产业园创建工作的通知》要求，突出现代农业产业园融合、农户带动、技术集成等功能作用，打造现代农业建设样板区和乡

---

① 刘辉，杨礼宪，廖艳，等．观光农业网设计开发及促进观光农业产业的发展 [J]．农业工程学报，2016，32 (S2)：186-190.

② 张红．天津观光农业和乡村旅游电子商务发展策略研究 [J]．现代商业，2016 (27)：85-86.

村产业兴旺引领区。根据产业园的相关因素，中央财政将以奖励代替补偿的方式对国家现代农业园给予适当的支持。自身的良好资源条件加上政策的支持，使得我国观光农业发展取得较好的成绩，观光农业发展水平整体向前推进。

（二）新农人崛起，促进经营管理变革

随着电子商务向三农领域不断渗透，一个以互联网为工具，从事农业生产、流通、服务的新群体——新农人开始在农村涌现，他们具备互联网基因、创新基因、文化基因和群体基因，用互联网思维服务于三农领域。他们利用互联网技术和平台，直接与市场对接，了解消费者需求，成为农村第三方电子商务主要的经营平台。同时他们还利用互联网技术，以互联网为平台，搭建交流平台，以分享和抱团为特征，帮助农民实现交流互助、资源对接，达到提高生产效率、增加农民收入的目标①。

（三）农村设施完善、市场开阔，开启休闲度假模式

随着"互联网＋"的提出，电子商务向农村渗透，政策和资金的扶持促进了农村地区基础设施的改进与完善，同时在电子商务时代兴起并发展的"淘宝村"刺激了对基础设施的需求，从而加快了农村基础设施的建设速度。另外，由于受交通等因素的限制，农村发展缓慢，但随着电子商务的提出和发展，农村地区引入互联网，为其发展开拓了广阔的市场空间，为农村地区提供了发展机遇。完善的基础设施、广阔的市场空间以及智能化的服务设施，改变了传统观光农业单一的观光、餐饮功能，简单地以农家菜为核心的模式向深度的休闲度假体验模式变化②。

（四）农业信息化提升，推进观光农业智能化发展

随着互联网向农业各个方面渗透发展，各种涉农的资源的平台得到了较快的发展、并对观光农业的发展提供了坚实的基础，可以说，在当前科技日新月异发展的情形下，电子商务对推进观光农业智能化发展起到重要作用，为"互联网＋观光农业"发展提供了重大机遇。

## 五、电子商务＋观光农业发展的推进方式

（一）政府引导型

"互联网＋观光农业"的发展离不开政府的扶持，"互联网＋观光农业"的推进必须发挥政府的引导作用。发展"互联网＋观光农业"初期，靠分散农民

---

① 张亚明，严玲玉，石笑贤，等．河北省贫困地区"互联网＋农业"精准扶贫研究［J］．燕山大学学报（哲学社会科学版），2016，17（3）：21-26.
② 方巧凤，梅燕，钟小娟，等．"互联网＋"引领观光农业旅游走向新型化［J］．时代农机，2016，43（8）：65，67.

经营者和零散的商业经营者是难以实现的，唯有靠政府的引导和组织才能够实现"互联网＋观光农业"快速健康地发展。

1. 政策扶持，鼓励发展

国家高度重视农业、农村和农民问题。2004 年以来，中央提出要解决三农问题，积极发展观光农业。在 2017 年文件中，中央政府提出支持建立农业电子商务平台，开展农村电子商务综合示范。对改革与发展提出了几点意见，指出要积极发展休闲度假旅游，大力发展乡村旅游。积极推进"互联网＋行动"的指导方针提出了包括现代农业领域在内的 11 项重大行动。同时，提出了充分利用互联网促进农业发展的观点。管理、管理和服务水平造就了一批网络化、智能化、精细化的现代"种植育种"新型生态农业模式。中国旅游农业由于自身的资源条件和政策支持，取得了良好的效果。旅游业和农业的发展总体上是向前发展的。2015 年，农业部发布了《关于积极开发农业多种功能大力促进休闲农业发展的通知》，该文件明确提出将帮助休闲农业拓宽融资渠道，探索新型融资模式，鼓励利用 PPP 模式、众筹模式、互联网＋模式、发行私募债券等方式，加大对休闲农业的金融支持。中国已在国家、省、市各级建立了多层次农业旅游网站。北京作为中国的首都，在旅游业和农业发展中发挥着示范作用①。

2019 年，农村电商进入规模化专业化发展阶段，跨境电商成为外贸转型升级的重要方向。全国农村网络零售额达 1.7 万亿元，同比增长 19.1％；农产品网络零售额 3 975 亿元，同比增长 27％。截至 2019 年，电子商务进农村综合示范对全国 832 个国家级贫困县实现全覆盖，电商扶贫对接、"三品一标"认证深入实施，工业品下行、农产品上行的双向渠道进一步畅通，"下沉市场"的消费潜力得到释放。通过海关跨境电子商务管理平台零售进出口商品总额达 1 862.1 亿元，同比增长 38.3％。新增 24 个跨境电商综合试验区，截至 2019 年年底，试验区总数达到 59 个，成熟的经验做法加快向全国复制推广，跨境电商政策体系不断完善。2020 年 7 月 14 日，阿里巴巴发布的《2020 农产品电商报告》显示，2019 年，阿里平台农产品交易额为 2 000 亿元，稳居全国最大农产品上行电商平台。

2. 设施建设，完善基础

我国农业信息化建设从 20 世纪 80 年代开始到现在，农业信息化基础设施建设取得很好的成果，电视、广播网络、计算机等的普及程度得到大幅度提升，农业信息技术和计算机等现代技术应用到实际农业生产中去。

---

① 刘辉. 观光农业＋互联网的探索之路［J］. 观光农业与美丽乡村，2016 (8)：10-11.

（二）技术推动型

现代信息技术是推进"互联网＋观光农业"发展的重要支撑和核心工具，通过现代信息技术改造传统观光农业，助推"互联网＋观光农业"全面发展。

1. 农业智能化推进"互联网＋观光农业"发展

3S技术、自动控制系统、RF识别系统等现代信息技术在农业生产经营中的广泛应用和互联网在农业领域的深入渗透，推动了精准农业和以计算机为中心的农业智能化的发展，农业智能化不仅能够降低了人力成本，提高生产效率，还能提高了对产品品质的控制力。例如陕西秦龙现代生态智能创意农业园，机器人采摘农作物，即工作人员利用传感器数据融合技术，得到作物实时信息从而判断成熟度进而确定收获目标，再指挥机械手完成采摘任务。这一举措推进了陕西观光农业发展进程①。

2. 电商崛起助推"互联网＋观光农业"发展

随着互联网向各行各业渗透发展，电子商务顺势迅速崛起，这为"互联网＋观光农业"的发展提供了平台。观光农业的经营主体充分利用电子商务平台为消费者提供实时预订、信息搜索等服务。同时他们积极利用新兴媒体，来加大网络宣传力度，例如利用公共平台提高传播力影响力。例如"蜜蜂游"，是由中华人民共和国农业农村部农村社会事业发展中心、北京盛大百年科技发展有限公司、中国旅游协会观光农业与乡村旅游分会联合打造的观光农业与乡村旅游网络生态系统，这对促进"互联网＋观光农业"的发展有着很重要的作用。

（三）企业带领型

政府重视互联网在农业中的作用，大力推进"互联网＋观光农业"的发展。国家的红利政策以及农村的潜在发展商机吸引了众多网络科技公司和互联网公司、电子商务企业将发展方向指向农村，以阿里巴巴、京东等为代表的电商企业掀起了"电商巨头下乡"的浪潮。企业对"互联网＋观光农业"发展的推进作用主要表现在以下两点。

1. 投入资金，完善服务设施

政策的红利以及农村的发展潜力，电商争占农村市场，积极投资农村建设发展。

2014年时阿里巴巴集团刚完成上市，紧接着就推出农村战略，该战略提出在未来3～5年投资100亿建设"千县万村"的计划，积极推进"电商下乡"的工作，还利用自身的资源和优势积极开展和政府、地方企业的合作，构建城乡运营体系，同时提供资金配套农村的服务设施、完善农村的配送系统、

---

① 苑雅文，王双. "互联网＋"破解观光农业发展瓶颈［J］. 中国商论，2016（20）：80-81.

建设农村信息服务站，使得农村的电商生态体系更具生机和活力，为农村购物提供更多的便利。2020年上半年，全国28个省份各种类型的淘宝村突破了5 000家。

2. 平台搭建，协助推广引导消费

随着"互联网＋"向农业深入渗透，企业看到了观光农业发展的商机，纷纷投身"互联网＋观光农业"的发展中，通过搭建信息服务平台，提供观光农业相关信息，来引导游客消费，促进当地休闲农业发展。如河南郑州"互联网＋观光农业"的发展和盈止道明（北京）科技发展有限公司密切相关。该公司与河南省郑州市农委共同搭建"郑州观光农业"作为郑州休闲观光农业移动互联网旅游服务平台。该平台整合移动智能终端、大数据分析技术和云服务平台等现代信息技术，为游客提供旅游信息和服务，为景区提供用户信息入口①。

---

① 黄益强，梁慧燕. 供给侧改革背景下广东省观光农业发展"4＋"对策探究 ［J］. 安徽农学通报，2016，22（12）：126-129.

# 第三章

## 休闲产业对农业资源的运用
## ——休闲观光农业产业

## 第一节　休闲产业对农业资源的合理运用

### 一、相关概念释义

#### （一）休闲农业资源

资源，指任何时间可取用的任何物质或非物质的事物，从广义来看，资源包括自然资源、经济资源、社会资源、人力资源等各种资源；从狭义来看，资源仅指自然资源。农业资源是人们从事农业经营活动所能利用的各项资源，包括农业自然资源和农业社会资源，农业自然资源指农业生产经营过程中可利用的水、土、大气、生物等自然要素，农业社会资源则是指与社会经济文化相关的各种资源，包括农业科技、民俗风情、农业劳动力等。

休闲资源是对休闲旅游者构成吸引力的各种自然、人文、社会元素。休闲农业资源可定义为能够对人们产生吸引力，并满足休闲需求的农业生产、农民生活、乡村民俗风情、农业生态环境等农业对象物，是吸引有闲人士休闲的自然要素和社会要素的总和①。休闲农业资源是由地形、地貌、水文、气候、动植物及当地居民等要素相互联系、相互影响和相互制约所形成的一个综合体②。一方面，气候、土壤、水文等自然要素是形成休闲农业资源外部特征和内部结构的基底；另一方面，农业、农村在长期的历史发展过程中形成的农业生产、农村生活、生态环境等物质和非物质要素成为休闲农业资源的重要组成部分。

休闲农业资源区别于传统旅游资源的特性主要体现在：

第一，生产性与休闲性。休闲农业是在农业生产的基础上发展起来的，休闲农业资源既可供人类生产和加工农产品，又可供人类休闲娱乐。

---

① 严贤春．生态农业旅游［M］．北京：中国农业出版社，2004：46.
② 王云才，郭焕成，徐辉林．乡村旅游规划原理与方法［M］．北京：科学出版社，2007：56.

第二，季节性。农作物的生长发育与季节间光、温、降水量变化有着紧密联系，其季节性表现在各种农作物的萌时、茂时、花时、果时以及相应的农事活动具有明显的周期性特点，乡村自然环境、农业生产和社会生活也具有季节变化性[①]。

第三，地域性。一是自然环境因素如不同地区的纬度、地形、地势、气候、土壤、水文等自然环境因素不同，再加上社会经济、生产条件、作物种类和技术水平的差异，导致农业分布具有鲜明的地域差异性，如热带农业、亚热带农业、暖温带农业、温带农业、寒温带农业分布等；二是由政治、宗教、民族、文化、人口、经济、历史等要素组成的社会环境的差异性又往往形成不同的乡村民俗文化，如民族服饰、信仰、礼仪、节日庆典等[②]。

第四，生态性。休闲农业资源是以整个生态系统为背景的，动植物的生长、栖息、繁殖，人们的生产、生活均与生态环境具有密切的关系[③]。

第五，可持续性。休闲农业自然资源的可再生性、农业社会资源的可继承性决定了其开发利用具有可持续性特点。

(二) 休闲农业产业化

产业化的内涵体现在：一是商业化，生产者通过市场的分配、传递、选择和评价为消费者提供产品和服务，而需求者通过商业形式在市场中获得自己需要的产品和服务；二是分工化，通过专业化的分工提高市场效率和经济效益，满足市场需求；三是规模化，形成一定规模的市场容量以及较高市场需求密度，从而建立相应的行业管理标准，降低市场交易成本；四是过程化，产业化的形成是市场需求拉动与市场供给推动的过程，同时需要政府和行业管理者提供有秩序的运行环境。

休闲农业的产业范畴涵盖旅游业和农业的相关方面，应从旅游业和农业两个层面理解休闲农业产业化。首先，旅游产业化是指以核心产业为基础，相关产业联动发展，推进旅游业市场化、规模化、集约化发展，逐渐形成旅游产业集群化的过程；其次，农业产业化是以农户为基础，以龙头企业为主导，以市场需求为导向，依托农业经济发展的主导产业或主导产品，按照产、供、销，种、养、加、贸、工、农、科、教一体化经营的原则，将农业生产经营的各个环节连接成统一整体。农业产业化经营的本质是在市场机制下，实现农产品的生产、加工和销售的利益一体化，形成促进农业发展的新机制，在实现形式上

---

① 段兆麟. 体验式经济在农业的实践. [J]. 台湾农业探索，2000 (3)：30.

② 余养仕. 休闲农业资源基本特征和合理开发利用研究 [J]. 安徽农学通报，2009，15 (24)：1-16.

③ 张纵，李若南，高圣博. 我国古代农耕图像及诗文的视觉化情境解读 [J]. 中国园林，2008 (5)：69-75.

表现为生产的专业化、布局的区域化、服务的社会化和管理的企业化。

综合旅游产业化与农业产业化发展的内涵特点，将休闲农业产业化界定为：以城市客源市场为导向，以资源开发为基础，以经济效益为中心，以休闲旅游为主题，以休闲农业核心产业为龙头，通过一体化、专业化、集约化经营，与相关产业联动发展，从而扩大经营规模、延伸产业链条，形成休闲农业产业集群化的过程。休闲农业产业化具有企业规模化、经营集约化、产品市场化、产业一体化、服务社会化等特征。其产业化内涵体现在 4 个层面：第一，市场化是休闲农业产业化的基本前提和运作方式；第二，规模化与集约化是休闲农业产业化程度的集中体现；第三，一体化与现代化是休闲农业产业化水平的标志；第四，集群化是休闲农业产业化的发展趋势与竞争优势。

## 二、农业资源的功能

农业资源是构成农业生产力的基本因素，必须按照生产力结构比例和协调统一的要求，按时、按质、按量和经济、合理、有效地开发农业资源，任何违背这种结构比例和协调统一要求去开发资源，必然导致资源的浪费甚至枯竭，最终将影响农业经济的发展及至国民经济的发展。因而能否可持续开发是农业持续发展的最基础的前提，也是农业可持续发展战略实现的最基本的途径。

（一）农业资源是农业生产系统和农业再生产过程中不可缺少的要素

农业资源是农业生产的必要条件，也是人类生活和生存的物质源泉。增加农业产量和社会财富，最终要靠对资源的开发。农业资源之所以对发展农业生产以至整个经济社会有如此巨大的影响作用，是由它自身的特点决定的。

农业生产是自然再生产和经济生产相互交织的统一体。农业自然再生产主要是在太阳能的作用下，生物与生物、生物与环境间进行物质循环，能量流动和信息传递，并保持着一种相对稳定的动态平衡。在该过程中，与周围的自然环境有着不可分割的联系。马克思认为，自然资源是生产过程（劳动过程）的基本组成要素，是一种潜在的生产力，从事一切物质生产，都要受自然环境条件和资源的制约。在农业生产中，农业自然资源既是劳动对象，又是基本的生产资料，作为"自然创造的机器"在起作用。在生产过程中，劳动不能直接创造农产品，而是通过生物与其环境条件的交互作用来完成生产过程。

农业的经济再生产同样也离不开社会环境条件（社会、经济、技术条件）和社会资源（劳动力资源）。农业的经济再生产过程直接制约于社会资源条件，社会经济和生产力越发展，经济再生产过程就越复杂，并推动农业的自然再生产过程日益发展和完善。农业向现代化和商品化日益发展，对自然资源与社会资源的需求越多，农业资源对农业生产的作用就越重要。

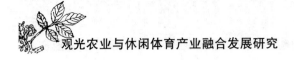

（二）合理开发利用资源是农业发展的必要条件

要处理好农业资源与农业发展的关系，就必须合理开发利用资源，以提高资源的生产力和效益，协调人与自然的关系，保护和改善生态环境。农业产量取决于劳动与自然资源结合和对各种自然资源的利用效率。农业劳动生产率是和自然条件联系在一起的。一般来说，良好的自然条件与自然资源利于劳动生产率的提高，反之要影响和阻碍生产的发展。

劳动的社会生产率与劳动的自然生产率是相互联系、相互依存、相互制约的。科技的发展推动劳动社会生产率的提高，从而人类利用改造自然的能力不断提高，提高劳动的自然生产率才能实现。另一方面，劳动自然生产力的提高又可以推动劳动的社会生产率。如果科学技术发展了，劳动的社会生产率有很大提高，却没有做到合理改造自然条件，没有提高自然资源利用率，甚至破坏了自然环境与资源，那么劳动生产率即使提高了，对农业生产的发展也不能发挥推动作用。只有合理地开发利用资源，才能有效地促进农业生产的发展。

（三）农业资源是人类社会存在和发展的基础

人类通过劳动作用于自然资源进行农业生产，把农业自然资源作为劳动对象，制造人类必需的产品，因而社会生产的过程，很大程度上取决于人对自然资源和环境的认识及利用与改造能力，同时亦不同程度地受制于自然的反馈作用。随着人类社会文明的发展，人对自然界的认识和利用改造能力提高了，促进了生产的发展，但同时对于自然资源的掠夺和索取又使资源衰退，环境恶化，最终遏制了生产的发展，这就要求人与自然和谐发展。

人类与自然关系的历史，实质上也就是人类劳动的历史，人通过劳动认识改造自然，使人与自然的关系从和谐走向不和谐，再走向和谐。而农业生产过程实质上就是人们通过自己的劳动，利用动植物的机能，将自然界中的物质、能量转换成对人所需的农产品。因而，自然条件与资源状况，生物与环境之间的物质、能量转换过程，对农业生产有着决定性的影响。这就要求发展农业生产要着眼于人与自然、人与环境、人与资源的关系，考虑人与自然、生物与环境如何进行物质与能量转换，使人类能合理利用自然资源，取得最佳综合效益。

## 三、可持续发展思想与农业资源开发

在可持续发展理论指导下，农业资源开发过程中将注意开发利用的持续性：

第一，在农业自然资源的开发过程中将注意对开发区域的生态系统的研究。通过对生态系统的负荷能力和再生能力的研究，了解其在一定的经济条件下开发的潜力和极限，并将开发强度限定在系统负荷能力的前提下，使农业自然资源的开发利用的同时，生态环境不退化、固有的生态平衡不打破，提高系统的物能再生和转化能力；使开发利用中排出的有毒有害物质不超过系统的自净能力，实现生态系统的可持续利用。

第二，农业自然资源的开发向深度和广度发展，在开发过程中引入了保护和整治。不单纯强调开发，忽略保护和整治，而是将保护和整治也视为资源利用的必要手段，开发的目的是利用，保护和整治也是利用。过去传统的农业资源开发只讲开发，忽略保护和整治，虽然在短时间内可扩大农业自然资源的利用的范围和数量，但从长远来看，引起了农业资源的退化、破坏，结果使可供利用的农业资源的范围和数量减少，形成了农业资源的"开发—利用—退化""再开发—利用—再退化"的恶性循环，在开发中引人保护和整治后，一方面可使已退化的农业资源得到生态重建，重新开发利用；另一方面，可使正在开发利用的农业资源不被破坏、退化，实现其持续性。扩大农业自然资源开发的种类和范围，降低农业自然资源的开发利用难度，提高资源利用率。

第三，进一步研究农业自然资源的特性，对不可再生资源将实现节约利用，加强对垃圾、废弃物的再开发利用，并通过科学研究找到其替代资源；对可再生资源遵循其再生规律，合理利用，实现可持续利用的目的。限制开发对环境有污染的农业资源，并对污染物做无害化处理。

第四，使农村现有的劳动力得到充分利用。由于农业自然资源的深度和广度开发加强，农业生产中需要的劳动力数量增加，可吸纳更多的劳动力，从而使农村部分原过剩的劳动力得到充分的利用。

第五，现有劳动力素质得到全面提高。由于科技的进步和农村第二、三产业发展的客观要求，需要对现有农村劳动力进行文化、科技再教育和终身教育，这将使现有农村劳动力素质得到全面提高。

第六，人口盲目增长的现象得到遏制。人类已认识到人口数量是一把"双刃剑"，人不仅仅是物质财富和精神财富的创造者，同时也是资源的消耗者，是生态环境的建设者和保护者也是破坏者。人们不再沉迷于"人多是好事""人多力量大"的认识中，而形成了人口数量的增长必须与社会物质生产相一致，同资源开发利用的进程相协调的共识，要实现社会的全面进步，必须控制人口的盲目增长现象，全面提高人口素质。

## 四、中国农业可持续发展目标的确定

联合国粮食及农业组织所确定的农业可持续发展目标是理想状态的农业发展系统目标，从我国目前情况看，很难达到这种理想状态。我国农业可持续发展的目标，首先是使农业生产发展满足国民经济发展的需要；其次，在保证生产目标实现的前提下尽可能使资源开发合理、利用高效，环境污染减少，以求

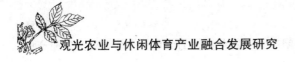

达到资源可持续利用的目的。从目前的实际情况看，中国农业可持续发展应包含以下目标。

（一）农业生产目标

农业生产的目标是保证粮食安全及主要农产品供给，满足国民经济发展与人民生活水平提高的要求；保证农民收入增长与农业发展尤其是与粮食增长同步，缩小农业与非农业差距，避免农业尤其是粮食萎缩。为保证这一目标的实现，必须有相应的物资技术条件的支持。

（二）水资源可持续发展利用目标

总的目标是合理开发利川水资源，使之满足社会、经济发展对水量和水质日益提高的需求。南方，主要解决水质污染问题，提高水的质量，保证人民生活用水与农业灌溉不受污染。在北方，实行全面节约用水，合理开发利用地下水，以缓解目前城市和农村严重缺水危机。为此，一方面要对过去水利设施全面维修，提高其利用效率，保证供水能力不降低；另一方面新建一批以中小型水利工程为主的蓄、引、提水工程，进一步提高供水能力，同时大力发展节水灌溉技术，最大限度地解决水资源短缺问题。

（三）耕地资源可持续利用目标

长远目标是保证耕地总量不减少，实行耕地总量动态平衡；保证耕地质量不下降并通过各种途径提高耕地生产率水平；提高土地经营规模，实行耕地集约化经营。在近期内完成土地资源调查和土地利用总体规划，明确耕地利用的总体方向、目标和任务，综合平衡各种建设用地需求，优化土地利用模式。完成各级政府土地资源管理信息系统，逐步建立土地利用监测网，掌握土地动态变化，实现土地资源管理现代化。健全市场体制下的政策和法规，全面推行土地有偿使用和分阶段实现土地市场化，实现大面积土地开发的综合有效管理。全面整治退化土地，加强山地资源评价、利用与管理，提高土地利用率。

（四）草原资源可持续利用目标

遏制草地退化趋势，提高草地资源的生产率水平，避免进一步出现草原超载放牧现象，实现草原生态环境由恶性循环向良性循环转化，这是草原资源可持续利用的根本目标。为此，应加大对草原资源改造的投资力度，改良草场，增加人工草场面积，改善草地环境。治理退化草场，基本控制生态环境退化趋势。

（五）森林资源可持续利用目标

提高森林覆盖率与森林资源存量，保证森林资源生长率大于利用增长率，制止现有森林资源的破坏和退化，促进森林生态效率、经济效率和社会效率的全面提高。采取有效措施维持、增进和充分评价森林的生态价值和资源效益，加强人力技术和专业技能的培训，制定和实施有关维护、管理和可持续利用森林的政策和法规。尽快建立全国森林资源监测系统和森林资产管理系统，实现森林资源的有偿使用，以实现提高森林资源利用率与保护森林资源环境的双重目标，提升农业资源开发在农业可持续发展中的地位与作用。

要使我国走上农业可持续发展道路，必须采取多种对策途径，其中最根本和核心问题是实行可持续农业资源开发。通过合理、永续地开发利用农业资源（包括自然资源和社会资源），以保持农业生产率稳定增长，提高食物生产和粮食安全，增加农民收入，发展农村经济，并发展可持续农业技术，以推进可持续农业资源开发。开发是利用的起点和物质基础，开发为利用创造物质前提，开发的目的是利用资源，而利用资源进行产品生产又是开发的继续和归宿。开发对于农业生产来说是一个手段，目的就是为了利用农业资源。因而要实现农业可持续发展，农业资源可持续开发是基础的基础，只有实现了可持续的农业资源开发，才能保证利用的可持续性，从而为农业生产发展提供持续的物质基础。

在资源形成生产力之前，施加的投入和采取的措施或者通过投入和采取一定的手段使天然的资源转化为能为农业生产所利用的生产要素，这样的过程即为资源开发。

## 五、可持续农业资源开发的重要性和必要性

（一）相对紧缺的农业自然资源要求农业发展遵循资源持续开发利用原则

我国农业长期以来相对紧缺的资源承担着巨大数量人口生存所需食物的生产。越是发达地区，农产品需求量大的地方，其人均耕地越少，生产压力越大，难以做到耕地休闲，甚至轮作换茬也很困难。水资源也相对紧缺，水资源的时空分布，人均占有量很不均衡。利用这些耕地资源可为我国提供大量食物和其他生活必需品，但其投资量大，开发困难，根据国情、国力，这部分资源短期内难以形成充分的生产能力，必须充分利用与节省农业自然资源，特别是要注意保护耕地和水资源，避免耕地面积减少和水资源的浪费，提高土壤肥力和发展节水农业。

农业资源是农业发展的重要基础，农业资源的条件及前景决定着农业发展的水平和潜力。针对我国农业资源的现状，解决农业资源开发、利用中存在的问题协调好人口、资源、环境和发展之间的关系，走可持续农业资源开发利用的道路，是我国农业可持续发展的战略选择。

（二）农业可持续发展的基本要求

要实现农业可持续发展，必须树立资源有限的思想，农业资源可持续开发利用的思想，农业资源循环利用替代利用的思想，必须以有效性作为农业资源利用的准点，从挖掘资源深层潜力，千方百计地做到地尽其力，物尽其用，提

高资源的使用效率，降低资源的消耗速度，保持资源的永续利用和环境优化，逐步形成节约资源与环境协调的、整体优化的农业和农村经济。以各种形式对农业资源进行可持续开发，则顺应了农业可持续发展的基本要求，有利于农业生产持续性、农村经济持续性和农业资源环境持续性3个方面的协同有序。

(三) 可持续农业资源开发是农业可持续发展的重要途径

在我国，以土、水为中心的农业资源相当匮乏，人均资源占有量逐年下降，资源负荷过重，呈资源强约束型。资源约束制约着粮食等主要农产品的供给，与人口增长、收入水平提高及相应的食物消费结构变化所引发的对农产品的品种与质量需求的扩张，构成了一对突出的矛盾。农业生产的增长满足不了需要的增长，将是今后较长时期内的主要矛盾。农业发展的难度大，任务重。在农业资源紧缺的中国，走浅层开发、粗放低产、自然农业的道路是行不通的，必须走集约持续农业的道路。要实现农业可持续发展，必须切实转变农业增长方式，即从传统的外延型、速度型和数量型和粗放型的增长方式向现代的内涵型、效益型、质量型和集约型的增长方式转变，从根本上讲，即增长方式转变到依靠科技进步上来。

从本质上看，农业资源的可持续开发就是要把资源的开发转变为以科技开发为主。通过科技开发，形成高产的农业技术体系，与高产结合的高效的农业技术体系，以及保护与改善农业资源环境的技术体系，将自然资源转化为更大的现实生产力。因而研究、选用和推广先进的科学技术去实现或指导可持续的农业资源开发是推进农业增长方式转变的一种实际举措，有利于农业的可持续发展。

(四) 可持续农业资源开发的基本特征

1. 人与自然的协调性

可持续农业资源开发认为人是自然界的一部分，人们的农业生产经营活动和农民生活以人与自然和谐共存为最高准则。农业生产率的提高，必须遵循自然生态规律，促进生态平衡必须在开发、利用、保护和重新培植资源与环境的动态过程中来实现，决不能以牺牲资源、环境为代价。

2. 农业资源开发的持续性

农业资源开发应使现在和未来的农业资源存量相对稳定或者有所增加，农业资源得以永续利用，使农业资源尤其是不可再生的耕地，水资源总量保持稳定水平，并不断提高质量、提高利用率。

3. 农村人口规模的适度性

人既是开发者，又是消费者，作为开发者，是重要的经济资源，作为消费者又给农业资源、环境带来巨大压力。必须控制人口过快增长，保持农村人口规模适度，并努力提高人口素质，增加人力资本存量。

### 4. 各种因素的互联性

农业资源的持续开发受到人口、资源、环境的制约,人口与资源、环境是互相联系、互相制约的。必须以整体的、全局的观点,统筹考虑;协调解决各种因素,当前和长远发展矛盾,实现良性循环。

### 5. 发展目标的多元性

不仅要注重提高资源利用率,而且把促进社会进步,保护资源和环境放在重要位置,追求农业生态、经济和社会效益的统一。

### 6. 开发方式的集约性

科学技术是可持续农业资源开发的动力源泉,农业科技特别是高新技术的推广应用,使农业资源开发方式从外延型数量型的粗放开发,转到依靠科技进步和提高劳动者素质上来,提高开发的科技含量。

## 六、可持续农业资源开发的基本途径

### (一)贯彻生态经济平衡原则,适度、适量开发利用

农业生产是人类通过科学技术和人的劳动,输入物质能量,利用自然资源进行物质循环和能量转换的过程。这种物质能量的输入和产品的输出之间的过程,遵循着自然物质不灭定律和能量守恒定律,也遵循着经济比例发展规律,使生物与自然环境、生产与资源之间,以至整个农业生态经济系统各组成部分的结构与功能,处于一种相互适应、相互协调和相对稳定的动态平衡之中,在开发利用自然资源时,必须保证这种动态平衡的最佳状态,才能达到最大生态经济效益。合理利用农业资源必须保持生物基本数量与环境质量相适应和成比例的关系。对于任何一种资源的利用,都有适量、不适量和最大量的问题。就生物资源而言,适量的利用,可保持其最高的生产力,过量的利用,"竭泽而渔",会造成资源枯竭;适量的利用达到环境最高负荷量时,即接近生物发育的顶极①后,由于生物的自我稀疏作用,可能物极必反,任其自生自灭,似属弃货于地;而对于长流不衰,数量相对巨大的光、热、风力、水力等资源,则应最大限度地利用,如不利用,任其流失等于暴殄天物。

值得强调的是,农业再生资源的再生力与利用有一定的极限,利用超过了极限,就会导致生态平衡的破坏。例如,过去不少地方发展种植业,一味追求高产,不顾地力,盲目提高复种指数,"取大于予",造成地力衰退,发展畜牧

---

① 生态系统中生物群落经过一系列演替,达到跟环境条件之间形成相对稳定的状态,被称为顶极,达到顶极的生物群落称顶极群落。例如,湖泊边的杂草、昆虫和其他无脊椎动物,随着湖泊的缩小,向新露出的泥滩发展,原来的草丛则为灌木所侵入,最后为乔木所代替,逐渐形成土壤肥沃、动物繁多、相对稳定的树林,即达到了顶极的状态。

业；一味追求头数，过牧超载，草场退化，饲料短缺，导致畜牧业生产下降；林业年采伐量超过年生长量，造成采育失调，出现"森林赤字"；渔业由于酷鱼滥捕，超越资源再生能力，渔业资源日益衰竭，捕捞量下降。这种只向自然索取、过量利用的掠夺性经营方式，最终使农业生产陷于生态失调和资源衰退的困境。

制止掠夺性经营，种植业就要杜绝盲目滥垦，将不合理开垦的陡坡地、草场、湖田，有计划地逐步退耕还林、还牧、还渔，对农田利用要用养结合，尽快恢复和增进地力；林业首先要严禁乱砍滥伐，实行采育结合，在森林采伐量不超过生长量的前提下，确定木材生产任务；牧业要确定草场使用权，保护好草资源，以草定畜，合理轮牧；渔业要控制捕捞，发展养殖，保护和增殖渔业资源。对水资源要充分利用地表水，地下水要先用浅层水，少用或不用深层水。

总之，开发利用自然资源必须遵循动态平衡规律。按照一定的界限和比例，有取有补，取补适度、适量，而不能利用过量，不能超过生态系统的自我调节能力和资源的负荷极限，更不允许掠夺性的开发利用再继续下去。

（二）建立以国家为导向、农民和集体为主体的多元化投入机制

随着经济发展，国家财政在农业资源开发方面的投入应有所增加，这部分投入很大程度上决定着农业资源开发的方向。在此条件下，通过努力明晰资源的产权关系，明晰资源开发的利益分配关系，确立一种农业资源开发的权利激励机制，鼓励社会主体将更多的资金投入农业资源开发，从而解决资源开发投入不足的问题。

（三）实行资源有偿使用制度

对农业资源按货币进行经济估价，合理规定自然资源开发利用的价格，对农业资源制定利用资源收费的方法，对于农业资源的合理开发利用、减少浪费、降低价格和成本，具有十分重要的作用。在我国农业自然资源以集体所有制为主兼有全民所有制的条件下，对农业资源的级差地租收入，则应采用通过农业税、价格、提取公积金等形式给国家、集体按一定比例分配部分级差收入，并给农民留下一部分作为实行集约经营的劳动所得；或者对农民承包土地、山林、水面、草资源的利用，根据承包各种资源的质量及利用性质的优劣等级，实行经济估价，并根据这种估价，按使用数量计算出利用资源的收费数额。对自然资源估价和利用收费在计划和设计工作以及鼓励节约资源方面是很必要的，也具有重要的国民经济意义，它可以使生产者、消费者小心谨慎地对待自然资源的利用，而使资源免受损害和浪费。珍惜、节约资源，把有限的资源用于更多的领域，也就等于增加了新的资源。

（四）以农业产业化经营重组农业资源开发的经营机制

农业产业化经营将是我国农业发展新的经营方式。作为农业发展的重要内容，农业资源开发也应顺应这一趋势，按照农业产业化经营的思路方式来组织重大的开发项目，在资源的开发方向、利用结构及主要产品的生产、加工等方面，按照适当规模、产供销一体化等原则将分散的农户开发经营进行产业化组织，从而能够确定起新的资源开发经营机制。

关键是通过培植"龙头企业"，即培育能开拓市场，进行深加工，且为农民提供系列服务以及带动农户发展商品生产的企业或集团，是以资本为纽带，以合同契约相连接，并与农民之间形成利益共同体，把分散经营的农户与国内外人才市场联结起来，形成"农户＋基地＋科技＋公司"的经营方式。"龙头企业"可包括涉农国有企业、乡镇企业、农村非公有制企业以及其他企业类型，通过必要的政策、资金、技术及关键性措施的大力扶植，形成一大批较具规模和实力的"龙头企业"群体，这种群体将以其良好的示范效应，带头作用以及强劲的辐射功能带动农业产业化的更优发展。

（五）加强农业资源开发与土地整理、复垦、区域资源综合开发等方面的结合

农业资源开发与土地整理、土地复垦及区域开发存在着十分密切的联系，由于目前受管理体制的限制，分属于不同的管理部门。从农业资源开发的内涵及客观现实来看，土地复垦、土地整理应属于农业资源开发的重要组成部分或重要方面，相互之间不应截然分开，否则会出现重复开发、重复投资的现象，有限的人力、物力、财力形不成应有的开发规模。这一方面要将农业资源开发与区域开发规划密切相连；另一方面，不同部门尤其是土地管理、资源开发、环境保护等部门多加合作，联合攻关，才能提高农业资源开发的效率。

（六）坚持科技进步

在农业资源开发设计、利用方式选择及主要技术采用等方面体现出科技含量，并将国际上先进、实用的开发利用技术引入到农业资源开发，增加资源开发技术可行性，经济合理性和有限资源的集约利用，实现农业资源开发的"两个转变"。

（七）贯彻"科教兴农"战略

控制人力资源则主要依靠人口素质提高，人口素质又主要指科技文化素质，因而提高人口素质的关键在于教育，实施"科教兴农"战略，发展农村科教事业，应包括3个层次：第一，推进农业教育综合改革，要在全面实行义务教育的同时，推行素质教育，以提高基础教育水平和质量。第二，在结合当地实际合理调整农业中级教育结构的同时，加快发展农业高等中等专业教育，并大力发展多层次、多形式的农业职业技术教育。第三，结合扫盲工作，广泛开展农村成人教育，组织农民学习实用种养和农产品加工技术，对农民进行相关

岗位培训，提高知识水平、专业技能和安全生产知识，并通过多种方式或渠道引导农民学习和掌握有关生产、经营和管理等方面的知识。

## 七、基于资源利用我国休闲农业产业化的保障措施

（一）夯实休闲农业产业化市场基础

1. 整合休闲农业资源

（1）促进资源合理配置。在休闲农业产业化与市场化发展过程中，重视休闲农业资源的合理配置。一是资源所有权或使用权与经营权的合并与分离问题，采取两权合一模式的农户可以在短期内获得较为明显的直接经济效益，但由于开发能力的限制，普遍存在开发方式简单、开发规模小而分散、规划建设起点低，建设项目雷同等问题，采取两权分离模式的农户在短期内获得的直接经济效益不明显，但借助其他主体的开发能力，开发起点较高，资源整合能力强，产业联动效应显著。二是促进资源市场价格的形成，由于制度限制，休闲农业资源如农村土地、历史文化遗产等不能直接通过市场流通方式获得，需进一步完善市场定价机制，切实解决市场信息不对称和供求关系不对应问题，促进资源合理配置。三是资源利用的比例和利用的方式，在休闲农业项目开发中，需要对土地资源的利用类别、方式和资源配置进行评价，并对土地资源用途比例与利用方式进行安排。

（2）加强资源整合能力。做好对休闲农业资源种类、数量、质量以及资源组合状态的前期调研工作，实现资源的合理配置和有效利用。

首先，通过资源整合促进农业生产由传统种植业向现代设施农业、高效农业、有机农业、精准农业转变。在具体设计中，利用各种农作物生产过程中的时间差和空间差进行各种综合技术的组装配套，充分利用土地、光照和作物、动物资源，形成多功能、多层次、多途径的现代农业生产模式；提高各类农业用地资源利用效率，发展精细农业；综合利用生物资源发展生态农业；利用资源加工转换与增值发展加工农业。通过资源的综合开发利用实现农业生态环境的相对稳定协调和农业多种功能的拓展。

其次，整合区域内自然、文化、社会、科技资源，推动休闲农业从观光游览阶段走向休闲度假阶段，从功能单一化向融观光、游览、休闲、度假、康体、健身、文化、会议、商务等多种功能为一体的综合体方向发展。同时，区域内各休闲农园园区建设突出各自风格特色，充分挖掘当地资源优势，凸显比较优势，侧重经营模式的独特性，并在营销方式上强调点、线、面联合营销，对不同的旅游线路进行设计、包装与分类营销。

2. 选择资本运作模式

休闲农业是资本需求量较高的产业，农户、农村集体等经营主体投资能力

较弱，单纯依靠自身力量很难完成资本积累过程，需要借助适当的融资模式进行融资。休闲农业融资模式的选择可以借鉴一般旅游业模式，我国旅游业融资模式主要包括：第一，通过股份制改造发行股票，直接融资；第二，通过发行债券筹集负债资金，承诺按一定利率定期支付利息，并到期偿还本金的债权债务；第三，实行旅游项目融资，吸引国内大企业、大公司、大集团的投资；第四，建立旅游产业投资基金，将通过各种方式筹措的资金交由专门的管理机构运作①。休闲农业经营规模较小，经营管理不规范，发行股票与债券等模式的制度环境尚不成熟，应采用项目融资和基金融资模式筹措资金。项目融资是以项目本身拥有的资金及其收益作为还款来源，基金融资则利用资本市场扩大融资渠道，发挥政府的引导作用，由政府、企业与个人联合投资，形成休闲农业融资平台，吸引和支持更多民营企业投资介入。

3. 提升市场营销能力

休闲农业经营水平主要由客源城市中、高收入人群的数量、生活水平、收入水平、消费能力等决定，要根据市场需求，针对客源市场特征，立足本地区的优势资源、特色资源与次级资源确定休闲农业主题特色及休闲农业项目的类型和档次，并制定相应的市场营销策略，形成休闲农业经济优势。

（1）市场营销策略制定。首先，对城市休闲人群采取抽样、重点、典型调查等多种形式进行调查分析，了解目标客源休闲消费水平、消费个性化方式、休闲农业活动倾向等，将市场信息作为企业投资决策依据；其次，对休闲农业目标市场细分、市场定位、市场选择、产品定价、促销策略、宣传方法等进行规划设计，尤其在产品定价上，要结合客源市场特点制定合理的价格，休闲农业的休闲性与短途性主要吸引周边城市居民，合理定价能够吸引更多客流，延长游客滞留时间，增强休闲农业品牌效应。

（2）市场营销模式选择。休闲农业营销模式的选择是促进休闲农业市场化、规模化、产业化与品牌化发展的重要依托，通过创新营销模式、塑造品牌形象来深度挖掘产品特色，提高休闲农业产品与服务的识别度和知名度。具体可采取体验营销、绿色营销、品牌营销等模式。

第一，体验营销，是一种为消费者提供体验来创造价值的营销方式，包括感觉营销、情感营销、思维营销、行动营销和关系营销等，休闲农业体验营销主要强调营销的互动性、主观性和持续性，如让游客通过角色置换体验真实的乡村生活，借助农业、农村相关的产品、设施与服务满足旅游者娱乐或文化诉求等。

第二，绿色营销，是以绿色消费为价值观念，通过向消费者提供无污染、

---

① 黄文馨. 培育休闲产业，推进经济增长 [J]. 自然辩证法研究，2001（10）：55-58.

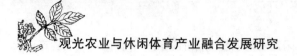

资源节约型的商品来满足消费者绿色消费需求。休闲农业绿色营销通过设计符合环保与生态消费观念的目的地形象、开展各种形式的绿色宣传和促销活动以及从业人员服务行为的绿色化，实现保护生态环境和自然资源目的，并帮助消费者树立绿色消费观念和绿色意识。

第三，通过品牌化营销，提升产业市场运作能力。在品牌化营销上，一是建设高质量的休闲农业服务信息网站，营造网上经营环境，通过网站推广、信息发布、品牌宣传、销售促进、在线调研、顾客关系维护等网络营销方式将休闲农业相关知识和经验以信息流的方式向目标客户群进行传达，并与国内各大旅游网站形成链接，通过手机、网页服务等对休闲农业区域的路线、景区进行便捷引导。二是制作图文并茂的旅游指南、景区景点图册、广告宣传品、影视宣传片等展示休闲农业项目，利用各种媒体进行全方位、多层次的推广。三是休闲农业形象设计，以休闲农业经营理念为核心，建立休闲农业视觉识别系统，通过企业经营者有效的管理活动和服务活动塑造良好的休闲农业形象，在休闲农业园区指示标识、企业办公用品、广告宣传资料、产品与包装、环境陈设、公关礼品、从业人员服装饰品、运输工具及设备等方面实现形象应用。四是举办大型节会活动，通过组织较大规模的产品展览、产品交易会、项目推介、商务论坛、赛事活动等进行宣传推广。五是加强区域合作，重视与周边地区重点旅游线路与旅游景区景点的联动开发，实现不同旅游目的地间资源互补与客源共享，通过区域自然景观、人文景观与农业生产资源的综合开发与利用，增强区域的影响力与竞争力。

4. 建设信息网络平台

推进休闲农业目的地的信息化管理建设，利用互联网、物联网和移动技术等新兴技术拓展信息终端，加快信息服务体系建设。建设休闲农业网、管理系统业务网、电子商务网等，并与国内及周边地区著名的景区景点、休闲农业示范点、旅行社等网站进行链接，构建休闲农业信息平台。如中国休闲农业网的开通，建立了统一、高效、权威的休闲农业信息资源库，通过网站及时更新休闲农业信息，详细介绍休闲农业景区景点分布情况、最新动态、交通方式等。休闲农业网站的建设，一方面为休闲农业经营户提供展示平台，通过网络进行市场调研、网络营销与互惠链接；另一方面为游客提供信息咨询、网上预订、网上支付等服务，可以降低企业的经营成本和游客搜寻信息成本，协调游客与休闲农业经营者及农户间信息不对称问题，提高信息的可得性和交易的便捷性；同时，地方政府可以通过网站向公众介绍休闲农业相关的政策法规、办事流程，发布政务新闻与政府公报，为休闲农业景区景点推介、线路推荐、公交路线和自驾方案、住宿餐饮服务等方面做可信性资质证明，为当地休闲农业发展提供服务和指导，提高休闲农业目的地的品牌知名度。通过构建休闲农业发展的信息平台，实现行业管理网络化、企业经营网络化和信息服务网络化，搭建政府与企业、企业与市场间沟通和联系的桥梁。

（二）提高休闲农业产业组织化程度

1. 优化配置土地资源

土地资源的优化配置是提高休闲农业组织化程度的关键①。土地资源的整合利用与规划布局直接关系到休闲农业发展规划制定、产业组织形式选择与产业标准化推进。在休闲农业项目开发中，农户可以通过多种形式实现土地承包经营权的流转，一是土地转包，作为农村集体经济组织成员的农户通过转包形式承租其他村民一定期限内的土地使用权；二是土地互换，在平等自愿基础上，同意农村集体经济组织的农户根据各自需要互换承包地块；三是土地入股，即农户以各自土地承包经营权作为资源入股；四是土地出租，即农户将土地出租给非农村集体经济组织的成员或外来投资商，提高土地资源的整合效率。

2. 加强龙头企业带动

（1）加快培育休闲农业龙头企业。积极培养具备全产业链要素整合能力和突出战略设计能力的龙头企业，利用龙头企业的凝聚与示范带动作用，提高休闲农业产业的组织化程度，显著推进休闲农业产业化经营步伐。农业部、国家旅游局《关于继续开展全国休闲农业与乡村旅游示范县、示范点创建活动的通知》（农企发〔2013〕1号）指出，要继续推进休闲农业与乡村旅游示范县、示范点创建活动的开展，打造一批优势突出、发展潜力大、带动能力强的休闲农业龙头企业，进一步提高休闲农业产业化经营水平和社会经济效益。各地区在休闲农业产业发展中，要加快培育经营特色化、管理规范化、服务功能全、产业基础强、经营效益好的休闲农业龙头企业，并带动周边区域中小型企业和个体农户经营者发展优势互补、类型各异的休闲农业项目，在各地区形成以龙头企业为主体，生产集约化、功能多样化、产业规模化的休闲农业基地与示范园区，提高区域休闲农业组织化程度和经营管理水平，推动休闲农业产业化发展。

（2）增强龙头企业带动能力。龙头企业是休闲农业产业化发展的根本动力和重要标志。通过休闲农业的资源优势和市场优势吸引龙头企业投资，建立休闲农业基地，围绕区域主导产业和资源优势，合理布局和建设龙头企业。提高龙头企业规模度、集中度，增强其抵御市场风险能力。在休闲农业产业化推进过程中重视建立、完善与之相适应的运作体系和机制，完善龙头企业与农户间

---

① 王瑞花，张兵，尹弘. 国外乡村旅游开发模式初探［J］. 云南地理环境研究，2005，17（2）：73-76.

的利益分配机制，建立龙头企业与农户间的利益共同体，在一体化经营体系内实现利益互补，实现小规模经营的农户与大市场间的对接，提高农户进入市场的组织化程度。

3. 建立现代企业制度

休闲农业企业已经成为休闲农业产业化发展的中坚力量。以休闲农业企业为主体的新型休闲农业产业化组织的建立，实现了土地资源的适当集中和合理配置，解决了个体农户项目投资资本不足的问题，降低了休闲农业经营风险，推动了休闲农业规模化经营和产业化发展。新型组织形式对企业提出更高要求，休闲农业现代企业制度的建立，能够有效提高企业的市场竞争力，产权明晰能够充分保障经营主体的资产所有权、收益权和处理权；权责明确使休闲农业各参与主体及利益相关者之间明确各自权利与责任，共担风险；政企分开有利于提高企业活力与竞争力；科学管理是在推进休闲农业企业在生产、供应、质量、销售管理等方面实现科学管理。

4. 健全产业中介组织

（1）建立健全休闲农业行业协会组织。行业协会的完善程度是市场经济条件下衡量行业是否成熟的重要标志。目前，我国已经成立中国旅游协会休闲农业与乡村旅游分会，该分会专门负责研究休闲农业和乡村旅游发展过程中存在的问题，进而能够提升休闲农业管理和服务水平。要按照"民间化、市场化、大服务"等行业协会办会原则积极培养和发展休闲农业行业协会，不断完善行业自我服务和约束管理机制。一方面，赋予行业协会一定的职权和资金支持，让其适度参与行业管理，另一方面，通过整合行业协会各项资源，出台行业规范，强化行业监管，提供相关培训，为休闲农业发展提供市场准入、市场推广、人员培训、经营协助、宣传推介、管理咨询、市场评估、度假指南等多样化服务，充分发挥行业协会在政策宣传和建议、行业标准制定与实施、经营行为规范、行业争端解决等方面的作用，提高休闲农业组织化程度和标准化建设能力。同时，发挥行业协会在涉农、涉旅企业和政府间的沟通桥梁作用，规范休闲农业项目管理，保障相关利益群体合法权益，促进行业有序竞争和可持续发展。

（2）发挥专业合作社的牵头作用。休闲农业产业的持续、健康发展需要成熟的行业组织和良好的服务体系作为保障。在休闲农业产业发展中，应鼓励休闲农业经营主体建立起自愿联合、民主管理的互助性经济组织，强调专业合作社的协调、带动作用，通过专业合作社为休闲农业经营者提供相关服务信息，避免恶性竞争，联合推介休闲农业活动，建设完善的营销体系、培训体系、行业自律体系，形成龙头企业带动、专业合作组织和行业协会推动休闲农业规模化经营的趋势，如台湾地区的农业策略联盟发展协会和台北市农会联合开展休闲农业，已与100多家休闲农场联动进行市场营销。

5. 优化产业组织模式

休闲农业经营模式多样，包括"农户＋农户""企业＋农户""企业＋社区＋农户""政府＋企业＋农村旅游协会＋旅行社""政府＋企业＋农户""个体农庄"等多种经营管理模式，一些经营模式由于不同主体间存在利益不一致、信息不对称、地位不对等、契约不完备等一系列问题，难以形成促进产业规模化发展的保障机制和保障农民收入的长效机制。不同经营主体在休闲农业产业发展中发挥着不同作用：首先，企业作为市场主体是构成休闲农业产业的要素，以休闲农业企业为主导开发建设休闲农业项目，有利于将市场经济理念引入休闲农业的发展中，利用市场机制整合资金、技术等各项资源，推动休闲农业规模化、市场化发展。第二，农村基层组织是村民自治的群众性组织，如村委会等，是农村社会、经济、文化建设的组织核心，具有管理农村集体经济、协调内外部关系等职能，可以发挥农村基层组织在基础设施建设、公共产权处置和收益冲突解决方面的积极作用。第三，休闲农业合作社、行业协会等合作组织的建立，有利于有效解决农户分散经营的问题，形成统一协调的利益市场。通过成立利益共享、责任共担的休闲农业合作组织来约束不同经营者的行为，维护公平有序的竞争环境，形成良性互动的协商机制，提高休闲农业市场化和组织化的程度。同时，鼓励农户参与休闲农业发展的过程是保障当地居民获得产业发展效益的前提，要建立有效的农户参与机制，充分提高农户的积极性和创造性。一方面，在制订休闲农业相关政策与规定、发展目标与计划、监测与评估措施方面听取当地农户的意见与建议；另一方面，让农户参与到休闲农业的经营与收益分配中，鼓励农户直接从事休闲农业经营。

休闲农业产业化组织模式的选择要适合区域产业集群的形成，主要体现不同企业组织的经营行为或企业间的联盟行为。产业组织模式的确定要充分重视企业或中介组织的作用，通过各种龙头组织或中介组织与农户结成松散型或紧密型的利益共同体，对农户经营起到不同程度的引导、组织、服务、扶持作用。

(三) 实施休闲农业产业集群化战略

1. 构建与延伸产业链

休闲农业产业链是指在产业分工细化和专业化的基础上，处于不同环节、发挥不同功能的企业以各自利益最大化为目标建成的产业网络链条结构。休闲农业产业链的构建与发展，能够挖掘传统农业生产与乡村环境中的附加价值，实现农业文化价值的重现与农业文化的增值，有效促进资金、技术、人才、渠道等生产要素的有序流动，推动农业产业结构的优化升级与休闲农业产业化发展进程。

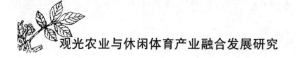

　　首先，从产业链的基本构成来看，主要包括基础链、辅助链及拓展链，休闲农业基础链指传统的农业生产过程及休闲服务手段，包括农产品的培育与生产、采摘与收获、加工与销售以及农业生产与休闲服务的结合；辅助链包括与休闲农业产业经营相关联的产业与企业，包括金融业、建筑业、餐饮零售业、物流业、传媒业、交通运输业、环保产业等；拓展链则指附加于休闲农业经营基础上的产业，如食品产业、医药美容产业、生物工程业、会展业、文化创意产业、房地产业等。

　　其次，从产业链的纵向延伸与横向拓展来看，纵向发展方面，以休闲农业龙头企业、合作社为依托，大力发展规模化的种养殖业，农产品加工业及餐饮住宿、农产品流通业，创新休闲农业产品生产、加工、销售、服务的各个环节，加强涉农企业与农户间的协作，构建完整的产业体系，加强吃、住、行、游、娱、购等各环节的整合，加强产业间的联合，延长产业链条；横向发展方面，经营类型相同或类似的企业应加强分工合作，集约利用资源，延伸产业链条，处于同一旅游线路或旅游景区辐射范围内的休闲农业项目可以共同开发客源市场，形成功能衔接、特色互补、规模经营的产业集群形式。通过休闲农业产业链构建与延伸，将产业核心竞争力集中于产品定位、设计研发、渠道管理、客户服务等环节上。

　　2. 促进关联产业集聚

　　首先，休闲农业产业链的延伸将促使大量中小企业在区域内集聚，产业链各节点均能催生众多存在竞争与合作关系的企业，可以利用区域内特色休闲农业资源和产品优势，延长产业链，实现相关核心企业集群发展。如台湾地区的农产品深加工行业整合了生产、制作、包装各环节的资源和技术，极大地延伸了产业链。

　　其次，以休闲农业产业链延伸和升级为核心，合理配置休闲农业资源，发挥休闲农业产业的关联带动作用，推动与休闲农业关联度较高产业的发展，如农业、旅游业、建筑业、交通运输业、医疗美容业、农产品加工业等，促进存在竞争与合作关系相关产业的企业、专业化供应商以及服务机构在区域内聚合发展，形成一个稳定、持续的竞争集合体。

　　3. 推进产业集群发展

　　休闲农业产业集群是以休闲农业项目开发为中心，整合多个产业链，集聚众多具有依存性、互补性与关联性的企业和服务机构，形成相互促进、共同发展的企业网络。各地区以特色休闲农业资源为核心要素，整合各产业资源，打破部门间的界限以及区域间的界限，以休闲农业内部产业链拓展与延伸为核心，吸引产业链上的众多企业与支撑机构在休闲农业项目开发地集聚，整合关联企业的经营优势，降低企业经营成本，通过跨行业、跨部门、跨地区的资本、技术与资源联合，组建休闲农业企业集团，聚集一批具有较强竞争力的企业。通过休闲农业关联产业及配套产业的协调发展，形成相对完整的产业链，形成具有强劲、持续竞争优势的产业集群。

（四）建立休闲农业的产业化人才体系

休闲农业从业人员整体素质偏低是制约休闲农业产业发展的重要因素之一。应根据休闲农业的产业化发展需求，分类、分级开展休闲农业服务和管理人员培训，培养专业化、高素质的休闲农业经营管理人员。

1. 培养专业人才

休闲农业产业涵盖了农业、旅游、科技、文化、法律、经济、管理、营销、环境等多学科的知识。一方面，鼓励地区高等院校开设休闲农业相关专业，传授农学、生态学、景观学、资源经济学、休闲学、景观规划学等学科的知识，为休闲农业发展培养市场经营、管理宣传、规划设计、文化开发与保护方面的专业人才，提高经营主体的经营意识和旅游开发与服务意识；另一方面，充分利用市场机制，拓展办学渠道，充分利用地区农林、财经、旅游院校的科研优势，鼓励校企合作兴办职业技术学校，进行高科技农业技术人才和高级经营管理人才的教育与培训。

2. 提高经营者素质

对休闲农业企业经营者和管理人员进行定期、分批培训。一是重点开展政策法规、创业理念、信贷融资、生产安全、卫生服务等方面的知识培训，并定期组织企业经营者到休闲农业发达地区进行实地考察学习，提高自身专业素质和经营管理能力；二是鼓励休闲农业企业经营者和管理者积极参与地区政府或行业协会组织的座谈会、研讨会、交流会、专题讲座、学术会议等，加强经营者间互动交流，共同探讨经营管理中出现的问题，创新经营服务理念；三是加强经营业主可持续经营意识教育、职业道德教育、法律教育和文化教育，鼓励经营人员文明经商、公正参与，提高经营人员整体素质。

3. 开展技能培训

将休闲农业的专业服务人员培训教育纳入农村劳动力素质培训工程，一是依托地区行业协会、产业基地和职业院校，对休闲农业的专业服务人员开展专业知识、服务技能和职业道德培训与教育，重点开展农业技术知识、操作方法、作业内容、工作流程、安全知识、服务规范、接待礼仪等方面的知识和技能培训，严把上岗前的考核关，坚持上岗后的定期培训，提高从业人员的综合素质和服务水准。二是多渠道、多层次、多形式培育从业农户，由于休闲农业主体从业人员大部分由当地农户构成，需要对广大农户进行旅游、技术、服务、环境、卫生方面的教育，依托乡镇成人教育、农业职业技术教育、夜校等对农户开展农业技术培训，依靠农技、蔬菜、畜牧的推广体系，对农户进行定期培训与技术指导，通过示范基地引进新品种、新技术和新模式，提高农业科技运用水平，调动农业大户积极性，提升经营农户素质水平与职业技能，同时，通过大众传媒对农户开展旅游服务教育与环境卫生教育。

### 4. 大力引进人才

利用多种渠道与手段大力引进休闲农业经营管理和专业技能人才，满足休闲农业产业规模化发展需要。通过技术交流、广泛引进、公开招聘等形式，挖掘有潜力的专业人才，完善人才流动机制，实现休闲农业从业人员在数量、质量、层次、结构上的配置优化与全面提升。

### （五）构建休闲农业产业化标准体系

休闲农业产业化标准体系以休闲农业生产、服务、管理全过程为对象[①]，通过建设标准体系，制定、发布与实施相关标准，规范休闲农业市场秩序与产业发展，实现休闲农业服务专业化，提升经营管理水平、推进产业化进程。

### 1. 标准体系构建的原则

休闲农业产业化标准体系建设应在一定原则指导下逐步推进。一是全局性与前瞻性原则，要全面分析休闲农业产业发展现状、趋势以及发展中可能存在的潜在问题，在景观规划与设计、文化要素传承与保存、环境开发与保护方面做好充分调研与长远规划，确保相关标准的适用性与可行性；二是一致性原则，在一定地域范围、一定时期内，对区域内相关对象作出统一规定，确保休闲农业标准制定的一致性和稳定性、权威性和持续性；三是融合性原则，一方面休闲农业行业标准可以参考农业和旅游业较为完备的标准体系，并与相关行业标准相衔接，另一方面要兼顾不同产业经营模式、发展阶段、组织方式和管理手段，相关标准的制订能够在不同产业形态中共同适用；四是综合效益原则，通过实施标准化能够取得综合效益，实现经济效益、社会效益与生态效益的统一。

### 2. 标准体系制定的层次

休闲农业标准化可以分别从宏观和微观两个层面进行制定，一是宏观把握休闲农业产业发展特征与趋势，通过推行标准体系保障产业规范化、持续性发展；二是地方休闲农业管理部门和参与经营的企业主体根据地区特点和产业特色制定相关标准，如地方休闲农业建设与评定标准、休闲农业项目与园区服务和管理标准等。目前，在国家与地方、行业与企业层面都已经制定和实施了一系列休闲农业相关标准，通过标准化建设规范休闲农业发展。如北京市制定的《乡村民俗旅游户等级划分与评定》《乡村民俗旅游村等级划分与评定》和《乡村旅游特色业态标准及评定》等系列标准，四川省制定的《农家旅游服务规

---

① 徐广才，史亚军，谢翔燕，等. 休闲农业标准体系研究 [J]. 中国农学通报，2012，28（15）：306-311.

范》,安徽省制定的《安徽省农家乐旅游等级划分与评定》,湖南省制定的《农家乐经营基本条件》《农家乐星级划分评定准则》等地方标准。

3. 标准体系制定的内容

首先,休闲农业服务标准化。制定具有较强指导性的休闲农业服务分类标准与工作指南,对休闲农业服务内容、服务流程、服务资质、服务术语等方面作出详细规定。一是休闲农业基础标准设定,建立权责明确的休闲农业服务组织机构,规范休闲农业服务流程,健全服务质量评价与认证体系;二是规定休闲农业从业人员资质标准,完善服务运营管理中关于卫生、环保、安全防范等方面的相关规定;三是规定休闲农业从业人员服务质量标准,将休闲农业服务的全过程分为若干工作阶段,详细规范各阶段的服务内容,并对服务活动需要达到的效果做出要求。

其次,休闲农业管理标准化。制定规范休闲农业用地、生产、经营、布局、服务设施、公共基础设施建设等方面的相关标准。一是严格制定和执行休闲农业经营准入标准,从服务设施、建设环境、建筑条件、安全系统、卫生环境等方面设定休闲农业项目经营的基本条件和最低准入标准;二是规范休闲农家、休闲农庄、休闲农场、休闲农园等项目设施设置标准和管理标准,如对乡村旅舍的设施条件进行标准设定和等级评估,对设施设备达到相关标准的批准发放从业许可证;三是制定各业态的建设与评价标准、服务规范与操作规程,规范休闲农业各种产业形态的规划设计、设施配置和运行评价等方面内容,制定具体业态的建设与评价专用标准,如经营服务规范、等级划分与评定、星级划分评定准则等。

再次,休闲农业卫生安全标准化。休闲农业主要以农民原生态生产、生活环境为依托,休闲农业开发地卫生设施与安全条件是休闲旅游者最为关注的要点之一。卫生安全标准包括住宿卫生、餐饮卫生、饮用水卫生、医疗卫生、环境卫生、能源卫生等。

# 第二节　休闲观光农业产业的经营模式

休闲观光农业是在传统农业基础上发展起来的融农业和观光休闲为一体的新型产业,构成休闲观光农业的支柱产业,包括第一产业即农业产业(作物种植业、林业、畜牧业、水产养殖业和家庭副业)和第三产业即旅游服务业。

## 一、休闲观光种植业

(一)休闲观光种植业的内涵

种植业是以栽培农作物取得产品的行业,是农业的主体组成部分之一。种植业包括粮食作物、经济作物、饲料作物、绿肥作物，以及蔬菜、花卉等园艺作物的栽培生产。其主要特点是：以土地为基本生产资料，通过人工培育，利用农作物的生活机能摄取、蓄积和转化太阳能，以取得产品。种植业是人们基本生活资料的重要来源，也是农业内部其他部门和工业发展的基础；它为人们直接或间接提供食品和衣着，为发展畜牧业和渔业提供饲料，为工业生产提供原材料。我国是个农业大国，种植业在农业中又占有很大的比重；大力发展种植业，对农业中其他部门和工业的发展，对人民生活水平的提高意义重大。

休闲观光种植业是指以具有观光功能的种植业为资源进行开发的休闲观光农业产业，它利用现代化的农业技术、设施和栽培手段，开发具有观赏价值的作物品种和作物园地，展示给游客的既可以是科技含量高、观赏性强的现代化种植业（例如引进优质蔬菜、瓜果、花卉等观赏性作物新品种，建设农业集锦公园或专类园，反季节作物栽培、无土栽培、智能化温室大棚、组织培养等），也可以是具有鲜明地方特色的传统种植业（例如一望无际的麦田、黄花如海的油菜地、姹紫嫣红的桃李园等）。

（二）休闲观光种植业的类型

休闲观光种植业可根据栽培作物类别（例如农作物、果树、蔬菜、花卉及其他作物）、栽培技术（例如传统大种植业、设施种植业、精准型高新科技种植业等）和作物配置栽培方式（例如特色单一型、立体复合型等）进行分类。以下重点介绍按栽培作物类别分类的主要类型。

1. 休闲观光农作园

可用于此类园区种植业的作物大多是当地的主栽作物（例如北方的小麦、燕麦、玉米、高粱、大豆、棉花、油菜、甜菜和向日葵等，南方的水稻、番薯、甘蔗、花生和木薯等），以一望无际的大手笔展现最具魅力的物候景象（例如开花、结实、收获等），吸引成千上万的游客前来观赏。例如云南罗平独特的气候，造就了罗平独特的生态农业，每年2—3月，连片13 333.33公顷的油菜花在罗平坝子竞相怒放、鎏金溢彩，绵延数十千米，好似金浪滔滔的海洋。凡驻足这个最大的天然油菜花海的游客，无不感叹罗平是"金玉满堂之乡"。

再如北京市的"玉米迷宫"，就是利用玉米高秆的遮蔽性，在玉米地中留出道路，只有鸟瞰整块玉米地时才能显现出这些通道组合起来的某种图案，而游客身在玉米地，走在通道中，是不知道出口在哪儿的，犹如在迷宫中行进，充满了探险的意味，由此造出适宜人们旅游观光、休闲度假的"迷宫阵"。它利用农业的特性将旅游业以及拓展训练巧妙地结合起来，让人们在享受自然风光、农业风情的同时再添童年乐趣。此外，通过不同时期作物生长过程的变化，以及每年"迷宫阵"设计方案变换花样，可以吸引大量旅游观光和采摘的"回头客"。

这类休闲观光农作园创造出赏心悦目、回归自然、休闲度假的优美环境，使市民、青少年在观赏游玩中体验农业文明，接受农耕教育。

2. 休闲观光果园

休闲观光果园是休闲观光农业产业的主力军。在休闲观光果园中，通常是把具有一定特色，栽培历史悠久，品种、变种丰富的果树分区栽培，建立专类观赏园。这里重点介绍观光林果园、果树品种展示园、园艺技艺园、观光采摘园和果树盆景园等。

（1）观光林果园。观光林果园是指有一定规模的果树种植园，少则几十公顷，多则上千公顷，是集园林、旅游、果园生产于一体，将生态、经济、科普、休闲有机结合的大型观光果树种植园。例如安徽宣城恩龙山庄的千亩①银杏园和特色林果园。银杏园一望无垠，气势磅礴，春季里漫山遍野，一片翠绿，处处生机勃勃，让人感叹大自然的美丽和生命的美好；金秋时节，又是一片金黄，银杏硕果缀满枝头，给人以丰收的喜庆。林果园方圆数十公顷，郁郁葱葱、春华秋实，收获的季节，桃、梨和杨梅等硕果累累、枝头飘香，游人一路观赏游玩，还可以随时品尝到香甜嫩脆、美味各异的新鲜水果，令游客陶醉于回归田园生活之乐趣中。

（2）果树品种展示园。果树品种展示园是指集中展示"新、奇、特、优"果品种类和新品种的果树种植园。展示园的内容多种多样，例如在北方地区可利用大棚温室展示少见的荔枝、龙眼、杧果、菠萝、香蕉和火龙果等南方果树，使游客在兴致勃勃地游历南国风光的同时，还能品尝到新鲜的热带亚热带水果；在南方利用冬季或人工气候室使没有到过北方的人也能够见识并亲手从树上采摘和品尝到北方的新鲜果实。此外，特色新品种（例如树香瓜、钙果、百香果、人参果、蛋黄果、黄金果、福星果和新西兰红梨等）也是展示的内容之一。此类展示园有南京虞山宝岩高科技农林生态观光园（杨梅观赏区）、深圳"荔枝世界"、浙江玉环漩门湾休闲观光农业园中的百果园等。

（3）园艺技艺园。园艺技艺园是展示园艺栽培技术、嫁接、修剪的技艺园。园艺技艺园采用不同的修剪方法，将果树培育或修剪成与常规生产栽培不同的树形。例如将传统的球形苹果树冠，修剪成篱笆形、树篱形，反过来把藤本的葡萄、猕猴桃修成无架的自立树形等。还有应用不同的嫁接技术，将不同种类、不同品种的果树嫁接在一起。例如，在梨树上嫁接苹果，在苹果树上嫁接山楂，不仅很有趣味，还是一种寓教于乐的科普教育方式。

（4）观光采摘园。观光采摘园是指以赏花采果为主题的果树种植园。观光采摘园在开花季节花团锦簇，不仅让旅游者赏心悦目，还可让其了解果树开花

---

① 亩为非法定计量单位，1亩≈0.067公顷。——编者注

的过程；果实成熟时，游客可以直接入内，享受自己采摘果实的乐趣。观光采摘园深受城市家庭的欢迎，周末或假期，一家老小来到园内，不仅欣赏了田园风光、享受了自采自摘的乐趣，还增进了家庭成员间的感情交流。对采摘园经营者来说，虽然增加了设施的投资，却节省了采摘和运销的费用，还增加了果品的附加值。在我国许多大中城市附近，这种类型的观光采摘园非常多见，有种类单一的观光采摘园（桃李园、樱桃园、草莓园、柑橘园和葡萄园等）或多种果树和品种汇集的观光采摘园（例如将结果期不同的果树种类或品种合理搭配种植，使观光采摘园一年四季有花可赏有果可摘）。此外，市民还可认养承租自己喜欢的果树，果实成熟期间，承租人可呼朋唤友前往采摘，分享收获的喜悦。

（5）果树盆景园。盆景作为我国传统的园林艺术珍品，深受人们的喜爱。果树盆景是在盆栽果树的基础上，继承和发扬中国传统树桩盆景的造型艺术，用不同的整枝方法（例如弯枝、引拉枝和盘枝等），使树形按栽培者的意愿生长，经过艺术加工处理，形成观赏价值很高的艺术品。将盆景组合作为农业观光园中的一个专类园，会给广大游客带来更多的艺术享受，春花玲珑，婀娜多姿；秋果累累，色彩斑斓；冬季疏枝硬骨，挺秀苍劲；而夏季恰值果实发育，枝繁叶茂的时期青枝碧果，隔日之间又换新颜，极富生活情趣和自然气息。果树在盆景中的应用品种主要有苹果、樱桃、石榴、桃、无花果和银杏等。另外，生长在深山野岭的野生果树，城市人不常见到，其盆栽利用的价值更高。

3. 观光蔬菜园

在人们的心目中，蔬菜是指除了粮食以外的可以用作菜肴、烹饪成为食品的其他植物（多属于草本植物）的总称。蔬菜种类繁多，主要有瓜类、绿叶类、茄果类、白菜类、块茎类、真根类、葱蒜类、甘蓝类、豆荚类、多年生菜类、水生菜类和菌类等。近年来出现的观赏蔬菜利用形状特异、色泽艳丽的品种，以艺术化栽培形式和高科技种植技术，展现蔬菜的观赏功能，造就了田园风光的新奇美妙。通常有以下形式。

（1）蔬菜花坛。蔬菜花坛将同期生长的多种蔬菜或不同颜色的同种蔬菜，根据一定的图案设计，栽种于特定规则式或自然式的苗床内，以展现群体美。常用的蔬菜花坛有花丛花坛、组群花坛、模纹花坛和立体花坛等。适宜做蔬菜花坛的蔬菜种类很多，一般只要叶色或花色艳丽，植株高度比较一致的蔬菜均可。例如甘蓝、花菜、生菜、苋菜、彩色菠菜和牛皮菜等。

（2）豆棚瓜架。豆棚瓜架是蔬菜观光园中的独特景观，是"房前屋后种瓜种豆"传统农家生活的写照。一般用攀缘性强的瓜类或豆类，搭建不同形式的棚架，种植各类形状的瓜、果类蔬菜。例如颜色形状怪异的南瓜、奇形怪状的葫芦、形状如蛇的蛇豆、果形优美的佛手瓜、开着或红或黄或白或紫色花的各种豆类、果实棱角分明的四棱豆、紫红色荚果的红扁豆和又长又红的彩色豇豆等。中国农业科学研究院培育的"番茄树"搭架形成巨大冠幅，可谓现代农科奇观，在温室大棚内多年生长，一棵可以结1万多个西红柿，常年挂果，非常壮观。

（3）特种蔬菜观光园。野菜园野菜种类之多、资源之丰富、分布地区之广泛，几乎可与人工培育的蔬菜相媲美。开发野菜类蔬菜园旨在供人们观赏和食用。许多种类的花色、叶色具有很高的观赏价值，且营养丰富，风味独特，其中的很多种类还具有保健和药用价值。习惯了美味佳肴的城里人到观光园观赏的同时品尝或购买野菜已成"食尚"。目前开发种植的野菜有马齿苋、山芹、苣荬菜、蕨菜、苋菜、枸杞叶、蒲菜、人参菜和革命菜等。

水生特种蔬菜观光园中的水生蔬菜大多原产于我国，易栽培管理，常见的品种有莲藕、千屈菜、蒲菜、豆瓣菜、茭白、慈姑、水芹、水芋和莼菜等。其中莲藕是我国传统园林常用的植物材料；莲藕的花和叶是吸引游客的主角。利用水田、池塘、湖面、低洼地和浅水沼泽地栽植水生蔬菜，构建水乡蔬菜生态农业景观，具有独特的景观特征，更使观赏者增加观赏兴趣。

根茎类特种蔬菜园大多数根茎类蔬菜都有诱人的香味、鲜艳的色泽和独特的形状。袖珍根茎类又以其小巧玲珑、美观可爱，备受人们的欢迎。例如红色的樱桃萝卜、紫色的铃铛花（特菜桔梗）和洁白的百合花等，它们不但花好看，根茎还有很高的营养价值。另外，紫红色叶子的红芜菁、红色叶子的根甜菜和紫色花冠顶端五齿裂的婆罗门参等都是很好的观赏根茎类蔬菜。

除以上形式外，观光蔬菜园还有特色蔬菜品种展示园、蔬菜盆景园、品种展示园、豆类蔬菜观光园、葱蒜类蔬菜观光园等。

4. 观赏花卉园

花卉是人类最早自发观赏的尤物，更是当代休闲观光农业的宠儿。观赏花卉可以是不同姿态存在的，可以是单一品种种植的（例如玫瑰园、牡丹园、兰圃、樱花园等），也可以奇花荟萃，百花齐放，四季繁花似锦。

（1）花卉生产种植园。休闲观光农业中的花卉生产种植园是集生产、观赏、科普、示范栽植为一体的多功能观光农园。一般是在大面积种植花卉的生产企业或绿化苗圃的基础上转型而来的。特别是切花生产本身就具有很高的观赏价值。例如玫瑰种植园、唐菖蒲种植园、热带兰种植园、天堂鸟花种植园等。游览者除了能陶醉于鲜花的海洋外，还可以亲自采摘购买美丽的鲜花及其制品。此外，鲜切花交易场所也可以作为观光的好去处。

（2）花卉教育农园。花卉教育农园荟萃珍稀名贵的奇花异卉，主要以展示花卉品种、栽培技术和生长过程为主题，配上创意无限的造型和场景（例如观察恋花的蝴蝶怎样由毛虫变态而来、勤劳的蜜蜂如何采花酿蜜等），成为青少年流连忘返的欢乐世界。我国台湾南投的台一生态教育休闲农场是花卉教育农园中的一个精品。

（3）观花草药区。中草药是我国特有的神奇领地，也是休闲观光农业的魅力元素之一。许多观光农园都开辟观花草药区（百草园），景天三七、蒲公英、桔梗、百合、藿香和谢干等有着艳丽花期的药草是百草园中引人注目的主角。广东三水的侨新农业生态园中的百草园就是其中的典型代表。

花卉除在观光园中的主角地位外，还具有以下作用：①形成乔、灌、草立体种植和自然植物群落的重要组成部分；②宿根花卉管理粗放，景观效果自然，在一定范围内可代替管理精细、耗水量大的草坪；③草本花卉花繁色艳、花期集中，作为园区裸地覆盖物大面积种植时在一定时期内带给人们的巨大感染力是其他植物所不能比拟的。

5. 休闲观光香料饮料种植园

可用于观光种植业的香料饮料种类包括茶、香草类（例如薰衣草、迷迭香和罗勒等）、香草兰、咖啡和胡椒等。用于休闲观光农业最广泛的有茶园和香草园。

（1）茶园。茶是世界三大饮料作物之一，也称茶树，是山茶科（茶科）山茶属植物的泛称。多年生常绿的灌木、小乔木、乔木。茶业与观光旅游的有机结合，可以产生双赢的社会经济效果。中国产茶历史悠久，茶文化源远流长，在长期的实践中形成了包括茶道、茶艺、茶诗、茶书、茶画、茶具、茶饮、茶俗等内容丰富的茶文化类型，成为中华民族传统文化的重要组成部分。发展观光茶业，可以使传统的茶叶生产过程转变为人类观赏与体验茶事活动的全新过程，使茶业具有生产和观光的双重属性，同时将农事活动和旅游休闲融为一体，实现了第一产业与第三产业的跨越式对接和优势互补。建立生态型观光茶园，既可带动茶业的发展，也有利于旅游业的发展，两者结合必将产生双赢的社会经济效果，对实现茶业的可持续发展有积极的意义。

（2）香草园。香草是香料植物的泛称。香花、香草等香料植物，含有芳香性挥发油、抗氧化剂、杀菌素，不仅可驱蚊蝇、美化环境、净化空气、美化居室，还广泛用于美容、沐浴、饮食及医疗。从香料植物提取的香精油与干燥香料物质，是食品、化妆品、香皂、医药工业的重要添香剂。香草料理、香草饮品、香草疗法等不断应运而生，有人专门种植供人欣赏的香草园，优雅的环境，散发着各种香草的芳香，令人心旷神怡。

世界上芳香植物大面积种植的地方都成为旅游胜地。法国的普罗旺斯、日本北海道的薰衣草观光之旅已成为世界著名的景点；我国台湾以观光旅游休闲为目的的香草园已遍布宝岛南北。台湾高雄县一个以种植香草闻名的香草园里，种植有百余种欧洲香草。每年冬天薰衣草开花时，那紫色的花海，浓郁的芳香吸引着大批市民前去观赏。用香草调味制作的薰衣草鸡丁饭、香草烤鲈鱼和香草冰激凌、香草沙拉、薰衣草饼干及香草茶等香草食品更是别有一番风味。新疆芳香植物科技开发股份有限公司的"芳草植物生态观光园"是集芳香植物、自然风光、文化、科技、娱乐、旅游为一体的度假区。

观光香草园种植的主要品种有薰衣草（lavender）、迷迭香（rosemary）、罗勒（basil）、薄荷（mint）、香茅（citronella grass）等。

## 二、休闲观光林业

### （一）休闲观光林业的内涵

林业是指培育、经营、保护和开发利用森林的事业，既是提供木材和多种林产品的生产，又是维护陆地生态平衡的环境保护工程。发展林业生产，不仅可以为国家建设和人民生活提供建筑材料、工业原料（纤维、树脂、橡胶等）、燃料、木本油料和果品等，而且具有涵养水源、调节气候、防风固沙、保持水土、保障农牧业生产以及净化空气、减轻或消除污染、美化环境、维护生态平衡等重要作用[1]。

观光林业开发利用人工森林与自然森林所具有的多种旅游功能和观光价值的森林旅游地，为游客观光、休憩疗养、科学考察、文化教育、野餐露宿、探险、避暑、森林浴等提供空间场所，例如具有观光功能的人工林场、天然林地、林果园、绿色造型公园等。我国具有代表性的森林旅游地有吉林长白山国家森林公园、云南西双版纳热带雨林、杭州青山湖水中森林、陕西太白山国家森林公园、湖南张家界国家森林公园、海南吊罗山国家森林公园、浙江千岛湖国家森林公园、广西的十万大山国家森林公园等。

### （二）休闲观光林业的主要类型

#### 1. 人工林场

人工林场是人工营造的森林。人工林的经营目的明确，树种选择、空间配置及其他造林技术措施都是按照人们的要求来安排的。主要特点是：一是所用的种子、苗木或其他繁殖材料是经过人为选择和培育的，遗传品质和种植品质良好，适应性强；二是树木个体一般是同龄的，在林地上分布均匀；三是可以用较少的树木个体数量形成森林，群体结构均匀合理；四是分布均匀生长整齐的树木个体，能及时地、划一地进入郁闭状态。郁闭后，个体分化程度相对较小，个体和群体的矛盾比较突出；五是林地从造林之初就处于人为控制下，能适应林木生长的需要。人工林的上述特点，使得人工林有可能比天然更新获得更好的速生、丰产、优质的效果。为此必须在深入掌握林地环境和林木生长发

---

① 黄琳，王宇萍，杨晖. 试谈林业观光类型与模式［J］. 防护林科技，2015（4）：80-81.

育等自然规律的基础上，因地制宜地采取正确的造林技术措施。例如位于我国台湾中部的东势林场，是一个以造林为主的林场，面积有225公顷。这里环境清新，果木成林，一派山野情趣，原来主要产木材，收入很低。于1984年参照日本"休养林"方法改造东势林场，成为以农业形态经营的游乐林场，正式对外开放。从过去单一生产木材的东势林场，变成了台湾中部高度开发的森林休闲游乐区。由于海拔较高，在改建成休闲农场时，引进了近百种四季花卉大面积种植，无论春夏秋冬，不同的鲜花都会在不同的季节争相怒放，各展风姿。林场内种植的杉树、油桐、枫树、樟树等，井然有序、各蕴其趣。当杉木生机盎然的新绿渐渐变深时，油桐雪一般的白花便在盛夏绽开笑意；当秋风黄叶为山林带来几分萧瑟时，枫树便用一片片红色装扮山林的秋季风情。到了落叶飘零的冬季，林场内的梅林笑迎游客，20公顷近3 000株梅树花开满林，芳香扑鼻，沁人心脾。花的世界、林的海洋，使得东势林场名扬全岛。

2. 天然林

天然林又称自然林，是自然繁殖形成的森林。其特点是环境适应力强，森林结构分布较稳定，但成长时间较长，它有原始林和次生林之分。原始林是未经开发利用，仍保持自然状态的森林；次生林是经人为采伐和破坏后，天然恢复起来的森林。在我国的东北地区，有一大部分森林属于次生林。

天然林的生物链条完整独立，物种的分布立体而丰富，有较强的自我恢复能力，物种的多样化程度极高，对环境及气候起到了巨大的作用。天然林经多代演替形成的顶极群落，则具有较高的经济价值。这样的顶极群落，才称得上原始林，所以天然林包括了原始林和次生林。现存的世界上最著名的天然林有非洲中部热带雨林、南美洲亚马孙河流域的热带雨林、俄罗斯北部的寒带针叶林等。

我国的塞罕坝国家森林公园是典型的天然林观光景区。塞罕坝国家森林公园位于河北省承德市围场满族蒙古族自治县北部，是清朝著名的皇家猎苑——"木兰围场"的一部分。北、西部与内蒙古自治区克什克腾旗和多伦县接壤；南、东部分别与河北省御道口牧场和围场县的4个乡相连。总经营面积9.4万公顷，其中落叶松人工林和天然白桦林为主的风景林面积7.1万公顷，草原面积1.5万公顷，是中国北方最大的国家级森林公园。全园规划六大景区104个景点，风景独具特色，被赞誉为"河的源头、云的故乡、花的世界、林的海洋、珍禽异兽的天堂"，属国家一级旅游资源。

3. 森林公园

森林公园是具有一定规模和质量的森林风景资源和环境条件，可以开展森林旅游，并按法定程序申报批准的森林地域。建立森林公园的目的是保护其范围内的一切自然环境和自然资源，并为人们游憩、疗养、避暑、文化娱乐和科学研究提供良好的环境。森林公园内的森林不得进行主伐，但可以进行卫生抚育采伐，以提高其观赏价值。森林公园必须具备以下条件：一是具有一定面积和界线的区域范围；二是以森林景观为背景或依托，是这一区域的特点；三是该区域必须具有旅游开发价值，要有一定数量和质量的自然景观或人文景观，区域内可为人们提供游憩、健身、科学研究和文化教育等活动；四是必须经由法定程序申报和批准。凡达不到上述要求的，都不能称为森林公园。

森林公园主要的资源一是地文资源，包括典型地质构造、标准地层剖面、生物化石点、自然灾变遗迹、名山、火山熔岩景观、蚀余景观、奇特与象形山石、沙（砾石）地、沙（砾石）滩、岛屿、洞穴及其他地文景观；二是水文资源，包括风景河段、漂流河段、湖泊、瀑布、温泉、小溪、冰川及其他水文景观；三是生物资源，包括各种自然或人工栽植的森林、草原、草甸、古树名木、奇花异草、大众花木等植物景观，以及野生或人工培育的动物及其他生物资源及景观；四是人文资源，包括历史古迹、古今建筑、社会风情、地方产品、光辉人物、历史成就及其他人文景观；五是天象资源，包括雪景、雨景、云海、朝晖、夕阳、佛光、蜃景、极光、雾凇、彩霞及其他天象景观。

我国 1982 年建立的第一个森林公园——张家界国家森林公园，以它神奇的地貌和优美的环境向世人一展森林公园的风姿，标志着我国森林公园建设作为一项事业已经形成，为中国的生态旅游开创了一个成功的范例。我国的森林公园体系分为 3 级，即国家级、省级和县级。为加强森林公园建设、管理，国家林业和草原局陆续制定了一系列相应的政策法规，森林公园建设逐渐步入了法治化、科学化、标准化轨道。随着森林公园建设实践的积累，其社会价值、生态价值和经济价值逐渐为社会各界所认识，建立森林公园的热潮在全国蓬勃兴起。

北京百望山森林公园面积 200 公顷，位于颐和园北 3 000 米处，京密引水渠绕山而过，是距北京城最近的森林公园。百望山是太行山延伸到华北平原最东端的山峰，素有"太行前哨第一峰"的美称。百望山主峰海拔 210 米，突兀挺拔，登临主峰，极目远眺京华大地，气象万千，是登高游览的好去处。公园内森林茂密，植被覆盖率高达 95％以上，空气中含有丰富的负氧离子，素有北京城市氧源之称。百望山的红叶更是绚烂多彩，每逢金秋，近 66.67 公顷红叶林竞相展艳，红得透亮，红得醉人，成为人们赏红叶的绝佳场所。北京百望山森林公园优美的自然风光与独特的人文景观交相辉映。集教育、体育、艺术、旅游等多种功能于一园，是市民、学生进行爱国主义教育、环保教育、郊野旅游、体育运动的理想场所。

## 三、休闲观光畜牧养殖业

### (一) 休闲观光畜牧养殖业的内涵

畜牧业是指从事家畜养殖为人类提供生活和生产资料的产业，分为饲养业和驯养业。饲养业包括饲养大牲畜（牛、马、骡、驴、骆驼等），小牲畜（猪、羊等），家禽（鸡、鸭、鹅等）。驯养业包括驯养鹿、麝、貂、狐、獭等经济兽类。畜牧为农业的重要组成部分，与种植业并列为农业生产的两大支柱产业，两大产业关系密切，相互依存，种植业为畜牧业提供饲料，而畜牧业为种植业提供畜力和肥料。畜牧业充分利用人类不能直接利用的农副产品和草原、草山，转化为乳、肉、蛋等营养价值很高的食物和毛、皮、绒等保温性能极好的衣着原料，对提高人类的生活水平、促进健康起重大作用。畜牧业为轻工业提供毛纺、制革、食品加工等原料；为国家提供出口物资；为荒僻山区充实运输力量，活跃山区经济。

休闲观光畜牧养殖业是指具有观光性的牧场、养殖场、森林动物园和狩猎场等类型的产业，为游人提供观光和体验牧业生活的乐趣。例如草原放牧、马场比赛、猎场狩猎、奶牛场挤奶制酪等活动，都是休闲观光畜牧养殖业的主题卖点。

发展休闲观光畜牧养殖业是现代社会的整体发展需要。放眼世界，各地尤其是畜牧业发达国家和地区不断地举办畜牧业文化观光活动。例如奔牛、赛马、牛文化节、羊文化节等。休闲观光畜牧养殖业既具有丰富膳食功能、动物生产功能、社会生活服务功能、调节生态功能，也具有旅游观光功能、文化功能和示范教育功能等，融生产、生活、生态和示范等多种功能于一体。发展休闲观光畜牧养殖业，一要突出特色，明确休闲观光畜牧养殖业在休闲观光农业中的功能定位和发展方向；二要因地制宜，充分发挥各地的自然资源良好、文化独特、特色畜牧业发达等优势，与城市化进程相结合，开展各具特色的景观观光旅游；三要以丰富的畜牧业科研、教育和技术推广为依托，积极展示国内外优质畜禽品种和现代畜牧业科技。

### (二) 休闲观光畜牧养殖业的主要类型

#### 1. 休闲观光牧场

牧场是放养牲畜的草地。观光牧场是利用广袤草原、牧民新村、草原牲畜等旅游资源，通过科学规划，形成以牧业生产为主，农业观光为辅的休闲观光农业景观，可开展以下观光旅游项目。

(1) 草原观光。草原夏季，绿草如茵、坦荡无际；秋天，风吹草低，牛羊成群，骏马奔驰；极目远眺，蓝天、白云与草原、羊群连成一片，间或传来骏马嘶鸣和牧羊人的口哨，令人心旷神怡、浮想联翩。

（2）牧区生活体验。利用牧民新村和乳制品、饲草饲料加工区、风味美食馆等形成集度假、娱乐和饮食于一体的牧区生活体验项目。例如宿游牧之家，品牧区餐饮，放牧、挤奶、剪羊毛等民族特色活动和牧民生活体验。

（3）草原竞技。利用天然草场，开展草原骑射、草地摩托车竞技、草原空中历险、草地足球、草地风筝、赛马等竞技活动。

（4）滑草场。滑草场是休闲观光农业娱乐休闲的经典项目，它保持了浓郁的大自然气息，为城市居民提供了一个回归大自然、亲近大自然的好去处。滑草运动不但能锻炼身体，还能解除人们积聚多时的压抑和烦闷，使身心放松，是一项集健身和娱乐于一体的健康运动。目前苏州未来农林大世界、台湾走马濑农场和深圳光明农场有此项目。

休闲观光牧场的动物是景观的重要组成部分。动物景观的最大特点是观赏位置的不定性。在保证生产的前提下，对动物合理利用、改善动物生境、提高动物数量等，将会给休闲观光牧场的游憩活动增添许多情趣。例如山东临沂盛能农牧观光园建于1997年9月，总规划面积133.33公顷，目前已构成了特色农牧观光园、现代化乳品生产区、观光休闲区3个景区，建成了天然牧场、鸵鸟和梅花鹿养殖场，以及百鸟园、百花园等12个代表性的景点。在宽阔的天然牧场上，种植着从国外引进的大片紫花苜蓿和黑麦草，饲养着上千头优良奶牛，游客在这里可以体验牧牛挤奶的情趣，品尝新鲜的牛奶制品。园内饲养鸵鸟有1 000余只，年产蛋4 000多枚；饲养梅花鹿1 200头，是山东最大的梅花鹿养殖基地。园内建有空山鸟语、百鸟朝凤、沙鸥落雁等景点，饲养有丹顶鹤、白天鹅、蓝孔雀、白孔雀、灰鹤、白鹤、大小白鹭、大雁等80余种珍稀鸟类，并成功地自然孵化出黑天鹅和东方白鹤等国家一、二级重点保护鸟类，成为山东首家鸟类科普宣传教育基地。园内的生态园酒店更是别有情趣，室内四周奇花异草环绕，景色优雅宜人，游客在这里可以品尝酱香鹿肉、蚝黄鸵鸟肉等特色菜，又可以欣赏天然美景，真可谓是既饱了口福又饱了眼福。

2. 休闲观光畜牧养殖场

休闲观光畜牧养殖场主要特点是游客观赏和亲近家禽、家畜等农家动物，可与之嬉戏。此类项目可以培养游客（特别是青少年）的爱心，培养人与自然和谐相处的情操。比较常见的建设项目如下。

（1）特禽园（鸵鸟园、孔雀园等）。特禽园可以饲养单一或不同的禽类品种。经过驯化，特禽容易与游客亲近。在园里你可以亲手喂孔雀，与孔雀同舞，学习有关孔雀的知识。通过参与饲养动物，增加农业技术常识。例如了解鸵鸟的养殖及肉、蛋、皮、毛等深加工工艺。

（2）羊之家。典型的趣味养殖类项目：①在园里喂养小羊，培养游客（特别是青少年）的爱心，培养人与动物和谐相处的情操；②剪羊毛，这是"羊之

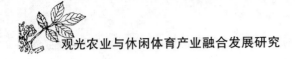

家"经典的观赏体验项目，国内外许多观光畜牧场都设有此项活动。

（3）动物竞技场。游客可以与动物（例如小猪、小兔、小牛）亲密接触，可以观看小猪赛跑与杂技表演、龟兔赛跑、斗鸡、斗牛等令人捧腹大笑的节目。

（4）示范奶牛场。让游客与奶牛最亲密接触，喂养奶牛，自行挤奶，与奶牛合影，还可以了解到人们每日喝的鲜奶是怎样的生产过程等知识。例如深圳光明农科大观园奶牛示范基地。奶牛场是集奶牛饲养、牛奶生产、加工、科普及观光旅游为一体的农业高科技生态园。奶牛直接从加拿大、美国、德国、丹麦、新西兰等先进国家引进；进行全封式管理，在无污染的天然牧场，用农场自产无污染的山水、草料及科学配制的营养饲料进行饲养；从挤奶、输送、冷藏、运输到加工全部采用最先进的丹麦 STRANGO 公司和瑞典利乐公司的设备进行全密封式生产，整个过程全部实行计算机化、智能化、自动化管理，以确保新鲜卫生。在这里，你可以看到汇集了世界上各种奶牛的图片以及生活习性、牛奶营养卫生知识介绍的科普长廊；孩子们可以在少儿绘画区里随意绘画；观赏并体验奶牛饲养过程（亲自给奶牛喂草、喂奶）；品尝纯鲜牛奶；参观自动化挤奶过程、人工挤奶表演和牛奶加工生产线等。

### 3. 森林动物园

森林动物园是开展森林游览、动物观赏、文化娱乐、休闲避暑、野营、科普教育等为主要功能的综合型游乐园。其主要特点是，森林与野生动物共同组成了迷人的农业景观，动物以森林为家，森林因动物而添色，森林是基础。野生动物是森林动物园最重要的生态旅游资源。可以驯养的珍稀鸟类如丹顶鹤、天鹅、白鹳、鸳鸯、金雕、海雕、鸵鸟、孔雀等，珍稀兽类如老虎、狮子、豹、黑熊、狼、长颈鹿、河马、犀牛、大象等，珍稀爬行动物蛇、蜥蜴、鳄鱼等。园区可设鸟语林，观百鸟风姿，听千鸟歌唱，还可以欣赏精彩的鸟艺表演；猛兽驯养区有动物表演，狮、虎、熊等猛兽大显身手，场面壮观，令人大开眼界，叹为观止，动物散养区的野化训练是为了培养猛兽野外的生存能力，营造猛虎捕食幼弱动物的直观场面，还原野生动物的野性。

位于小珠山国家森林公园风景区的青岛森林野生动物园，是一处融青山、绿水、动物、人群、自然于一体的高品位生态园区。秋天的森林野生动物园，空气清新，环境幽雅：小桥流水，悬崖飞瀑；湖光山色，相映成趣；自由观光桥蜿蜒于山谷之中，穿梭于丛林之间，游走于猛兽之上。行走在人行观光桥上，看青山绿树，听虎啸狮吼，觅熊迹豹斑，别有一番情趣。园区内散养着263个品种、5 000多头（只）野生动物，其中猛兽区惊险刺激；水禽湖里波光潋滟，成群的鸟禽嬉戏追逐；草食动物区里群兽徜徉。大型动物表演场里有精彩的演出，气势恢宏，场面壮观。各种珍禽异兽在相应的大自然生态环境中自由活动、生息繁衍。园区现有白鸽广场、鹦鹉苑、小动物乐园、跑马场、鸵鸟苑、亚洲动物区、非洲动物区、猴山、孔雀苑、斗兽场、表演场、猛兽区、熊池、禽鸣长廊、熊猫馆等，充分展示了动物栖息的自然野性。游客可惬意地于园区中游玩，近距离地和野生动物亲近，体验人与动物共享自然、和谐相处的乐趣。

## 四、休闲观光渔业

### (一) 休闲观光渔业的内涵

渔业是指捕捞和养殖鱼类和其他水生动物及海藻类等水生植物以取得水产品的社会生产部门。按水域可分为海洋渔业和淡水渔业；按生产特性分为养殖业和捕捞业。广义的渔业还包括：直接渔业生产前部门，有渔船、渔具、渔用仪器、渔用机械及其他渔用生产资料的生产和供应部门；直接渔业后部门，有水产品的贮藏、加工、运输和销售等部门。

观光渔业是利用海洋和淡水渔业资源、陆上渔村村舍、渔业公共设施、渔业生产器具、渔产品，结合当地的生产环境和人文环境而规划设计相关活动和观光的场所，提供给民众体验渔业活动并达到旅游观光、休闲娱乐功能的一种产业，是一种集渔业、旅游、休闲为一体的新兴渔业产业。

### (二) 休闲观光渔业的主要类型

观光渔业是渔业与旅游业紧密结合的新兴产业，打破了渔业生产的单一性，形成了集养殖、垂钓、餐饮、旅游度假于一体的新型经营形式。有以下 4 种类型。

#### 1. 生产经营型

渔场以渔业生产为主，辅以垂钓等休闲项目的生产经营方式。例如浙江诸暨市白塔湖渔场休闲园是国有养殖企业——白塔湖渔场养殖产业的延伸。渔场共有水面 34 公顷，东距绍兴市区 38 千米、北离杭州 50 千米、西毗南方五金城 5 千米、南临珍珠市场 8 千米，水面连接浦阳江，直通杭州湾，地理优势明显，地域经济发达，交通便捷。白塔湖的湖中有田，田中有湖，水面 33.33 公顷，主要是养殖、繁殖鱼类和珍珠，年产普通鱼类 16 万千克，特种水产 5 000 千克。白塔湖水产资源丰富，素有鱼肥、质优、味美之称。白塔湖水面宽阔，风光旖旎，渔场利用养殖区域的苇荡，滩涂建设休闲渔业园，建造 20 公顷休闲垂钓区。白塔湖渔业园充分利用其独特的地理环境和充足的自然资源，打造一个充满渔业特色的休闲园区。

#### 2. 休闲垂钓型

利用渔场以开展垂钓为主，集游乐、健身、餐饮为一体的休闲渔业。休闲渔场包括休闲养殖渔场和沿岸休闲渔场。休闲养殖渔场在养殖区可开展游泳、水上度假、渔乡生活体验、鱼池垂钓、捉泥鳅、摸蛤蜊、溯溪、野餐、海鲜餐饮、民宿等休闲游憩活动。垂钓是为现代都市垂钓爱好者节假日度假休闲旅游或商贸洽谈提供重要的休闲娱乐活动，是休闲观光农业极具特色的项目；又可以进一步分解为垂钓、渔家餐饮、渔家生活体验、渔村休闲度假等。沿岸休闲渔场可开展岸上及海上的休闲游憩活动，例如眺望台、奇岩区、露营烤肉、岸钓、亲水活动、定置网、定置渔场、潜水活动、帆船活动、渔村文化活动、渔业文物馆、渔村生活体验、海洋生态环境教育等活动。

3. 观光疗养型

一些环境幽雅的场所结合周围旅游景点，综合开发水资源，"住水边、玩水面、食水鲜"，既具有垂钓、餐饮，又具有观景、休闲、度假、避暑等综合性功能。例如北京怀柔虹鳟鱼一条沟位于怀柔区雁栖镇的莲花泉虹鳟鱼养殖垂钓一条沟，这里泉水清澈，雁栖河20千米沿岸有百余家集虹鳟鱼观赏、垂钓、烧烤、食宿、娱乐于一体的垂钓园、度假山庄，可同时接待上万人食宿。著名的神堂峪自然风景区就位于虹鳟鱼一条沟内；风景区内有百余家民俗旅游接待户和30余家垂钓度假山庄，可同时接待上千人食宿。

4. 展示教育型

此类以展示鱼类为主，集科普教育、观赏娱乐于一体的现代化博览馆。例如锦鲤池和水族馆。锦鲤池建成后水清鱼漂亮，观赏价值很高，人可以亲近鱼儿，甚至人与鱼可以对话。锦鲤池作为旅游观光也是一道亮丽的水体景观，多数农业观光园都设有锦鲤池。水族馆是指用窗或水下通道等各种形式，以展示海洋鱼类为主，集科普教育、观赏娱乐于一体的现代化博物馆。例如上海长风公园海底世界、浦东海洋水族馆等。游客可以亲近动物，感受动物，体验惊险刺激。

## 五、休闲观光农副业

### (一) 休闲观光农副业的内涵

副业是指主业（农、林、牧、渔）以外的其他生产事业。

在中国农业中，副业有两种含义：一是指传统农业中，农户从事农业主要生产以外的其他生产事业。在多数地区，以种植业为主业，以饲养猪、鸡等畜禽，采集野生植物和从事家庭手工业等为副业。二是在农业内部的部门划分中，把种植业、林业、畜牧业、渔业以外的生产事业均划为副业。后一种含义的副业包括的内容第一是采集野生植物，例如采集野生药材、野生油料、野生淀粉原料、野生纤维、野果、野菜和柴草等；第二是捕猎野兽、野禽；第三是依附于农业并具有工业性质的生产活动，例如农副产品加工、手工业以及砖、瓦、灰、砂、石等建筑材料生产。

农民从事农业生产，春播、夏耘、秋收、冬藏，哪怕农事如何紧张忙碌，一年里还是有农闲时间的。勤劳俭朴的农民，舍不得让这些空余的时间白白度过，还有妇女中多余劳力的充分利用，都必须发展副业生产，才能增加农民经济收入。例如种席草编草席、烧砖瓦、制粉干、做豆腐、养蜜蜂酿蜜、养蚕缫丝、制作手工艺品等，都是农村副业传统的形态。

中国有丰富的副业资源，农民充分利用剩余劳动力、剩余劳动时间和分散的资源、资金发展副业，对于增加农民收入、满足社会需要和推动农业生产发展都有重要意义。副业生产，特别是其中的采集和捕猎对自然资源的状况影响较大。

综上所述，发展副业时，注意保护自然资源和维护生态环境十分重要。

（二）休闲观光农副业

将农村副业的内容加入休闲观光农业园区中，能够极大地丰富休闲观光农业园区的趣味性、体验性和教育性。与副业相关的具有地方特色的工艺品及其加工制作过程（例如利用竹子、麦秸、玉米叶等编造的多种美术工艺品；利用椰子壳制作的、兼有实用和纪念用途的茶具；利用棕榈纺织的小人、脸谱及玩具等）、当地农特产品的加工过程（例如茶叶、木耳、咖啡、胡椒、花椒、枸杞、葛根、莲子等农产品加工过程）和当地特色小吃（例如制作糍粑、包粽子、草粉面条、香草糕点等）等内容，都可作为观光副业项目进行开发。

# 六、教育农园（场）

## （一）教育农园（场）的含义

教育农园（场）又称认知农园、教育农场、学童公园、自然生态教室等，利用农林业生产、自然生态、动植物、农村生活文化等资源设计体验活动，让旅游者在体验中学习农业及相关领域的知识，以达到教育的目的。教育农园（场）属于休闲观光农业的范畴，但有别于单纯的休闲观光，它是基于"寓教于乐"的理念，突出知识的传播和体验，兼顾传授有关技能，让旅游者在轻松愉悦的场景中获取农业科学知识和农耕历史文化体验，在休闲中达到生态和环保教育的目的。大多数教育农园（场）多以"塑造健康的人性、强健的体魄，并建立起对大自然的爱"为主题，让游客通过实践学习到一定的农业生产知识，体验农村生活，从中获得乐趣。如游客参加各种各样的农耕活动，学习农作物的种植技术、动物饲养技术、农产品加工技术以及农业经营管理等，以获得在城市中所体会不到的乐趣。

教育农园（场）以农业科学知识、农耕历史文化、生物多样性、生态、环保等自然知识和设计动手生产、制作等体验活动作为主题元素，兼备了知识传播和观光休闲娱乐双重功能，是21世纪休闲观光农业的发展趋势。许多休闲观光农业园区中都设置教育农园景区。典型的教育农园（场），有北京朝来农艺园、深圳青青世界、苏州农林大世界、海南兴隆热带植物园、海南热带植物园、海南椰子大观园等。

在日本，虽然水稻种植和收割早已实现了机械化，但学校方面却为学生安排了农园参加农业生产活动的必修课。在学童农园里，经常可以看到中学和小学学生或插秧或割稻等活动。学校这样做的目的是让学生们都有亲自体验农业的机会，以便更好地掌握科学知识和增进对农艺的了解。

（二）教育农园（场）的基本特征

选址多位于城郊、交通便利的地区。

服务对象以儿童、青少年学生及对农业知识、自然科学知识感兴趣的旅游者为主。

活动设计多元化，游客参与的动手活动较多。

园区内农作物多为小面积种植，为学习农业科学知识、生产知识提供场所和素材。

（三）教育农园（场）发展思路

教育农园（场）是兼顾生产、科技示范与科普教育功能的农业经营模式。农学是一个综合大学科，专业门类繁多，内容十分丰富。农业科普教育，不但对农业工作者有作用，对中小学生作为生物课教学、科学课教学的实习课，也有十分重要的意义。教育农园（场）常在农业科研基地的基础上建设，利用科研设施作为景点，投资不大。如著名的杨凌农科城，这里曾经是我国古农业的发祥地，现在成了集农业生产、科技示范、科研教育为一体的新型科教农园。这里有国家唯一的农业示范区、亚洲最大的昆虫博物馆、世界第二大降雨厅——人工降雨模拟国家实验室、世界领先技术的克隆羊基地、世界最优羊种波尔羊场、亚洲有名的划艇赛地水上运动中心、现代农业产业化新途径的工厂化高效农业设施和特种动物养殖场等，吸引了不少游客和一些学校在此开展课外活动、教授农业课程等，已成为全国有名的"青少年农业科技活动教育基地"和绿色教育园区，充分再现了昔日神农后稷"树艺五谷，教民稼穑"的辉煌。它在突出农业高新特色，挖掘示范观光资源方面取得了可喜成果。

1. 了解农业教学的内容

（1）自然资源。气象、植物生态、动物生态、水文资料。

（2）景观资源。地形地质、乡村传统建筑、设施。

（3）产业资源。各种产业农产品、种植养殖加工处理。

（4）人的资源。农渔村地方上的历史人物、特殊技艺、聚会活动。

（5）文化资源。传统建筑、雕刻艺术、手工艺品、民俗活动、文化设施。

2. 确立新颖的主题

教育农园（场）的主题就如同产品和制造流程一样，需要企业精心的设计，亦是未来商务的重心所在。

（1）为体验设计主题。精心设计的主题，是踏向体验之路的第一步，也是最为关键的一步。构思拙劣的主题，无法让消费者留下深刻的印象，记忆也就不会持久，对于前期的营销和吸引"回头客"是一个障碍。为体验设定主题，这意味着要编写一个引人入胜的故事为主题，方方面面都要照顾到、设想到，以提升消费者的参与度。

（2）塑造整体印象。以主题作为基础后，体验需要的是留下不可磨灭的印象，这一系列的印象组合起来，才能影响顾客的评价并实现主题。整个的设计主题要简单明了、风格一致，同时设想游客与农园（场）进行互动时可能产生的印象和感觉，努力让游客产生惊艳的感觉，并应避免任何混乱或不愉快的环境。

（3）消除负面线索。为了塑造整体印象，农园（场）应去除任何可能与主题相悖或干扰的因素。即使看起来微不足道的环节，或是过度的服务，也可能破坏整体主题营造。除了要大量展示正面线索外，也要尽力消除会带给人粗陋印象的负面线索，服务人员所扮演的角色十分重要。

（4）融入纪念品。消费者常以纪念品作为某种意义的留念，或是借纪念品与他人分享农园（场）的主题体验，纪念品的价值并不是依据成本，而是依据纪念意义。教育农园（场）除了销售或赠送带有自身品牌的纪念品外，也可以让游客动手创作纪念品，甚至设计前所未有的新型纪念品。

（5）结合五种感官。越能有效刺激感官、创造更多感觉，体验就越值得人们去记忆和回味，而不易被遗忘，教育农园（场）可以针对农场特色，分析适合采用的感官刺激，为游客塑造更深刻印象。

3. 锁定青少年消费群体

现代城市青少年由于生活和居住环境比较优越，学习比较紧张，没有机会接触农业，学校也没有农业实验基地，教育农园（场）就应具备为中小学生提供实践、学习农业知识的条件，在项目设置、文章解说方面要由浅入深、直观易懂、形象生动，趣味性、知识性强，使观光园成为中小学生学习农业、体验农业的绿色教育基地。

如上海"蔬菜公园"，选址在上海南郊奉贤区"五四"农场之内，占地50公顷左右。公园内有成片的温室系统，既种植常见的蔬菜品种，又种植不常见的奇菜异果，还设立了一个蔬菜博物馆。公园主要为中小学生服务，让他们了解更多的自然知识。"番茄、黄瓜是怎么结果的，青菜、白菜是怎么长成的，花生、土豆是长在哪里的"，所有这些都会在公园里找到答案。

# 七、市民农园

## （一）市民农园的定义与功能

市民农园是城市近郊或者更远地区的农民、村集体、合作社、科研院校、企业等多种经营主体将自己拥有或者承包的土地进行有序地规划开发后，形成以土地出租、农耕体验为主要经营项目，兼具不同功能区域的综合性现代农园。

市民农园功能区主要包括以下部分。

第一，农业耕种区将土地分块出租给市民个体消费者或企业、学校等集体单位，按照租户需求和兴趣种植相应的农产品，或养殖家禽、家畜及水产，租户可以亲自参与劳动，经营者为其提供技术与物质上的帮助，在保证农产品质量的前提下，也可由农园代管，所有农产品归租户所有，这一区域是市民农园最基础的功能区域。

第二，农业休闲区则更侧重于旅游和体验上的功能，租户在农园如果只进行体验农耕的活动会很单调，这一区域为租户以及前来观光旅游的游客提供更多的体验活动，他们不仅可以体验耕作和传统农事生活，还可以参与采摘、垂钓或亲子活动等多种项目，经营者进一步开发园区风景，使消费者获得更好的体验感受，增加园区收入。

第三，休憩养生区是距市区较远地方的市民农园所开辟的，因为交通和距离的限制，导致一些租户需要在农园内临时休息，另外，随着人口老龄化的日益严重，越来越多有时间和能力的老年人渴望远离城市的喧嚣，回归田园生活，探寻乡愁，拥有私人的农家小院，休憩养生区为其提供了可能。

## （二）市民农园的基本特征

以"认种"方式让城市居民委托农民代种或亲自种植花草、蔬菜、果树或经营家庭农艺，使消费者共同参与农业投资、生产、管理和营销等各环节。

对土地进行小面积的租赁，租期也比较短。

投资不大，接待成本低，游客的花费亦较少。

## （三）发展途径

### 1. 以丰富市民生活为目的

市民农园一般都比较注重参与性。在农园里，市民通过参加各种田间劳动，不仅可以亲自体验农耕文化，享受到劳动所带来的乐趣，而且可以从中学习农作技术，了解植物生长习性，从而达到接受自然、修身养性的目的。随着城市现代化进程的加快，紧张而繁忙的都市生活给市民带来了沉重的精神压力，走出高楼林立的都市，走进风景宜人的大自然，已成为现代生活的一种风尚。都市农业不仅可以为市民提供观光旅游场所，以减轻工作及生活上的压力，达到舒畅身心、强健体魄的目的，而且还能够让市民体验躬耕于田间，采摘于果园的乡土气息，感受浓厚的乡土文化。

2. 以促进农民增收为根本

市民农园的目的是服务市民，满足市民体验农业生产过程，享受耕作乐趣，得到身心的放松，根本目的还是促进农民的增收，带动农民致富。市民农园减少农产品运销环节，增加了农民收益。发展市民农园，把农产品直接销售给城镇居民，解决了部分农产品运销层次多的问题，避免运销的中间环节，这无形中增加了农家收益，同时农民也可从提供休闲服务中获取合理的报酬，增加收入，而且城市居民也对自己买的农产品放心，从而达到了城乡双赢。这样促进了农村社会的发展，缩小了城乡差别，增加了农村农民与城市居民之间的交流与沟通。同时，促进了农村经济发展和农村面貌的改善，提高了农民的素质和生活品质，缩小了城乡差别，促进了农村社会进步和城市乡村的共同繁荣与发展。

3. 加强宣传，转变观念

要做好示范宣传和普及引导，使城市的各级领导和城市居民能形成共识，建立起市民农园的理念。要把市民农园作为改善农民生活水平的重要手段，实现城市可持续发展的有效途径。

4. 建立市民农园的服务体系

主要包括信息服务体系和市场服务体系。通过建立和完善市民农园服务体系，为都市农业发展提供相关的经营决策信息、农业技术信息和市场变化信息，从而优化资源组合和重新配置，保证农民可以与想和他们组成互助组的城镇居民交流。通过建立市场服务体系，构建起符合市民农园特点的多层次市场和流通体系，市民农园能以较低的交易成本，在市场竞争中占据优势地位。

## 八、观光采摘园

（一）观光采摘园的基本概念

观光采摘园是以果树资源为基础，以提高经济效益为目的，拓展农业多功能性，将果树产业与景观、文化、科技等要素结合，提供特色的农业服务，满足消费市场多样化需求的现代农业产业形态。观光采摘园要以果树资源为基础，突出农业特性，与休闲观光相结合。强调第一产业与第三产业融合；结合一定的主题景观，与文化相结合；强调农业多功能性，强调社会、经济、生态、文化的可持续发展。

随着城市居民消费水平的提升和农民经营管理水平的提高，观光采摘园不仅能促进农业生产功能的开发，而且能够深入开发农业的生活与生态功能，做到有光可观、有景可赏、有知可学、有技可习、有典可寻、有物可采、有鲜可尝、有食可享、有房可住。

(二) 观光采摘园的基本特征

观光采摘园一般距离城市较近，交通便捷，位于城市近郊或风景点附近，乘公交车可以方便到达；规模不求大，但要求集中连片，可新建也可利用原有的种植地改造而成；具备旅游景区的基础条件（路网通畅）和基本旅游设施（例如停车场、观景平台、凉亭、座椅等）；物产丰富，四季皆有收获。依据观光采摘季节不同，观光采摘园通常配置丰富多样的作物品种（如水果、蔬菜、瓜果、茶叶、花卉、五谷杂粮等），供游人采摘购买。

采摘园园区的名称应突出主题特色，包括观光采摘果园、观光采摘菜园、观光采摘竹园、观光采摘茶园、观光采摘草莓园、蘑菇采摘园等。与普通农田、果园、菜园等相比，观光采摘园出售优质无公害并可亲自收获的农产品，有良好的基础条件和新颖的旅游设施。观光采摘的范畴可以引申扩大到观光渔业和观光畜牧业。

采摘园中的基础设施（如道路等）和栽培管理技术（如果树矮化、果园清洁、无公害、病虫防治技术等），都应保证游客参与农事活动时安全、便捷等。观光采摘园除了让游客自助采摘果实外，各个农耕季节、四季变换的农业景象，都是观光的好去处。

(三) 观光采摘园的发展思路

1. 特色采摘、特色景观

只有发展特色采摘，才能吸引大批游客涌入果香四溢的果园。观光果园建设强调的是"人无我有，人有我优，人优我特"，目前成功的例子，都在特色和满足市场需求上下功夫，不断推出特色产品、新奇产品。如北京市在平谷区采摘不同品种的鲜桃，在大兴区采摘各种类型的西瓜，在昌平区采摘有品牌的苹果……北京市果品主题公园、昌平的苹果主题公园，游客在那里可了解到800多个品种苹果的常识。

特色景观也是观光采摘园一个发展看点，以园林生态化建设为指导，将园林植物与果树及整个乡间环境景观相融合，形成一个尽显自然风情、园内设施完善、景区多功能的游赏空间。借助园林植物形态各异、颜色多样的特点，利用展叶开花的不同时期，将果树和园林植物组成春华秋实、绚丽多彩的画面。如在昌平旅游观光采摘苹果园规划中，植物配置以蔷薇科植物为主，春天观花、秋天观果。果园中的园林小品用园林植物为背景或以精心设计的植物配置烘托主景，力求用赏心悦目的视觉效果来表现园林意境、抒发情怀。从景观特征来看，果园及其周边的环境品质提升的同时，形成了粗放、宽广的以大自然环境为主体的景观，满足了人们娱乐、休闲的需求。

2. 新品种种植

采摘园单一的果品生产已不能满足需求，要种植品种新、造型奇、产品特、色彩艳的树种，精心规划、合理布局，多树种搭配，延长可观赏期，保证淡季不淡，展示最具有区域特色的果品、果业技术，突出鲜艳化、小型化、及时化和差异化，满足游客求新、求奇、求特的心理需求。

（1）造型奇。要开发一些造型奇特的果品，如印字的、异形的、供观赏的等。以北京市平谷区为例，为开发文化桃，平谷致力于高档礼品桃的生产，让阳光在鲜桃上写字绘画。桃农在大桃上套上不同类型图案的贴膜，通过阳光照射，让贴膜的图案显现在鲜桃上。太阳成为画师，在鲜桃上写字作画。目前，平谷桃农已经成功开发出"生日""贺寿""喜庆""寿星""十二生肖"等晒字桃、异型桃系列产品，鲜桃图案丰富，寓意吉祥。短短十多天的桃着色期，成了平谷桃农开发桃文化含量的黄金期。

（2）品种新。要通过引进新推广的、优质的品种，来替代过去品质较低、产量不高的传统品种，从而提高果品的科技含量。例如葡萄采摘果园可引进维多利亚、美国黑提、无核红宝石等葡萄新品种，这样可以从7月就开始成熟接客，有效延长了采摘期，从而达到游客络绎不绝的效果，实现果品高价值。

（3）色彩艳。要利用各种果实、花卉、树木等，选取最艳丽的品种，将各异的色彩进行组合，提高园区的观赏价值；将同一个种类不同颜色的果实进行分区种植，提高游客的选择余地。

（4）产品特。要体现出采摘园的特色，创造自有的特色产品、特色品牌、特色文化，吸引游客前来消费。例如，北京昌平的草莓、门头沟樱桃谷的樱桃、平谷的大桃，都是当地最优质、最能吸引游客的特色果品。

3. 加大品牌宣传

品牌是任何产品与服务的生命力，凡是知名的企业和产品，无不与自身的品牌建设息息相关，通过网络、报纸、电视等媒体，以及人们的口碑，推广企业的知名度。任何企业与产品做到极致，必向品牌化发展。采摘园果农可以通过各种形式宣传介绍，从而吸引很多人来品尝果品、取经和游玩，随着名气越响，生意会越做越火。

4. 采摘文化

各地方找准果品文化特色，结合中秋节、国庆等节庆卖点，把采摘和旅游观光、文化活动结合起来，办起丰富多彩的采摘节。江西婺源和广西罗平的油菜花节、北京大兴的西瓜节、浙江余姚的杨梅节和张家界的荷花节等，都是知名的采摘节。

举办采摘文化艺术节首先应该明确定位，集中体现文化节的主题和亮点，整合社会资源，进行合理的建设规划，增强文化节的辐射力和影响力。应该在文化内容上进行延伸，打造亮点，增加文化深度，向游客普及科普文化，让游客体验农事活动，在游玩的同时学到一些知识。以桃花节为例，从民俗文化的角度看，举办方首先要明确桃的来源、原产地，与桃有关的历史名人和典故，只有搞清桃的文化渊源，才能明确自己独具特色的主题。

## 九、民俗文化村

（一）民俗文化村的基本概念

民俗旅游选择具有地方或民族特色的地区，利用农村特有的民间文化、地方习俗和少数民族独有的民族传统作为休闲观光农业活动的主要内容，让游客充分享受浓郁的乡土风情和乡土文化。利用农村特色地域文化或风俗习惯、民俗活动或民族特色的村庄和农场，开设农家旅舍，建立乡村休闲民俗农庄，让游客住农家房、吃农家饭、干农家活、享农家乐、充分享受农村浓郁的乡村风情和民俗文化。如通过参观农村民俗文化馆、乡村博物馆、农艺品生产作坊和乡村居民建筑，参加游春、歌会、赛马等乡土文化活动，考察民俗古迹、地方人文历史，体验农业生产与农家生活的变迁过程。

民俗文化村可以分为民间艺术展示、民俗风情展示、民居建筑风格展示、少数民族习俗文化展示4种类型。在我国，民俗文化村多以子项目的形式存在其他休闲观光农业园区中，也有单独以民俗文化村形式出现的观光农工业类型。例如江西省婺源县的晓起、李坑等13个民俗文化村以及深圳的锦绣中华民俗村等。

我国地域辽阔、民族众多，各地农村的习俗、民间文化丰富多彩。农村的饮食、服饰、节庆、婚嫁、房舍建筑、传说、民间故事、民歌民谣、童玩活动等乡土文化都充满浓郁的地方色彩。

（二）民俗文化村的基本特征

民俗文化村一般以展现人类各民族的民间艺术、民俗风情和居民建筑为主体，少数还兼有非物质文化遗产保护功能。

以文化探秘的境内外游客和研究学者为主要经营对象，是一种文化开发文化特性非常突出的乡村深度体验型产品。

具有民俗传统文化的延续性和独特性。

（三）民俗文化村的发展途径

1. 在项目特点上出新意

（1）民风民俗的加工上出新。民间风俗在历代的传承过程中，既有良风美俗，又有陋风丑俗。这就要去粗取精、去伪存真、去劣存优，在继承创新的同时，取其精华，去其糟粕。要赋予其新的时代内容，如民间歌舞、书画、雕刻、戏剧。建民俗文化村寨就是集民俗文化大成的创举。湖北省兴山县为开发三峡昭君巴楚民俗文化资源，打造昭君和平文化品牌特色旅游项目，发展三峡文化产业，已启动建设昭君巴楚民俗文化村。该项目融巴楚民俗、民居、歌舞、戏剧、琴棋、书画、茶艺工艺、昭君祠等丰富文化内涵为一体。湖北省宜昌市歌舞团整理利用土家民俗文化遗产，创作大型婚俗舞剧《土里巴人》，多次在全国获奖，用崭新的形式展现了湖北独有的楚风楚俗。

（2）文化活动的延伸上出新。文化活动要保持旺盛的生命力和市场竞争力，就必须不断推陈出新。一是在活动空间上的延伸。既立足本地，又拓展外地；既可占领国内市场，又可进军国外市场。湖北省当阳市的"三月三歌会"已经办了20余届，从剧院、歌舞厅延伸到广场、体育场，从城区延伸到乡村、各个景区。河北梆子开拓国际市场，延伸到了欧洲广阔的市场空间。二是在活动时间上的延伸。可利用节会、歌会等形式月办、季办或年办，形成制度化，既有利于形成活动品牌，也有利于取得长久效益。三是在活动内容上的延伸，变单一为多样，使之丰富多彩。湖北省孝感市的孝文化节，既可办《董永与七仙女》邮票首发式，让游客游览董永公园，开展"十大孝子评选"，还可欣赏楚剧《百日缘》，以及开展丰富多彩的各种文化活动。

（3）文化品位的提炼上出新。一种资源，一个项目，文化品位越高，其经济价值就越高。在文化品位的提炼上应推陈出新，古为今用，洋为中用。如民歌民舞可提炼升华成高雅的经典艺术品种。一方面可从形式上提炼文化品位；另一方面可以从内容上提炼文化品位。湖北省长阳土家族自治县的巴山舞源自土家族跳丧舞，经挖掘提炼创新，丢掉了"丧味"，保留了原始舞蹈中有特色的鼓点和明快的节奏。采用了当地民歌、山歌加以发展，将单一击鼓加入弦乐、打击乐伴奏，融汇了土家风情和时代特征，创新出优美欢快的巴山舞，成为新型的群众自娱性的舞蹈，被誉为"东方迪斯科"，这种舞蹈曾风靡中国香港，还获得"群星奖"广场舞蹈金奖，已被国家体育总局作为体育健身舞蹈向全国推广，成了著名品牌。

2. 在价值特征上做文章

（1）凸显人文价值。我国的传统文化积淀留下了无数的民间文化遗产，弥足珍贵，凝聚着丰富的人文主义思想和民族精神。对于弘扬民族文化，培养华夏儿女的爱国情感，吸收先人的文明智慧和优秀文化传统，继往开来，具有极其重要的价值。从民间文化资源中利用具有人文价值的资源做项目，不但具有较高的文化品位，还能提高文化附加值。

（2）挖掘历史价值：农村特色文化资源。农村特色文化资源大都经历了岁月的洗礼，蕴含着丰富的历史信息，打上了深深的历史烙印。它们是传承历史文明的重要载体，对于后人探寻先辈文化，研究人类发展脉络，承前启后，具有极其重要的价值。如名人故居、历史建筑、古老稀有民间戏剧及各类文物等。

（3）开发经济价值。在自耕自作、自给自足的小农时代和计划经济时代，民间文化资源的经济价值难以体现，未被人们认识和重视，没有意识到它是一种经济资源，具有经济价值。随着市场经济的出现和市场化进程，民间文化资源的价值日益彰显，越独特价值越高。如河北省蔚县农民剪纸不再是满足自身装饰需要，而是作为产品，不但畅销国内，还漂洋过海出国挣大钱；上海金山的农民画已经赴欧、美、亚的 20 多个国家和地区展销，收益颇丰；山西垣曲的农民"点石成金"，将石头也变成了商品，迷上石文化，大发石头财，这些都是农村文化产业项目开发与经营的成功案例。

（4）追求实用价值。大凡民间文化资源，既有历史及人文价值，又有实用功能。它们之所以盛久不衰，是因为与人民群众的生活密切相关，既可满足人们精神生活的需求，也可满足人民物质生活的需要。民间歌舞、音乐、书画、戏剧等丰富了人们的文娱生活，农村饮食文化、建筑文化、服饰文化等则是人们日常生活必需的。从人们日常生活必需的民间文化资源中找项目，无疑具有十分广阔的市场前景。

3. 在资源特性上找出路

（1）发展传承文化项目。农村文化在时代乡村或横向传播的过程中，总保持着相似的内容和形式，可以流传上千年，源远流长，沿袭至今。同一民族、同一地域的人们有着大致相同的习俗，不同民族、不同地域的民风民俗具有各自的风格特点，从而形成丰富多彩的农村民俗文化。如民间饮食、婚丧、节日、竞技、雕塑、刺绣、皮影传承各异；北京的四合院、安徽的民居、福建的客家土楼各种建筑风格代代传承；各地的民间神话、传说故事及各种风俗等都具有各自的乡土特色，从历史的传承文化资源中打造农村文化产业项目，大有可为。如河南省宝丰县周营村是全国闻名的魔术村，历代传承的魔术产业已成为一个极具特色的支柱产业和新的经济增长点。

（2）打造地域文化项目。"千里不同风，百里不同俗。"地域的差异性使各地的传统艺术和民间文化呈现出浓郁的地方特色。从民族区域上看，汉民族文化与少数民族文化迥然不同，江南水乡民歌的婉约细腻与草原游牧民歌的粗犷豪放对比鲜明。从地理区域上看，湖北的楚文化与四川的巴蜀文化各不相同。尤其是中华人民共和国文化和旅游部命名的 412 个全国民间艺术之乡，乡土气息浓厚，涉及市、县、乡，门类多样。如湖北省长阳土家族自治县的民间歌舞之乡、安陆市的民间漫画之乡。有的独一无二，如湖北省崇阳县为提琴戏之乡。这些地域文化资源，个性鲜明，具有浓郁的乡土气息，将其打造为农村特色文化产业项目，有利于发挥地域的整体优势，增强市场竞争力。

（3）开发生态文化项目。许多民间文艺资源古朴悠久，是人类在漫长的历史长河中创造形成的不同民族与不同区域的文化传统，有的还保持其原生态，蕴含着祖先的智慧和文明，弥足珍贵。既有物质文化生态，如安徽省西递村、江苏省苏州市水乡周庄等古建筑；又有非物质文化生态，如民间歌谣，被联合国教科文组织宣布为人类非物质遗产代表作的"昆曲"等。可以从这些原生态文化中选择生态文化项目，打造农村生态文化产品，如通过建造生态博物馆，展现原始的文化生态和农村生活场景，将具有极其珍贵的科学、艺术、历史和经济价值。

4. 在民间特色上下功夫

（1）利用分布广泛性的特色。我国特色民间文艺资源遍布各地，十分广泛，应充分发挥整体效应和集体优势，占领文化产业市场，赢得市场份额。一些地方利用广泛的革命文化资源开展"红色旅游"，利用自然生态资源开展"绿色旅游"，利用海洋资源开展"蓝色旅游"，取得了可观的效益。

（2）利用品种多样性的特色。民间特色文化品种繁多，涵盖社会生活各个方面，应有尽有。在发展农村特色文化产业项目上，应满足人民不同层次、不同爱好和不同的物质精神需要，避免单一，尽可能多样化。因地制宜，既可集民俗或民间工艺品等之大成，又可进行单个品种系列开发，以多取胜。还可以建设特色文化乡村，一地一个品种，使区域种类丰富多彩。云南省立足"一乡一业，一村一品"特色文化产业开发，发展民俗文化旅游、民族艺术展演业、民间工艺品展销业等，门类多样。

（3）利用功能实用性的特色。随着人们生活水平不断提高，更加需要品位高的日用品，追求艺术化，工艺品日渐实用化。民间剪纸、年画、民间竹草织染编印、民间面塑、民间刺绣等手工制作，以及景泰蓝、蜡染等传统美术工艺，越来越受到人们的青睐。民间陶瓷作为日常器皿和几案陈设，彩绘图案千姿百态，飞禽走兽、树木花草、绘画书法等均有表现，既有审美价值，又有实用价值。这些民间艺术资源，都可作为特色文化项目加以开发。又如土家民俗文化村，让游人住吊脚楼、带青丝巾、吃苞谷饭、喝罐罐茶、看土家舞，也可以将其建筑文化、饮食文化、服饰文化、节日文化项目逐一开发。事实证明，特色文化产业项目是最有魅力的项目，特色文化产品是最有潜力的产品，特色文化产业是最有实力的产业。

（4）利用构思巧妙性的特色。对传统的节日文化活动及文艺形式，应在继承的基础上发展革新，使丰富的思想内容与传统的艺术形式巧妙结合，焕发新的光彩。不论是雕刻还是布贴、风筝等其他传统民间文艺样式，应利用精巧的构思，反映多彩的现代生活。如根雕应取法自然，根据历史神话、传说故事或现代生活场景立意，赋予其文化灵魂，讲究造型生动。有的艺术形式还可以加工融为一体。

# 十、生态农业园

## （一）生态农业园的基本概念

农业生态园是将田园农业旅游模式、回归自然旅游模式、休闲度假旅游模式三者的特点结合，形成的新型旅游产品。园区游览对象为优美的自然景观——奇山异水或者花草树木，采取农业生产的模式，同时在园区内配置休闲娱乐设施，提供度假配套服务，让旅游者感受自然、亲近自然、回归自然。应该指出的是，此处的农业为广义农业，不仅指有经济价值的农业种植，也包括有观赏价值的农业种植。

## （二）生态农业园的基本特征

### 1. 保护环境，持续发展

观光农业的建设严格按照生态农业和有机农业的要求进行生产，只允许在有害物质残留规定标准范围内适量使用化肥、农药，其产品为无公害的、安全的、营养的绿色保健食品，大大减少了对环境的污染，生态环境优美，生物多样性在这里得到充分体现，植被覆盖率也大大高于一般农区。

### 2. 功能齐全，双重效益

生态农业旅游为旅游者提供了一定的乡村空间，旅游者在景区内观光、休闲、参与娱乐、品尝美食，甚至亲自劳作，既增长知识，又亲近自然、陶冶情操。园内还可以举办节日庆典活动，加强游客之间感情交流，传播信息，增进友谊，缩小差距。企业和农民则通过销售产品，提供食宿服务和劳务，以增加收入。

### 3. 科技特色，高效农业

生态农业旅游具有高科技特色，用先进农业技术进行开发，由掌握先进技术的人来管理，形成具有相当规模、各具特色的农业整体，成为具有较高的先进农业技术支持和科学管理手段的新型农业。

### 4. 回归自然，身心享受

生态农业旅游满足了城乡居民渴望亲近自然、回归自然的要求，它用生态学、美学和经济学理论来指导农业生产，通过合理规划布局，自然调节和人工调节相协调，使农业生态系统进入良性循环，具有生产、加工、销售、疗养、旅游、娱乐等方面的综合功能。

## （三）生态农业园的发展途径

### 1. 创新休闲观光农业企业经营管理

首先，建设方便游客获取信息的休闲观光农业网站。网站主要服务内容有新闻发布、景点介绍、游区地图、旅游线路推荐、住宿餐饮服务、留言系统，乃至网上订房、订门票服务。其次，重视分工协作，强调地区联合。最后，产品经营多样化，有形产品与无形服务相结合。休闲观光农业能够提供的产品，除了实物产品，还有环境、氛围、风景和主题等"情境消费"产品，这是休闲观光农业吸引众多城市游客眼球的独特魅力所在。

2. 推行社区经营的理念

不再过分强调休闲观光农业"园区"是一个专业生产的且属于工业特质的"厂区"概念，反而赋予它具有地方意义的"社区"理念。必须结合"社区"这个概念的战略联盟，以促进传统农业朝向精致农业延伸转型。必须按策略联盟方式结合的"社区"理念来推动全面整合农场、农园、农家乐或所有景点，使其点线相连，扩大成面，最终以策略联盟的方式构成带状的新型农业园区，并强化农户的参与性。

3. 规划布局合理的产业发展

休闲观光农业是综合利用当地资源，由农业延伸至服务业的新产业。必须勇于打破传统农业的束缚，基于资源、位置和市场条件，因地制宜，实施休闲观光农业布局合理，综合利用当地的自然资源和独特的文化和历史资源以及农业生产、农村景观，并整合观光、餐饮、住宿等综合性的服务，为城市消费者提供休闲服务。发展生态旅游，筹建步道，与民宿、休闲农园结合，进一步推进农业转型。

4. 加强农业园区建设规划的检查评证

各级政府应负责推动农业园区和乡村旅游景点的检查评证，主要内容有核心特色、园区规划、创意运用、解说与行销、组织与人力管理、环境与景观管理、社区参与、休闲资源八项，优良者颁发认证标志。

# 第三节　观光农业与乡村旅游的创意方法

## 一、乡村旅游的基本概念

乡村旅游是旅游的一种特殊形式，将乡村地区作为发生地和目的地，乡村里自然风光、人文建筑、风俗文化等诸多事物都是潜在的游客游览对象，乡村旅游的游客主体也以城镇市民为主，其乡村及周边作为旅游空间，追求乡村人文体验、生态体验，乡村特色行为风情体验。随着经济不断地发展，乡村旅游其形式由传统乡村旅游过渡到现代乡村旅游，现代乡村旅游包括游居、野行、栖居、第二居所等新概念和理论，从内容上看较之传统更加丰富，从形式上看较之传统更加多元。

总结来看，学者们都认为观光农业和乡村旅游都将农业作为基础，针对城乡游客，以提供相关服务是其达到休闲目的新型产业，是农业和旅游业、服务业相融合交叉的新农业发展模式，是农业相关功能的发掘与延拓，也是未来现代农业发展的重要方向。从本质上来说，乡村旅游是一种新型的旅游活动形态，而休闲农业是一种新型的农业经营形态；从范围上来说，乡村旅游包含着观光农业，交集是"农家乐"，它是游客主体与三农客体互动的产物；从发展趋势上来看，近年来国内观光农业与乡村旅游逐渐发展成为旅游业新型业态模式，观光农业和乡村旅游发展呈现出以乡村旅游为基础背景二者融合发展的态势。

## 二、乡村旅游的类型

### （一）观光型乡村旅游

观光型乡村旅游指以优美的乡村绿色景观和田园风光及独特的农业生产过程作为旅游吸引物，吸引城市居民前往参观、参与、购物和游玩，主要有两种形式：传统型、科技型。

第一，传统型乡村观光旅游主要以不为都市人所熟悉的农业生产过程作为卖点，特别是特色农产品生产过程。传统型乡村观光旅游产品要想具有长久的生命力，必须突出特色，需要充分利用当地独特的旅游资源优势塑造特色产品。澳大利亚将当地的葡萄酒产业优势与旅游业有机结合，开发出葡萄酒旅游，允许旅游者游览参观葡萄园、酿酒厂和产酒地区等景点，并且还可以参加包括制酒、品酒、赏酒、健身、美食、购物等一系列娱乐活动。村庄旅游是法国人喜爱的一种旅游休闲方式，每年有数百万游客到远离城市的偏远村庄，住进条件简陋的农舍，让家长带孩子参观农庄，看牛羊、看挤奶、观看制作奶酪和酿酒过程，游客还可以品尝这些美味。以色列北部一个地处沙漠的村庄用当地独特的沙果（一种极耐旱的水果）发展观光农业，游客可以在品尝沙果的同时做沙疗（一种把身子埋在热沙里治风湿病的方法），每年的游客量超过 20 万人次。

第二，科技型乡村观光旅游主要是利用现代高科技手段建立小型的农、林、牧生产基地，既可以生产农副产品，又给旅游者提供了游览的场所。新加坡将高科技农业与旅游相结合，兴建了 10 个农业科技公园。农业公园内应用最新科学技术管理，各种设施造型艺术化，合理安排作物种植，精心布局娱乐场所。养鱼池由配有循环处理系统的"水道"组成；菜园由造型新颖的栽培池组成，里面种上各种蔬菜，由计算机控制养分；田间林荫大道的两边也种上了各种瓜果。美国则建立了多处供观光的基因农场，用基因方法培植马铃薯、番茄，在发展农业的同时也在向游客普及基因科学知识。

### （二）休闲型乡村旅游

休闲型乡村旅游指以乡村旅游资源为载体，以形式多样的参与性旅游活动为主要内容，满足游客休闲娱乐、身心健康、自我发展等需求的旅游类型。休闲型乡村旅游与观光型乡村旅游的最大区别在于它主要满足旅游者的健康、娱乐、放松、享受等高层次需求，因此在产品特色上更加突出休闲度假主题，服务内容以康体、休闲、娱乐为主，产品表现形式更加强调创新、互动以及知识性。它主要包括3种类型：休闲娱乐型、康体疗养型、自我发展型。

1. 休闲娱乐型

休闲娱乐型乡村旅游是现代都市人为了缓解工作生活压力、利用假日外出令精神和身体放松的一种较高层次的旅游形式，娱乐需求成为旅游者基本的旅游需求之一。国外在开发乡村旅游时积极开发娱乐性强、互动参与性大、表现形式新颖的休闲娱乐项目以满足游客多层次的需求。日本各地的农场用富有诗情画意的田园风光和各种具有特色的服务设施开发"务农旅游"，旅游者可以自由参观园内的农作物，亲自参与劳务活动，现场采摘农作物并做成美味的佳肴；在沿海地区参加捕捞虹鳟鱼和海带的采集及加工等活动，给人以全新的劳动体验。在美国，每当瓜果成熟的季节，城里人就纷纷涌进各大农场参加采摘水果的度假活动，以获得别有情趣的度假享受，缓解工作压力。德国的乡村旅游十分简洁，不会因为旅游开发而刻意改变乡村的自然风貌，主要项目有瓜果采摘、集市体验、亲近动物、农家住宿、自租自种等。意大利农业旅游区则是一个典型的具有教育、游憩、文化等多种功能的"生态教育农业园"，旅游者可以从事各种农业健身运动，例如体验农业原始耕作、狩猎、亲手制作工艺纪念品、烹调学习活动等。法国为满足不同偏好度假旅游者的需求，开发了不同主题、种类齐全的休闲农场，包括农场客栈、点心农场、农产品农场、骑马农场、教学农场、探索农场、狩猎农场、民宿农场、露营农场等。

2. 康体疗养型

康体疗养型乡村旅游。随着旅游者越来越关注旅游产品的医疗保健功能，国外许多乡村旅游目的地有针对性地强化了其产品的医疗保健功能，开发诸如体检、按摩、理疗等与健康相关的乡村度假项目。这不仅能够满足游客的健康需求，而且能为其带来不菲的利润回报。例如古巴的医疗旅游、日本的温泉旅游、法国的森林旅游、西班牙的海滨旅游等都以旅游服务项目的医疗保健功能而闻名。

3. 自我发展型

自我发展型乡村旅游是乡村度假地为旅游者提供一个轻松舒适的学习环境，没有专业人士做教师，而是通过团队合作交流、自主探索学习等方式，让游客在没有任何压力的情况下学习新知识、熟练新技能，既享受了轻松的休闲时光，又学习到了知识。日本的许多地方为迎合人们关注野生鸟类生活的情趣而专门开发设计了观鸟旅游，让旅游者亲临野鸟栖息地观察鸟类生活，随行配备鸟类专家指导，使游客在旅游中既观赏到了鸟类的生活，也学到了许多关于鸟类生活的知识。美国的农场、牧场旅游不仅能使游客欣赏美丽的田园风光、体验乡村生活的乐趣，而且在专人授课的农场学校能够学到很多农业知识。这种兼有娱乐和教育培训意义的参与式乡村旅游形式深受旅游者欢迎，成为乡村旅游的发展趋势。

### （三）乡村文化旅游

乡村文化旅游是以乡村民俗、乡村民族风情以及传统民族文化为主题，将乡村旅游与文化旅游紧密结合的旅游类型。它有助于深度挖掘乡村旅游产品的文化内涵，满足旅游者文化旅游需求，提升产品档次。匈牙利是乡村文化旅游的典范，其开发的乡村文化旅游产品使游人在领略匈牙利田园风光的同时，在乡村野店、山歌牧笛、乡间野味中感受丰富多彩的民俗风情，欣赏充满情趣的文化艺术，体会几千年历史淀积下来的民族文化。西班牙开发的满足游客多种文化需求的文化旅游线路，很多就是以乡村旅游产品为重要组成部分的，如城堡游、葡萄酒之旅、美食之旅等。

## 三、观光农业与乡村旅游的特征

### （一）与居民收入、消费增长呈正相关

观光农业与乡村旅游是重要的休闲文化活动，与社会经济和文化生活水平息息相关，它越来越成为人们不可或缺的生活方式。人们收入水平的稳步提高，增强了旅游市场的消费能力，转而更加关注旅游质量与服务水平，从而也为行业的快速发展提供了前提条件，恩施土家族苗族自治州的观光农业和乡村旅游就是在这样的社会背景下迅速发展壮大起来的。

### （二）具有季节性和参与性

季节性是观光农业和乡村旅游的重要特征，季节有春夏秋冬，农时有春华秋实，适宜的气候条件是出游的旺季；气温高低变化极端，则是出游的淡季。参与性也是观光农业和乡村旅游的又一特征，只停留在田园观光和乡村旅游层面的休闲农业和乡村旅游不会持久，让游客亲身体验其中，参与其中越来越成为受欢迎的方式，游客通过参与农事活动、田园活动，获得不一样的体验，通过对体验劳动的付出，游客得到创造自我的收获感以及参与和归属感。

### （三）跨越产业形态新型产业

观光农业与乡村旅游是跨越了传统三大产业形态的新型产业，立足于农业生产的根基，对传统旅游观念予以突破，通过对农业产品深入加工及创意加工，延长产业链，提高其附加值，在对游客的服务和体验感上更加注重。观光农业和乡村旅游的出现与发展是农业向现代化方向发展进程的必然产物，也是产业结构调整的必然结果，其生产经营方式较之传统发生很大改变，内容更加丰富多样涵盖生活休闲、旅游等诸多方面，通常经过专业规划设计，建设成具

有农业、旅游业、服务业相结合的特色经营经济区域。

## 四、相关概念的区别

### (一) 乡村旅游与观光农业

乡村旅游与观光农业之间的差别很小，在很多领域上具有交叉性，只是侧重点不同，其中，乡村旅游侧重旅游，而观光农业侧重地域和活动。乡村旅游涵盖的意义更广，内容上比观光农业更具有广泛性，可以说观光农业是乡村旅游其中的一个系统组成部分。

### (二) 农家乐与观光农业

农家乐起初源于乡村旅游，并结合了乡村景观、乡土风情，它是一种新型的旅游活动，农民利用自有的土地和相关农业资源，以地方特色资源来为城镇游客提供休闲度假、观光娱乐或者参与和体验农事劳动的服务。一般来说，农家乐是观光农业中的一类，是观光农业中的体验模块。

### (三) 农业旅游与观光农业

农业旅游的区位定位上与观光农业定位大体相同，但是在范畴上要更为宽泛，发生地包括乡村地区城乡交界地区，形式更加多样，观光农业是其具体形式之一，除此之外相关农业科研、考察等也是其具体形式。

## 五、观光农业和乡村旅游的功能和类型

### (一) 观光农业与乡村旅游的功能

#### 1. 生态和环保功能

观光农业和乡村旅游的良好发展有利于生态环境的保护，合理规划开发利用农业资源转换为旅游资本，这样既提高了农民的环保意识，又提高了农村环境质量，农民和游客环保意识的提高有利于自然景观的保护和生态环境品质的提升，从而促进生态系统的良性循环。

#### 2. 经济和社会功能

观光农业和乡村旅游是农村居民创业、就业、增加收入的重要形式，能够使农民合理利用农村现有资源，有利于促进农村农业的更好发展，加快整个农村的经济发展速度。观光农业与乡村旅游平台的搭建方便了城市居民与农村居民的沟通交流，通过与城市居民的接触、交流，吸纳了现代的思想观念和经营理念，农村居民也可以把农村的传统文化习俗向城市居民展示，既有利于农村社会事业的发展又可以改善农村面貌，达成城市文明和农村文明相融互济，和谐发展。

#### 3. 旅游和文化功能

休闲农业和乡村旅游的发展为城镇游客提供了休闲观光、康养娱乐等相关

服务及活动场所，游客可以通过其提供的服务及平台来愉悦身心，释放压力，体验乡村风情。观光农业和乡村旅游在发展过程中一方面依托乡村文化和农业产业文化，另一方面反过来促进乡村文化和农业产业文化的兴盛和发展。

4. 疗养和教育功能

观光农业和乡村旅游的发生地往往拥有较好的自然环境和清新空气，并且具备城市所没有的田间宁静空间，对长时间生活在城市的游客来讲，适时来此环境休憩，有利于调剂身心，促进生理及心理健康。此外，观光农业和乡村旅游的发展，一定程度上可以连接城乡，让城市游客有机会切身感受、体验甚至参与到农业生产生活，了解农业文明及农业产业知识，在一场身心愉悦的旅行途中获得农业知识。

（二）观光农业与乡村旅游的类型

综合广大乡村地区现有的自然农业资源和观光农业目前发展的特点与表现形式条件来看，可以将观光农业与乡村旅游的类型发展模式划分为以下几种。

1. 以农家乐休闲为基础的发展类型

以当地农民自家特有的民族资源和独特的民风民俗文化作为吸引因素，经过专门的包装和设计而发展起来的观光农业和乡村旅游景区，这样的农家乐休闲主要类型有民宿接待型、农业观光型、娱乐休闲型以及民俗文化型等模式①。

2. 以村落乡镇旅游为基础的发展类型

一些乡村的观光休闲主打村落民居，聚焦古村镇和宅院，将特色建筑与新农村布局作相结合，以此进行开发了系列观光休闲农业和乡村旅游村镇，这样以村落乡镇旅游为基础的发展类型主要有：古镇古宅游、特色村寨游、新农村特色旅游模式等。

3. 以田园农业休闲为基础的发展类型

通过农业生产活动和特色农产品介绍来吸引游客发展起来的观光农业和乡村旅游类型是较为常见模式，该类型在发展过程中逐渐摸索出农业旅游、渔业旅游、赏花旅游、林海旅游、牧场旅游等多样的旅游项目，给各种需求的游客带去适合的项目和独特的体验。

4. 以民俗风情休闲为基础的发展类型

一些农村具有独特的民俗风情、民俗文化，在此基础上往往形成具有地方和民族特色的观光农业和乡村旅游景区，这些景区主打先民的农耕、乡土以及民俗特色，摸索出民俗歌舞表演、传统技艺传承展示、民族节日活动展演等独

---

① 沈山，魏中胤，仇方道. 我国乡村旅游重点村禀赋类型与空间分布研究［J］. 阿坝师范学院学报，2020，37（2）：39-46.

具民俗风情的休闲旅游活动，增加了观光农业和乡村旅游的吸引力。

5. 以科普教育为基础的发展类型

一些乡村主打科普教育，建设以科普教育为主的场馆，包括专门用来展示农业农产品的展览馆、用来展示农业发展的微缩博览园、用来展示现代农业科技运用的生态农场庄园，通过科普教育的方式向游客介绍农业种植技术、农业发展历史、现代农业科技知识及未来现代化农业发展的前景。

6. 以回归自然为基础的发展类型

一些乡村利用自身的自然资源，加强自然生态保护，科学合理开发，主打回归自然模式，将天然美好的自然景色与观光农业和乡村旅游相结合，因地制宜开发出登山、游水、氧吧、滑雪、森林公园等旅游项目，尽可能地让城市游客接触、拥抱大自然，享受身体和心灵都"回归"大自然的舒心与惬意。

## 六、观光农业与乡村旅游的创意方法分析

创意是提高资源利用率和企业竞争力的有效途径。观光农业与乡村旅游规划的目的就是在现有乡村景观、区域文化和农业产业的基础上，通过创意手段，充分挖掘资源的观赏价值、体验价值、使用价值、科普价值、情感价值、文化价值、生态价值以及衍生的社会价值，实现项目区经济效益、社会效益、生态效益的最大化。也就是说，项目开发除了遵循因地制宜、有序开发和可持续发展的原则外，最重要的就是创意手法的运用。常用的创意手法如下。

（一）主体定位法

主体定位包括主导产业定位、主题文化定位、主要客源市场与消费群体定位。其中主导产业可以是规模种养业、精深加工业或者特色服务业；主题文化可以是专项产品文化、特定地域文化、社科专题文化、历史主题文化或者特色农耕文化；主要客源市场与消费群体的定位不能过于乐观或浮夸，关键要做好本土市场的回头客，在此基础上拓展团体业务与同行参观考察业务。规划科学与否，关键是看定位是否精准，后续的工作就是资源围绕定位配置，创意围绕定位服务，品牌围绕定位塑造。主体定位法的优点在于引导相关资源向目标靠拢，形成一系列相关联的创意亮点。下面列举一些关于水稻主题创意的例子。

①特色水稻种植，如荧光稻、彩色稻、香稻、糯米稻等。

②将抽穗后的水稻移栽到花盆中，在阳台上就可感受稻谷成熟的喜悦。

③将小片水田整成一个大的"足印"形状，命名为"春的脚步"。

④在稻田边安放造型各异的稻草人，如童话中的"七个小矮人"。

⑤在水稻田中放养红鲤鱼，开展稻田抓鱼比赛活动。

⑥在稻田中放养黄鳝和泥鳅，晚上供游客用竹编鳝笼（进口有倒钩刺，鳝钻入难出）捕捉。

⑦在水稻田上架设梅花桩、铁链桥等拓展运动设施，让游客在稻田上空游玩。

⑧在插秧时举行开耕节，让游客一起体验"划格子"和插秧活动。

⑨收割季节举行新米节，庆祝丰收，打糍粑、吃新米，还可送一小包新米作为礼品。

⑩体验古代大米加工方法，如舂米、用风车吹糠等。

⑪在大米上刻上游客名字，做成吊饰挂件。

⑫用各类农产品配合稻草垛堆成五谷丰登的景象。

⑬开发专用礼品米，如富硒米、孕妇专用有机米、学生专用营养糙米等。

⑭设置一些与水稻有关的文化标牌，如"锄禾日当午，汗滴禾下土""稻花香里说丰年，听取蛙声一片""手中有粮，心中不慌""从明天起，关心粮食和蔬菜"。

(二) 全息归纳法

休闲观光农业具有广泛的社会、自然、经济属性，其资源要素可谓包罗万象，随着规划的深入，设计人员必须对资源进行全面的归纳和有效的筛选。例如从时间变化的角度要考虑春夏秋冬、白天黑夜、古往今来等；从产业功能的角度要考虑农、林、牧、副、渔等；从游客基础需求的角度要考虑吃、住、行、游、购、娱等；从客源群体的角度要考虑老、中、青、幼、妇等；从农耕体验的角度要考虑第一产业、第二产业、第三产业的不同项目设置；从农业的功能拓展角度要考虑政治、经济、文化、艺术、教育、体育、科技、物流、信息、环保、食品保障、原料供给、养生保健等。以上要素，看似纷繁复杂，却是项目后期建设与运营必须面对的，规划的目的也就是要将这些资源要素分出重点、列出主次，并进行分类指导。下面是采用全息归纳法制作的一个果蔬主题园区规划调研的模板，供参考。

1. 园区类型

标准示范园、品种展示园、观光采摘园、种苗繁殖园、野生品种园、科技示范园、农民创业园、认养体验园、文化博览园、综合产业园。

2. 产品定位

大众产品、分众产品、专用产品、绿色产品、有机产品、特供产品、保健礼品、功能食品、旅游商品、节日礼品、特种产品、奢侈极品。

3. 品牌影响

特产之乡、地理标志、国保品种、著名商标、品牌节会、门户网站、标准起草、城市宣言、模式推广、科研机构、产业文化、行业协会。

4. 销售方式

经纪贩运、专业市场、农超对接、渠道特供、出口基地、后勤基地、采摘基地、冷链物流、农博展会、网络商铺、组合礼品、期货商品。

5. 综合利用

花的用途、叶的用途、芽的用途、茎的用途、根的用途、果的用途、皮的用途、籽的用途、壳的用途、枝的用途、蔓的用途、整株用途。

6. 价值挖掘

食用价值、原料价值、药用价值、营养价值、观赏价值、美容价值、园艺价值、生态价值、科研价值、育种价值、净化价值、文化价值。

7. 文化创意

物种起源、品种科普、吉祥寓意、成语典故、传说故事、相关书籍、相关诗词、相关影视、相关书画、相关歌曲、相关雕塑、相关节会。

8. 科技应用

太空育种、组培繁殖、远缘嫁接、温室大棚、节水滴灌、配方施肥、生物防虫、机械采收、套种间作、土地退毒、保鲜储运、综合加工。

9. 包装创新

突出生态、突出文化、突出产地、突出环保、突出价值、突出便携、体现时尚、体现乡土、体现另类、体现品质、体现公益、体现情感。

10. 营销宣传

卡通标志、形象代言、有奖征集、动漫短片、主题微博、百度百科、电视频道、行业杂志、行业网站、航空高铁、立柱路牌、主题歌舞。

11. 品质提升

外观形状、色彩光泽、气味类型、口感味觉、果皮厚薄、有籽无籽、甜度糖分、营养成分、微量元素、保鲜耐储、抗病防虫、气候适应。

12. 品种开发

鲜食品种、杂交品种、速生品种、高产品种、矮化品种、延季品种、观赏品种、耐旱品种、多用品种、进口品种、乡土品种、野生品种。

13. 栽培方式

露天栽培、大棚栽培、装盆栽培、套种栽培、有机栽培、无土栽培、立体栽培、反季栽培、粗放栽培、多年栽培、寄生栽培、阳台栽培。

14. 加工方向

加工食品、加工饮料、提炼色素、做成罐头、做成果脯、做成干菜、用作佐料、用作配料、提炼油料、加工饲料、加工药品、工艺礼品。

15. 食用方法

生熟两食、凉拌食用、烧烤煨制、榨汁食用、晒干磨粉、腌制泡制、熏制加工、清蒸煮食、爆熘炒食、冰藏取食、充当主食、休闲零食。

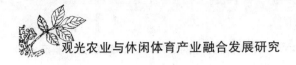

16. 农耕教育

认识植物、观察昆虫、制作标本、学习嫁接、绘画写生、生态教育、耕土播种、浇水施肥、采摘果蔬、手工创意、自制食品、亲子游戏。

17. 创意景观

套种造型、几何菜地、果园迷宫、果蔬盆栽、一树多花、一树多果、瓜果棚架、果蔬雕塑、稻草人偶、果蔬陈列、祈福树王、套种花草。

18. 林下经济

林下养蜂、林下蔬菜、林下野菜、林下药材、林下花卉、林下香草、林下蘑菇、林下昆虫、林下散养、林下采摘、林下休闲、林下运动。

19. 管理服务

行业标准、商标许可、示范评选、招商引资、土地流转、规划咨询、质量检测、科技推广、金融信贷、信息平台、物流体系、营销宣传。

20. 标准生产

水土环境、空气质量、苗木质量、果袋质量、栽植技术、土肥管理、整形修剪、花果管理、病虫防治、保鲜储运、产品分级、包装标识。

（三）项目叠加法

将资源与项目进行移植或嫁接，可以起到节约用地、节约用材、降低成本等作用，并产生一些出其不意的视觉效果或心理联想。其中空间集约如树上木屋、林下种养、屋顶种草、阳台种菜、稻田养鱼、稻田上布置拓展运动设施等；文化集约如瓜果廊架上布置民谚俗语，钓鱼指示牌做成鱼的形状，在围墙上绘制或者镶嵌农耕文化元素等；景观集约如菜地弄成几何形状，果木种成迷宫形状，水稻种出主题图案，油菜地布置成稻草人乐园等；经营集约如林地改造成养生植物园，散养基地打造成农家动物园，小型湿地建设成生态科普园等。

（四）景观提升法

休闲观光农业资源开发过程中除了保持天然的自然风光与农业景观外，还需加入一些人文景观要素，并适当进行景观设计与改造，景观设计的表现形式服从于主题思想而千变万化，但基本的手段还是可以归纳为以下 7 个方面，即运用创新的手法实现果木栽培景观化、蔬菜种植公园化、池塘水系湿地化、田埂交通廊架化、林地采光通透化、民宅改造别墅化和游道小品故事化。

（五）文化衍生法

文化是休闲观光农业项目必不可少的内涵，文化的主要类型有民族文化、异域文化、乡土文化、民俗文化、农耕文化、农事节庆文化、饮食文化、作物文化、图腾文化等，特别是乡土文化运用得最多。乡土文化源远流长，点多面广，题材多样，农村各种民俗节庆、工艺美术、民间建筑、民间女艺、婚俗禁忌、趣事传说等都赋予其浓厚的乡土文化特色。农家生活、耕作方式、传统习俗、地方手工艺品、名特优农产品，以及原生态的乡村风貌，这些都为发展具有乡土特色的休闲观光农业奠定了基础。其中农耕文化又是乡土文化的重要组成部分，就农耕文化资源而言，关键是要采用艺术化的表现形式，使之具有观赏性、互动性、趣味性、文化性和科普性。需要注意的是，在展示传统农耕文化与乡土文明的同时，也应注重现代农业的体验与科普。随着科学和生产力的发展，农业生产方式在不断进步，嫁接、扦插、克隆、组织培养、杂交育种等高科技的应用，轮作、套种、间作、地膜覆盖种植、大棚栽种、无土栽培、立体种植、反季节种植、工厂化养殖等，使得现代农业呈现异彩纷呈的景象。针对旅游者的需求，让游客了解农业生物资源如动植物名称、特征、分类、生活习性，如何播种、育苗、浇水、施肥、除草、灭虫等，了解农业生产的类型、季节性、周期性、各类农业生产的基本条件、农业生产的地区特点、生产过程等；除此之外，游客还可以亲自参加农业实践，如耕种、收割、打场、采摘果蔬、修剪果树、栽桑养蚕、垂钓、捕捞、养殖等。如农耕文化的展示，可以从以下12个方面入手。

①农业制度的演变，如土地改革的故事。

②农业工具的演变，如水车体验。

③农业科技的总结，如《天工开物》《本草纲目》等。

④农业物种的变迁，如番茄等外来物种的介绍。

⑤农业典故的整理，如大禹治水、神农制耒耜。

⑥农业名人的展示，如黄道婆、袁隆平。

⑦乡土文化艺术创作展示，如农民画、民间剪纸、根雕等。

⑧农业民谚民俗民歌展示，如二十四节气歌。

⑨农业活动的体验，如插秧、采果、嫁接。

⑩农业物产的展示与销售，如按省分类的特产展销馆。

⑪农业景观与农业成就的展示，如全国最美乡村图片展，全国小康示范村盘点。

⑫现代农业分类科普，如有机农业、设施农业、节水农业等。

（六）产业整合法

产业整合法包括以下内容。

第一，开发创意型农产品，通过包装创意、栽培创意、用途创意、情感创意等手段，使得普通农产品变成了商品、礼品、纪念品、保健品，甚至成了艺术品或奢侈品，从而使产品身价倍增，提高了附加值。

第二，建设创意型主题农园，通过对特定主题的整体设计，按照主题公园的经营思路，把农业生产场所、农产品消费场所和休闲观光农业场所结合为一体，将具有相似功能的农作物、动物和农事活动集中展现，创造出主题鲜明的体验空间。

第三，打造创意型节庆活动，如各类花卉节庆、水果节庆、蔬菜节庆、谷物节庆及美食节、乡村旅游节等。

第四，匹配相关业态，以农业为基础产业，向第二或第三产业延伸，使之具有多个产业的特征，从而提高农业的加工附加值、服务附加值、文化附加值和科技附加值，如乡村影视基地、艺术家创作村、国学启蒙耕读俱乐部等。

第五，挖掘乡村创意美食与养生药膳，如发展野生蔬菜与保健蔬菜，开设养生堂，从健康饮食、茶疗茶饮、瑜伽、芳香疗法、中医养生等层面向会员提供健康管理和调养方案。产业整合法也可以说是资源的高效利用法。

（七）综合创意法

休闲观光农业资源开发是一个灵感创意与科学决策同时并行的过程，对规划人员的知识结构、生活阅历、创意思维、审美情趣以及对市场商机的敏感度要求较高。具体到每一个项目，发展条件与发展目标各不相同，在实施资源开发与项目创意时可谓法无定法，适合就好，否则纵有缤纷创意却落不到实处也是白费心思。以下是规划过程中采用的一些创意手段。

突出主题：如银杏主题、香草主题、竹子主题、童话主题等。

就地取材：如石头彩绘、稻草人偶、竹木小品、废物利用等。

相地测土：如富硒土壤、化石岩层、健康泥浴、陶泥制瓦等。

见泉眼开：如山泉茶室、涌泉湿地、思源水井、乡村温泉等。

见庙参禅：如佛法农禅、圣地瑜伽、许愿祈福、放生行善等。

小题大做：如蚂蚁之家、鸡蛋乐园、大米刻字、树叶拼画等。

移花接木：如农家动物园用彩绘和修剪装扮出来的山寨版小熊猫。

张冠李戴：如用旧木船、旧轮胎、旧的生活用具与农具种植花草。

无中生有：如山顶岩洞布置成山顶洞人居住场景，供游客体验。

古为今用：如开设古代足球蹴鞠游乐项目、沿用古代更夫巡逻等。

洋为中用：如安徒生童话乐园、鲁滨逊原木趣味漂流、荷兰风车等。

勾起回忆：如竹制储钱罐开发、乡村年味点心组合产品开发。

异地风情：如邀请非物质文化遗产传承人异地表演。

历史再现：如将当地历史传说故事绘制成墙画系列。

大俗大雅：如将地方的经典方言制作成趣味展板。

穿越时空：如门票制作成古代皇宫令牌以及古代科举考试体验等。

逆向思维：如开展种豆得瓜（奖励瓜果）活动和忆苦思甜活动等。

制造挑战：如设置对联绝对和象棋残局、开设智勇大闯关游戏等。

故弄玄虚：如石壁上刻画古代图腾符号、在游道中间设置迷宫等。

情感寄托：如纪念林种植、小动物认养、延时明信片寄送等。

独特体验：如在南方住窑洞、睡大炕，土司文化体验等。

素质教育：如设置无人售货倡导诚信，夏令营捡拾稻穗活动等。

科普教育：如养蜂基地介绍蜜蜂文化与知识。

生态教育：如组织人工鸟巢捐订与悬挂活动。

作物文化：如举办玉米文化节、辣椒文化节、开耕节、丰收节等。

科技应用：如太空育种、无土栽培、物联网开心农场等。

设施应用：如生态阳光餐厅、充气游乐设施、拓展运动设施等。

特色品种：如三季玫瑰、早熟草莓、观赏水稻、彩色红薯等。

（八）功能倒推法

功能倒推法常用来解决两个问题，一个是满足园区的基本功能和大众普遍需求，即看什么、种什么、养什么、加工什么、吃什么、玩什么、住什么、卖什么、体验什么、创造并传播什么；另一个是突出项目的主题特色，即围绕主题来配置资源，许多成功的园区都是在具备基本功能和满足大众需求的前提下打造特色项目，进而拓展特定消费群体的市场。

# 第四章

## 休闲体育

### 第一节　休闲体育的认知

休闲体育产业作为典型的第三产业之一，不仅能够提高广大群众的身心素质，还能够为我国经济的可持续发展提供强大的推动力量。本节旨在丰富休闲体育的理论知识，依次从休闲体育的概念、内涵、内容、分类等方面进行分析，进而为休闲体育的发展提供科学全面的理论基础。

#### 一、休闲体育的概念与内涵

##### (一) 休闲体育的概念

体育活动具有健身性、竞技性、娱乐性、游戏性等属性，不仅能够改善与发展人们的身心，而且对提高人们的身体机能具有十分重要的积极影响，因此伴随着休闲活动的不断发展而逐渐被人们所接受，并且发展为一项人们喜闻乐见的休闲生活方式①。伴随着体育在人们闲暇生活中深入程度的不断加深，休闲体育运动依然成为体育运动中相对独立的领域之一。

休闲体育运动是指具有娱乐和休闲功能的各种体育活动，休闲体育运动和体育运动的其他领域属于对立统一的关系。最大限度地促使人类的运动能力得以提升以及不断推动人类挑战运动极限是竞技体育的目标所在，倘若竞技体育的某些项目能够运用到休闲生活中，也可称其为休闲体育运动。体育教育是指对受教育者进行运动技能教育和运动知识教育，进而促使受教育者掌握一些体育锻炼方法，学会一些体育项目的运动技术，受教育者学会的运动技术和运动方法有利于运动者养成良好的休闲活动习惯，最终有利于受教育者进行终身体育锻炼。大众体育是指具有健身特征、娱乐特征以及社会交往特征的群众性的体育活动，大众体育和休闲体育运动大体相同，可将休闲体育运动看成大众体育的一个组成部分。

综上所述，休闲体育与体育运动的其他各个领域之间存在着外延联系。当

---

① 李相如. 我国休闲体育的时代特点与发展趋势 [N]. 中国体育报，2020-10-12 (7).

休闲活动被用于竞技时，即可将其称为竞技体育；当休闲活动被用于非正式的体育比赛，经常在节假日等人们的闲暇时间举行时，就成为人们度过闲暇时间的一种常见方式。

（二）现代休闲体育运动的主体性地位

现代休闲体育运动的功能和作用体现在多个方面，属于人们日常生活中主体性的一种休闲方式。当前，越来越多的人关注和重视现代休闲体育运动，休闲体育也逐渐被纳入高校的教学体系当中，休闲体育的研究与相关人才的培养也在各国逐渐开展。近些年来，我国学者也在休闲体育方面进行了多方面的深入研究。

社会生活的现代化给人们带来便利和机遇的同时，也给人们的日常生活带来了一定的挑战。生产的社会化、规模化与规范化在提升效率的同时，也使得人们的劳动方式单调化，人们的劳动密度增大。在人们工作投入增加的同时，也造成了人们生活内容的丧失。现代人越来越重视休闲体育运动，寄希望于这种休闲方式来缓解工作中产生的压力。伴随着人们工作时间和工作压力的不断增加，长时间工作容易使人们出现压抑和厌倦的不良情绪，倘若不能得到及时缓解和释放，则会促使人体的心理机能出现不平衡的现象，最后出现不同症状的心理疾病。与此同时，倘若工作环境相对单调和刻板，人们的身体局部也容易出现劳动疲劳，若不能在短时间内得到有效缓解，也会致使其身体局部出现劳损。由于都市上班族的长期伏案写作或者电脑前的长时期久坐，致使其身体运动能力呈现出下降趋势，最终出现了身体的亚健康状态。处于这种心理和生理状态的人们，无疑渴望着能从单调乏味的劳动中解放出来，希望自身的人生能够实现全面的复归。显然，这种解放和复归只有在他们自己能够自由支配的时间里，通过他们自己所选择的活动方式来最终实现。休闲体育运动作为意义特殊的休闲活动方式之一，可以帮助人们在身体与心理两个方面均获得更加全面的平衡。

休闲体育运动能够使人们离开办公室后，在运动中实现发泄与放松，在自然中获得愉悦和畅快，摆脱工作给身体和心理带来的压力，对于上班族来说休闲体育运动带来的放松感是不可替代的。人们参与休闲体育运动的动机和目的除缓解生活以及工作中的压力外，同时还大致包含以下几点。

（1）净化情感动机。人们在日常生活中经常会产生一些精神上的压力、心理上的不满或者情绪上的不愉快，通过采取休闲体育运动的方式能够有效缓解这些压力，同时对于负面情绪的宣泄以及心理上的平衡具有积极的作用，有助于使人的心境恢复平静。

（2）社交动机。通过参与某些休闲活动来实现与他人交往的目的，同时提高自身的素质，实现发展自己对社会适应能力的目的。

（3）报偿动机。在学习、工作和生活中，并不是人们所有的欲求都能得到满足，这种欲求不满会造成人们心理产生一种不满足感、挫败感。可以通过某种休闲体育活动体验成功感和满足感。处于青春期和叛逆期的学生群体在学习中遇到挫折和不顺时，非常容易产生这种动机。

（4）放松身体动机。即为了缓解身体的疲劳与肌肉的紧张，通过某种休闲体育活动来使肌肉松弛，身体获得积极的恢复。

（5）发散精力动机。即希望将自己工作、学习之后剩余的精力，通过某种活动方式继续发散出来。这种动机在精力旺盛、活泼好动的青少年中表现尤为明显。

除以上几个具有普遍性的常见行为动机外，有些人参与休闲活动可能只是为了追求某种感官上的刺激，有些则可能是为了暂时逃避各项责任。但是就大多数人而言，以上几项行为动机是他们参与休闲活动的常见动机。需要注意的是，人们参与休闲体育活动的动机并不是单一的，有时可能会在多种动机的共同作用下做出选择。例如，很多人在进行休闲体育放松身心的同时也在进行着一些社交活动。

## 二、休闲体育的内容与分类

休闲体育的内容丰富，分类形式多种多样，根据不同分类标准能够划分出休闲体育的多种类别，这里主要从身体状态、项目功能以及项目性质3个方面对休闲体育进行划分，同时在详细阐述划分类别的同时，深入解析休闲体育所包含的多项具体内容。通过阐述休闲体育的内容和分类，为运动者参与休闲体育运动奠定理论基础。

（一）根据身体状态划分的休闲体育运动及内容

1. 观赏类休闲体育运动

观赏类休闲体育运动主要是指观赏各种体育竞赛和休闲体育运动的表演。在观看这些比赛和表演的过程中，人们会表现出各种不同的情绪，如兴奋、激动、惊叹、沮丧、愤怒等。通过观赏他人所进行的休闲体育活动，人们的心理压力会获得很大的释放。另外，在观赏这些表演与比赛的过程中，观赏者还可以学到很多相关的体育知识，得到体育精神的熏陶。

2. 安静类休闲体育运动

安静类休闲体育运动主要指的是棋牌类的休闲活动，垂钓也属于此类活动。以棋牌类休闲活动为例，棋牌活动的参与者身体活动量较小，脑力支出相对较大，是智慧与心理素质的一种竞争。一般而言，此类休闲体育活动通常是多人参加的集体活动，默契与配合、经验与心理素质是这类活动的重要特征。相比较而言，在垂钓活动中，参与者的体力与脑力的支出都相对较小，是一种不错的修身养性的休闲方式。

3. 互动性休闲体育运动

互动性休闲体育运动主要包括利用自然运动和互动式运动两种类型。利用自然运动具体指的是利用自然界的资源进行的互助的体育休闲活动，这类活动需要专业的指导或者在医护人员的监督下进行，从而保证活动的安全，如空气浴、温泉浴、泥浴、沙浴、药浴、蒸气浴等；互动式运动具体指的是通过专业人员技术活动来缓解身心的疲惫、消除烦躁心绪、减压、调节身心的一种活动形式，推拿按摩、针灸、足按足浴、理疗等都属于互动式休闲活动的范畴。

（二）根据项目功能划分的休闲体育运动及内容

依照项目的功能，可将休闲体育运动划分为强身健体类、竞技比赛类、娱乐排遣类以及极限运动类。

1. 强身健体类休闲体育运动

从古至今，人们一直将体育作为强身健体的一种重要方式，人们充分认识到体育在锻炼身体过程中具有不可替代的作用。人们采用体育锻炼的方式，来有效促使其身体机能始终维持在较好的状态，推动其身体获得最大限度的生长发育。从古代发展至今，体育运动强身健体的功能一直被人们关注和重视。五禽戏、太极拳以及八段锦等均为中华民族几千年来文化与智慧的结晶，同时还被人们视为强身健体、延年益寿的有效方式。

2. 竞技比赛类休闲体育运动

休闲体育中的竞技比赛和传统体育中的竞技比赛的主要差别是，无需高密度和高强度的训练以及专业水平的教练指导。展现自身和表达自我是人们参与休闲体育运动的主要目的。感知和享受是休闲运动竞技比赛的过程是参与该项运动的主要目的，不应将休闲运动竞技比赛的主要目的仅设定为赢得比赛的胜利。与传统体育运动的竞技比赛相比，休闲体育中竞技比赛不仅具备传统比赛的对抗性，而且还具备传统运动所不具备的自由娱乐性，此外还对比赛结果进行了淡化，推动比赛参与者尽可能沉浸在休闲体育的乐趣中。参与者通过参加休闲体育竞技比赛，一方面满足其展现自我和表现自我的心理需求，另一方面帮助参与者在对抗过程中加强沟通，强化团队合作意识，强化参与者的自信心。

3. 娱乐排遣类休闲体育运动

在社会压力大、生活节奏快的现代社会，休闲体育的娱乐消遣功能越发明显。休闲体育活动不仅具有强健体魄、陶冶情操的作用，同时还具有放松身心的作用，参与者能够通过参与休闲体育活动达到参与运动的预期目标，同时实现身体的锻炼和精神的愉悦。娱乐排遣功能的出现是为了调整参与者的心境，充分调动参与者的想象力与创造力，重点关注和发展人们的参与性和自由发挥性。在娱乐排遣类的休闲体育运动中，可以充分释放参与者的身心。娱乐排遣类的休闲体育运动包括围棋、钓鱼、麻将以及放风筝等。

### 4. 极限运动类休闲体育运动

极限运动作为近些年出现的新型运动，深受年轻人的欢迎与喜爱，并且已成为衡量时尚的重要标准。挑战存在于人类发展的各个时期和各个地域。如今，人们对现代的科学器械进行充分利用，尽力挑战自我，充分挖掘自身的潜力，进而获得超越心理障碍时的成就感和满足感。同时，极限运动类休闲体育活动还能满足人们回归自然、返璞归真的需求。由于极限运动能够满足人们在生理和心理两方面的需求，所以在其产生后就快速获得了广大群众的认可与传播。

当今社会不仅是科技飞快发展的时代，同时是人们压力异常沉重的时代。在竞争激烈的大环境下，人们急需对自身的压力进行释放，极限运动类休闲体育运动帮助人们发泄压力和释放能量的功能正好与人类的需求相吻合。攀岩、冲浪、蹦极等极限运动类休闲体育运动不但增添了人们在日常生活中的乐趣，同时还推动人们回归大自然怀抱，实现真正意义上的返璞归真。

### (三) 根据项目性质划分的休闲体育运动及内容

根据项目性质来划分，可以将休闲体育运动划分为眩晕类运动，命中类运动，技巧类运动，冒险类运动，养生类运动，健身舞类运动，游戏竞赛类运动，水上、冰雪类运动，户外休闲运动等类型，不同类型的休闲体育活动具有各自不同的特点（表4-1）。

**表4-1 根据项目性质分类的休闲体育运动内容及特点**

| 分类 | 内容及特点 | 项目种类 |
|---|---|---|
| 眩晕类运动 | 借助一定的运动器械及设备，使人在运动中得到在日常生活中很难体验到的空间运动感觉，感受身体与心理极限刺激的休闲体育运动 | 游乐场上各种产生滑动、旋转、升降、碰撞的游艺项目，如蹦极、过山车等 |
| 命中类运动 | 运用自身的技巧与能力，同时借助特定的器械击中目标的休闲体育运动 | 打靶、射击、射箭、保龄球、台球、高尔夫等 |
| 技巧类运动 | 通过运用自身的能力，借助特定的轻器械所表现出的高度灵巧和技艺的休闲体育运动 | 花样滑板、自行车越野障碍等 |
| 冒险类运动 | 对大自然的一种具有挑战性的、有严密的组织措施和安全保障的休闲体育 | 沙漠探险、漂流、山洞探险、滑翔伞等 |
| 养生类运动 | 节奏一般比较和缓，经常参加能够强身健体的休闲体育运动 | 瑜伽、太极拳、木兰拳、木兰扇等 |
| 健身舞类运动 | 通过各类民族传统歌舞的形式和有音乐伴奏进行的休闲体育运动 | 民间舞蹈、秧歌、舞龙、舞狮、肚皮舞等 |

（续）

| 分类 | 内容及特点 | 项目种类 |
|------|-----------|---------|
| 游戏竞赛类运动 | 将竞技体育比赛项目的规则进行简化和游戏化改造之后，形成的休闲游戏比赛活动 | 沙滩排球、三人制篮球、室内足球等 |
| 水上、冰雪类运动 | 在水上或者冰雪上所开展的休闲体育运动 | 水上项目包括游泳、潜水、滑水、摩托艇、帆船、冲浪；冰雪项目包括滑冰、花样滑雪、雪橇等 |
| 户外休闲运动 | 指人们回归自然的各种体育休闲方式 | 远足、登山、攀岩等 |

现代休闲体育运动内容丰富多彩，分类方式多种多样。上述分类方法只是根据各休闲体育项目的特征所进行的项目划分，并不能完全反映出各个项目的归属。就休闲体育的运动实践来看，有些休闲体育运动项目同属于多个类型。不能简单地说某一项或者某几项休闲体育运动一定属于哪一个类别。

## 第二节 休闲体育的产生与发展

### 一、西方传统休闲体育的发展

古希腊时期，伟大的哲学家亚里士多德、伊壁鸠鲁等就开始论述并分析休闲以及休闲方式，其中，较为具有代表性的有，亚里士多德在其《尼各马可伦理学》第十二卷中将幸福存在于余暇之中的观点明确提了出来，他认为休闲的目的就是身心的放松，在休闲方式下可以使人进入另一境界。古希腊公民就是通过游戏、体育、音乐、绘画等方式来度过余暇时光的。当时的雅典人上午忙于工作，下午就会到"帕里俄斯特拉"和"基姆纳西翁"等专门的休闲娱乐场所去尽情享受聊天、娱乐、运动等休闲之乐。

欧洲中世纪，休闲体育处于渐进式的发展阶段。文艺复兴后欧洲才又再次恢复人文传统，休闲体育得到复兴。近代工业革命后诞生了新的体育项目，同时也带动了休闲体育和休闲产业的发展。由此可以看出，西方休闲体育的发展呈现出两头高中间低的马鞍形曲线。

（一）古希腊时期的休闲体育

希腊是欧洲古老文明的发源地，体育与休闲文化就是这些灿烂的文化中的重要组成部分。希腊三面环海，希腊人为了生存只能征服海洋，加之为抵御各种入侵以及祭神活动的需要，铸就了希腊人崇尚户外运动与冒险的性格，也造就了影响久远的古希腊体育运动。公元前 2000 年，早期希腊文明出现于克里特岛，克里特人在古代东方文化的影响下创造了自己的娱乐文化，其中包括舞蹈、斗牛、摔跤等活动。公元前 18—前 12 世纪，希腊进入迈锡尼文明，在民族节日里出现了若干祭礼活动上的竞技表演。公元前 11—前 9 世纪，这段时间被称为"荷马时代"，体育运动已成为希腊人生活的一部分。当时，希腊人进行祭礼活动主要以竞技运动形式出现，如战车赛、站立式摔跤、拳击、赛跑、标枪、铁饼、混斗、射箭等比赛。公元前8—前6世纪，希腊逐步形成了许多城邦制的奴隶社会，由于城邦经济文化的繁荣带来了古希腊奥林匹克盛会。历史记载的第一届古代奥运会于公元前776年举办。自此以后，古希腊人每4年举行一次奥林匹克运动会，一直延续到罗马帝国统治的公元394年。古希腊人在古代奥林匹克运动会上以力量、速度、柔韧、灵敏等来充分展现人体的力和美。最初竞技比赛在草地上进行，观众站在山坡上观赏场地跑、长跑、五项全能、拳击、战车赛、角斗、武装跑等项目。后来古希腊人构筑了公共余暇空间——体育馆，这样能够让更多的人参与观赏公共体育活动，由此，古希腊人从事休闲体育也有了特定的场所。

古希腊的教育制度在很大程度上影响着人的身心全面发展，其中，最为具有代表性的当属雅典城邦的教育制度，其培养目标强调人的身心协调发展。它的教育制度对德育、智育、体育和美育即人的全面发展是非常重视的。在健身方面，注重身体的匀称、协调、强壮和健美，当时的雅典，把身体虚弱认为是缺乏教养的表现。在雅典，国家几乎不控制教育，男童7岁前在家接受家教，主要是以学习游戏为主，男童7岁后进入文法和音乐学校学习读书、写字、唱歌和体育，其中体育课是在教师的指导下进行轻松的活动，如跑、跳、爬绳、跳舞、游泳、球类等。13岁后升入体操学校。学习表演性歌舞、游戏和5项运动（即角力、赛跑、跳远、掷铁饼、投标枪）等课程。贵族子弟还可以进入古典学校，深入学习体育竞技运动与文化。18～20岁的青年要到士官团接受军事训练，服从国家需要到军队服兵役，如果没有战争，两年后就职于社会各行业。他们会坚持锻炼自己的身体，放弃体育锻炼的人会被认为缺乏教养。

古希腊哲学家们也都纷纷提出了自己在休闲与体育方面的观点和见解，其中柏拉图主张休闲方式可以用体操来锻炼身体，用音乐以陶冶心灵。亚里士多德提倡按实际年龄接受教育，其主要观点为：体育、德育、智育和美育是相互关联的。他提出智力的健全依赖于身体的健全，因此体育应该在智育之前就进行。他还提出了学前儿童应逐步锻炼身体的主张。初等教育时期，儿童要学习体操、读书、写字、文法、计算、图画和歌唱。在古希腊，体育与教育结合，使公民在接受智力教育的同时也接受体育教育，由此可以看出，休闲体育为古希腊人的休闲方式之一。

古希腊人普遍存在的观点为：休闲比工作更重要，他们认为每一天都应该尽可能快乐地度过而不应受任何消极因素的影响。古希腊人时时刻刻都离不开游戏，正如法国哲学家丹纳所说："不错，他们以人生为游戏，以人生一切严肃的事为游戏，以宗教与神明为游戏，以政治与国家为游戏，以哲学与真理为游戏。"希腊人的体育其实就是肢体的游戏，也是灵魂的游戏，休闲体育成为古希腊人生活的游戏。

（二）古罗马时期的休闲体育

为了军事扩张的需要，古罗马帝国在建立之初，其体育就具有浓厚的军事化特色。罗马的教育主要以道德教育和军事教育为主，将培养出既服从命令又能打仗的农民军人作为主要目标。古罗马帝国后期，由于古罗马帝国的强盛，再加之大部分的劳作由佃农和奴隶完成，使有闲阶层拥有大量可自由支配的时间。奴隶主开始追求奢靡而畸形的休闲活动，如观赏血腥的角斗竞技和享受大浴场成为奴隶主和公民的休闲爱好。古罗马人对休闲的功利性是非常重视的。

古罗马的休闲主要从消费型休闲上得到体现，在公共空间大量兴建公共休闲设施，古罗马的大浴池、室外剧场、运动竞技场、公园等公共休闲设施较多。就拿洗浴来说，休闲大浴池在当时风靡整个罗马城，罗马公民都喜欢洗浴。一位古罗马人曾说："浴池、醇酒和美人腐化了我们的躯体，但这些又何尝不是生命的一部分呢？"这句话表明了洗浴在罗马人生活中的重要性。古罗马人以洗浴进行休闲娱乐的习惯始于公元前 2 世纪，公元前 33 年，罗马实行公共浴场免费制度，更多的人加入其中。浴场成了人人趋之若鹜的休息、娱乐及聚会叙旧的场所，即使有钱有能力自建私人浴室的富人也经常到公共浴场去。当时罗马的浴场数量很多，规模宏伟，装修奢华。当时罗马人洗浴的程序也十分讲究，无论贫贱，入浴场后都先换上轻便的运动服，做热身运动，然后依次进到温水浴室、蒸房、高温浴室以及干燥室等，最后再换上干净的衣服才算完成了一次洗浴。不过洗浴之后很少有人会马上离开浴场，因为真正的娱乐还在后面。大多数浴场除了有游戏室、热气室和浴池外，还有棋牌室、绘画雕塑艺术长廊、图书馆、阅览室、供音乐家演奏和诗人朗诵的大厅以及供哲学家、思想家们高谈阔论的演讲室。甚至还有职业运动员的训练室。在洗浴之后人们可以自由地进入到这些地方去消磨时光。

随着古罗马帝国的兴盛，古罗马贵族喜欢的休闲娱乐方式是观赏角斗竞技比赛，实际上这是一种非常残酷、血腥的活动。贵族们热衷于这样一种极端的消遣方式的主要原因在于，角斗的刺激以及人们对英雄的折服。在角斗竞技比赛开始前，伴随着愉悦的演奏声，喧腾热闹的气氛早就形成了。当身穿紫色斗篷的角斗士们昂首步入角斗场时，在场的数万观众发出雷鸣般的欢呼声；当战车竞技结束后，"受喜爱的驭者的肖像被画在墙上、器皿上，妇女们也对他们着迷"。正因为如此，观看竞技表演成为最受罗马人欢迎的娱乐活动，而胜利的角斗士则成为人们心目中的明星。

在古罗马，公民们沉迷于血腥体育竞技表演所带来的巨大刺激与娱乐性。在罗马城中残存的一块石壁上，拼嵌着这样一句话："打猎、进浴场、看角斗、寻欢作乐——这就是人生。"这就非常直观和形象地将古罗马人休闲行乐充分体现了出来。

（三）中世纪时期欧洲的休闲体育

中世纪，基督教在很大程度上影响着休闲体育，最终阻碍了休闲体育的发展。在民间，人们只有在农闲和宗教节日休闲，如在圣诞节、受洗节跳舞，这样也就带给普通大众在劳动之余的短暂休闲。

在中世纪后期，随着工商业的发展以及教会限制令的松动，宗教和世俗生活内容逐渐走向融合。普通大众的休闲娱乐与宗教结合起来，民间休闲体育也有了发展，譬如宗教节日的庆典体育表演，在民间，赛跑、跳远、投石、投棒、摔跤、舞蹈和各种球戏活动的出现受到人们的广泛欢迎和喜爱。群众性足球在 9 世纪的英国和 13 世纪的法国相继出现，群众性足球运动的产生与多神教驱除妖魔的习俗有关。

从 1161 年起，伦敦城外市场上定期举行有农民参加的马术比赛。神职人员也开始参与休闲运动，他们喜爱玩地掷球休闲运动，此运动被赋予宗教意义，神职人员把球击目标比喻为魔鬼，如果击球者击倒"魔鬼"，那么意味着他的罪过可以被洗清。另外，一些著名的教士也参加休闲体育运动，如加尔文就非常喜欢散步、投铁圈和地掷球等。

11 世纪，休闲运动还受到骑士教育的影响。当时贵族要成为骑士就要接受骑士教育，包括宗教道德教育、知识文化教育和身体训练。骑士的培养一般分为侍童阶段（7～14 岁）和扈从阶段（15～21 岁），每一个阶段中体育训练都占了相当大的比重。在侍童阶段，这些孩子跟从女主人，教学主要针对战争的需要进行身体训练，主要训练赛跑、角力、拳斗、射箭、抛掷重物、使用木棒等体育项目。他们在扈从阶段则跟随男主人，主要学习"骑士七技"即骑马、游泳、行猎、投枪、击剑、下棋和吟诗。少年准骑士还要用大量的时间练习徒步、骑马冲刺、长距离跑等实用军事体育技术。到了 21 岁方可参与骑士资格考核，合格后授予骑士称号。虽然骑士体育训练目的不是休闲娱乐，但是很多体能训练内容本身就属于体育，骑士体育在贵族们对休闲体育的选择和传播方面产生了较大的影响。

（四）近代时期欧洲的休闲体育

近代休闲体育是在文艺复兴和宗教改革的思想基础上发展起来的，文艺复兴运动对人体和人性的自然美进行了肯定。意大利体育教育家维多里诺（1378—1446 年）建立了身体教育、道德教育和智力全面发展的"快乐之家"

学校。维多里诺倡导学习读书应该与运动结合起来，他亲自带领学生从事骑马、跑、跳、击剑、游泳、射箭、角力、跳舞和球类活动。夏天，他还带领学生跋山涉水、栉风沐雨，到野外做短期旅行。捷克教育家夸美纽斯（1592—1670年）首创学校体育课班级授课制，主张人人平等参与体育运动。他认为婴幼儿时期游戏与智力同步发展，强调肉体应该与精神合一，被称为"学校体育之父"。英国哲学家洛克（1632—1704年）提出培养绅士应该进行德智体全方位的教育，体育有利身心健康发展。洛克主张采用骑马、拳击、击剑、板球、划船、舞蹈等体育手段培养绅士的健康与勇敢的特质，强调绅士体育的资产阶级贵族特性，如在英国出现了绅士体育俱乐部，这些俱乐部以业余运动为主。

随着英国产业革命的兴起，产业工人的余暇时间与经济收入逐渐增多，再加上英国狭小的海岛环境和高强度的机器化大生产，英国人要度过个人的余暇娱乐时间必然选择休闲活动，19世纪，英国掀起了户外运动，大量的业余和职业体育俱乐部应运而生，如19世纪80年代的职业足球俱乐部等。英国工业革命结束后，出现了新兴的资产阶级和中产阶级，他们的生活方式发生了巨大的改变，他们的休闲活动方式也出现了变化。帆船、棒球、网球、高尔夫球、板球、游泳、橄榄球以及自行车和远足等运动是他们进行休闲体育活动较为理想的选择。

19世纪末，英国流行的户外运动是体育与娱乐的结合，以运动的业余性为主，这也使休闲体育运动走向了大众，近代休闲体育运动从此作为一种时髦的健身和社交活动开始在欧洲乃至全世界推行。

## 二、中国传统休闲体育的发展

中国传统休闲体育的产生与发展历程可以大致分为以下几个时期。

（一）先秦两汉时期的休闲体育

在远古时期，中国休闲体育处于萌芽状态，当时的休闲体育与社会生产方式之间有着非常密切的关系。夏、商、周、春秋时期，拥有空余时间又掌控社会经济命脉的奴隶主阶层开始出现，奴隶主阶层不再为生存而日夜操劳，他们在空闲之余寻求休闲娱乐。特别是春秋战国时期（公元前770—前221年），铁器在农业生产中被广泛应用，这就在一定程度上对生产力的发展起到积极的促进作用，使得战国时期的手工业、商业更加发展，新兴城市出现，人口增加，中国社会形态由奴隶制向封建制过渡，政治、经济、军事、文化等方面都出现了深刻的变革，形成了百家争鸣的繁荣气象。虽然当时中国并没有"休闲体育"的概念，但是却出现了以放松、娱乐为目的的一些休闲活动，也有丰富多彩的"养生""休养"的休闲保健活动。

先秦到汉代是中国古代体育活动逐步形成和定型的重要时期。以各种体育活动的主要功用和开展的场所不同为主要依据，可以把这些体育活动大体分为四大类，即养生保健方法、军事性的技能和体能练习方法、娱乐性体育活动、宫廷体育活动。在这 4 类体育活动中，除了军事性技能和体能练习方法外，其余 3 类均主要以休闲、娱乐、保健、养生等为目的，属于休闲体育的范畴①。

（二）魏晋南北朝时期的休闲体育

经历了从汉末到隋初这一社会秩序大解体时期，在动荡不安的社会环境下，长期以来的战乱纷争使人们的生活水深火热、朝不保夕，各个阶层的"忧生之嗟"的念头都普遍产生，既然死亡和灾难如此频繁，无法预期明天的生活，不如活在当下，及时行乐。士人们在老庄"无为"思想影响之下兴起玄学隐逸之风。归隐之后由于摆脱了朝堂的束缚，文人得以寄情山水、饮酒品茗、吟诗作赋而放松身心。这些饱学高才之士的种种休闲行为对魏晋南北朝时期中国传统休闲体育的发展起到积极的促进作用，这些传统的休闲体育活动在群众之间得到了广泛的开展。休闲活动的参与者由贵族上层下移到了平民阶层，使得这一时期的休闲体育活动得以普及，休闲体育方式呈现多样化，其内容丰富多彩。魏晋南北朝时期所盛行的休闲体育活动主要是围棋。

在春秋战国时期，围棋就已广为流传了。秦汉时期，由于受到焚书坑儒的影响，围棋发展一度处于停滞状态。魏晋时期，中国的围棋迎来了历史上第一个大发展时期。魏晋和南北朝时期围棋的兴盛，与当时的社会推尚玄学之风有关，围棋不仅在文人士人中流行，还引起了帝王们的兴趣，故而对社会各阶层都产生了重要的影响，这对围棋的兴盛起到了推动作用。

考古发现东汉时期就有了围棋盘，其形态呈方形，上面有 17 道，下面有 4 个足。北周之《棋经》记载"三百六十一道，仿周天之度数"，表明晋代时候的围棋已经出现了与现在围棋一致的 19 道的棋盘。当时围棋盘由 17 线变革为 19 线，这是围棋形式完善的标志，同时还出现了一系列的围棋棋谱。

南朝时期的梁武帝为推进围棋的发展而设立了"棋品制"。这种"棋品制"就是把棋士围棋水平的高低设定为"九品"，授予棋艺相当的棋士为品格，围棋有了标志水平的等级制。在魏晋南北朝时期围棋"九品"制的推广促进了围棋的兴盛与发展，这一时期围棋已经成为人们生活中非常重要的一种休闲方式。围棋"九品"制后来传到日本，现在围棋的"九段"制就是由此而逐渐发展来的。

（三）唐宋时期的休闲体育

中国封建社会发展的高峰时期就是唐朝时期，这一时期国泰民安、商业繁

---

① 马朋俊．关于中国传统体育休闲属性的研究［J］．搏击（体育论坛），2013，5（6）：91-94.

荣、交通发达，经济的繁荣也对休闲体育和民俗体育的空前兴盛产生了积极的推动作用。同时，隋唐武举与文举制度的推行使西晋以来统治阶层的奢侈糜烂之风发生了一定的扭转，也使得统治阶层参与休闲体育活动成为可能。在民间社会，由于商业与农林业的高度发达，社会各阶层拥有了更多的自由时间和经济保障。民间休闲体育活动的开展力度得以提升，从而推动了民间各种体育休闲活动的兴盛。唐宋时期，社会各阶层对休闲体育活动的参与热情度高，其休闲体育项目的数量和参与阶层的范围都是其他朝代难以超越的。

宋朝农业生产发展迅猛，农业产量大幅度提高。在此背景下，手工业和商业得到快速发展，从而促进了城市规模的扩大。伴随而来的是城市人口的增加，所以宋代出现了许多繁华的大都市，城市相应出现了各种休闲体育活动、体育组织和体育表演，这些体育组织和体育表演的出现促进了休闲体育项目的创新和形式的多样性。这些形式多样的休闲体育活动使宋代百姓的休闲娱乐生活得到了进一步的丰富和充实，其中，在唐宋时期较为盛行的休闲体育活动主要有如下几种。

1. 蹴鞠

唐朝时期，蹴鞠的娱乐功能得到了进一步的突出，其材质有了进一步的变化改进，充气的球被发明出来。唐朝对蹴鞠的改进主要表现在将原来的实心球改进成了空心球，坚韧且有弹性，踢法更加多样化，也更具娱乐性和竞技性；唐代蹴鞠改汉代的"鞠室"为"球门"，开展这项运动主要为朝廷群臣集体宴乐助兴和外交礼仪表演，由此可以看出，唐朝时期的蹴鞠运动具有较强的休闲娱乐功能。

这一时期，蹴鞠运动的场地有了球门，其球门放置在场地中间，在竹竿上扎上网以后留一个门洞。场地的设计避免了双方队员身体直接对抗，在此种形式下踢球就更注重技巧与娱乐性。比赛输赢的裁定以双方队员在规定的时间踢进球门洞里的球多少来决定胜负，进球多者为胜。

唐代，参与蹴鞠活动的不仅仅是男子，女子也可以参与其中，女子蹴鞠以运动量较小的"自打"为主要方式。这种蹴鞠方式，踢时不受场地限制，表演者在音乐的伴奏下踢出不同的花样。

到了宋代，鞠的制造工艺又有了进一步的提高。《蹴鞠谱》记载，宋时出现了41种鞠。在汴京城，已经有了相当多的"蹴球茶坊"和"角球店"。宋代的皇帝和官员普遍喜爱蹴鞠，宋代礼仪规定，朝廷举行大的喜庆宴会时都要有蹴鞠表演，宫廷中还专门建有蹴鞠队。除了宫廷蹴鞠外，民间蹴鞠也进一步普及。北宋时期，开封的百戏活动中就有表演蹴鞠的艺人；南宋时期，民间还出现了齐云社或圆社等民间足球组织，齐云社社团经常组织蹴鞠表演。

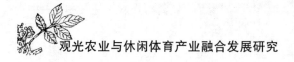

2. 马球

"马球"也被称为"击球""打球""击鞠",是从波斯传入的,可以说,这是马术与球术相结合的一项运动,与蹴鞠相比,马球更加惊险激烈,极受欢迎。马球在唐代发展成为第一球类运动,唐代历任皇帝和贵族阶层与马球都结下了不解之缘,历代皇帝大多喜好马球运动。譬如,唐高宗李治酷爱观赏马球表演,经常将吐蕃马球队请入皇宫之中,欣赏精彩而又激烈的马球娱乐表演。唐中宗李显也不例外,曾亲自到梨园亭马球场观看汉藏马球队之间的激烈比赛。唐敬宗酷爱打马球,他不但自己喜欢打马球,还要求禁军将士、三宫内人都要陪同参加。唐宝历二年(826年)六月,唐敬宗在宫中曾举行过一次体育盛会,设立了马球、摔跤、搏击、散打、杂戏等多种项目,参加者人数众多,豪情踊跃。唐僖宗李儇对个人的马球技艺颇为得意,据《资治通鉴》记载,他曾自诩"若应击球进士学,须为状元"。唐玄宗也喜欢打马球,并且认为马球是"用兵之技""义不可舍",极力在军中提倡开展此项体育运动。唐代马球运动在社会上是非常普及和流行的。

到了宋代,刚开始军中规定定期举行马球运动,皇室权贵们的参加使得礼仪变得烦琐复杂,竞争性大不如前。随着这项运动在普通市民中推广开来,马球才逐渐开始普及,最终进入普通民众的业余生活。

3. 相扑

唐宋时期摔跤运动被称为"相扑",而在秦汉时期被称为"角抵"。相扑运动往往被唐代大多数君王所喜爱,究其原因,主要是由于其具有较强的娱乐性。相扑运动在唐代作为一项休闲活动不仅盛行于宫廷、富室及文官武将中,而且在民间也十分流行观看相扑比赛。在宫中,相扑经常作为散乐百戏的压轴戏。如唐玄宗曾于元和十三年(818年)二月乙亥,御麟德殿大宴群臣及公主、郡主等,"观击鞠、角抵之戏,大和乐"。到了宋代此运动更为普及,北宋民间,有一种以相扑表演为主的组织叫"相扑社"。在宋代都市中,出现了"瓦舍"和"勾栏"之类的娱乐表演场所,大型的瓦舍可容数千人,"瓦市相扑者,乃路岐人聚集一等伴侣,以图手之资。先以女飐数对打套子,令人观睹,然后以膂力者争交"。可见,当时瓦舍是一个综合性的休闲体育娱乐场所,是市民休闲娱乐生活的中心。宋代宫廷相扑表演更为规范,吴自牧的《梦粱录》载,宋代宫廷御用之相扑手,乃御前卫队左右军士,名为"内等子"。宫廷相扑手被分为上、中、下3等,这些队员平时除了作为宫廷护卫外,还要在各种专门场所进行表演。

4. 踏青及其他休闲体育活动

踏青习俗早在先秦时期就已形成,唐宋时期踏青活动最为盛行。唐代踏青时间一般是从农历正月十五到清明节,历时两月之久,从帝王至普通百姓都热衷于踏青活动。《旧唐书》中就有相关的记载，具体为，唐代宗于农历二月初二前往郊外踏青："大历二年二月壬午，幸昆明池踏青。"唐朝诗人白居易在《春游》一诗中说："逢春不游乐，但恐是痴人。"一元复始，万象更新，这时到野外郊游踏青，是极富情趣和养生意义的雅事。杜甫也说："江边踏青罢，回首见旌旗。"由此可以看出，唐时踏青出现万人空巷之景况。由于中国受儒家等级礼教思想的影响，中国女性出行备受限制，女性平时都居深闺大院难以外出。唐代春天踏青之时就是中国女性外出户外活动的最好时机，《开元天宝遗事》记载："长安仕女，游春野步，遇名花则设席籍草，以红裙递相插挂，以为宴幄。"到了宋代，踏青已经全面融入清明节日习俗中，当时清明节追思先人的活动已经逐渐演化为赏景休闲娱乐的节日了。唐代称春季郊游为"踏履"，宋代人多称"踏青"，并设有"踏青节"。在宋代，郊游也曾出现过一波小高潮，但出游的节日选择在悄然改变，春天人们更喜欢选择清明节外出。踏青出游已大大超过了清明节本来的意义，千骑万众，轻车飞盖，汇成一条滚滚的洪流，流向亭榭池塘，流向花木盛开的郊外。张择端的传世名画《清明上河图》所描绘的便是北宋汴京人在清明节这一天郊游踏青的情景。到南宋时，清明节踏青已成为时人风俗，周密的《武林旧事》记载，南宋人"寒食祭先扫松，清明踏青郊行"。

另外，唐代还有一个颇受欢迎的休闲运动项目，就是拔河，一般的，在每年农历正月十五都要举行大规模的拔河比赛。拔河流行于宫廷和民间，早期的拔河是用篾缆，唐代则用大麻絚，长四五十丈，麻絚"两头分系小索数百条，挂于胸前，分两朋，两向齐挽"。比赛时，双方都击鼓指挥。隆隆鼓声，使拔河赛场的战斗气氛非常浓郁。

除此之外，秋千是另一项受唐人喜爱的活动，《开元天宝遗事》记载："天宝宫中，至寒食节，竞竖秋千，令宫嫔辈嬉笑以为宴乐。帝呼为半仙之戏，都中市民因而呼之。"荡秋千是中国古代妇女能够参与的极少数休闲户外体育运动之一，这项运动多为妇女儿童玩耍。在北宋时，无论在皇宫还是在民间都有荡秋千这一游戏，都城开封街市店铺还专门出售一种儿童秋千。儿童秋千有两种，一种是由父母举在手上；一种是立木架于地，并用彩画涂饰，秋千架十分精巧。

(四) 明清时期的休闲体育

明、清是中国历史上最后的两个封建朝代，也是封建经济高度发展、封建强权统治由兴旺走向衰落的时期。明初所采取的一系列有利于发展农业、手工业和商业的措施，对城镇的繁荣起到积极的促进作用。清代初期，封建经济又有恢复和发展。从明初到清中叶，个人支配的时间增多，为达到放松和娱乐目的，户外活动开始兴起。这一时期，休闲体育活动较为活跃，其中，较为典型的有摔跤、冰嬉等。清代中期之后，随着封建政治经济的衰败，传统休闲体育活动也逐渐没落。

### 1. 摔跤

明朝时期，摔跤在南方称为相扑，深受市民喜爱。这时期，相扑主要在南方流行，一般在农业节气进行表演。明人张岱在《陶庵梦忆》中记载，扬州清明节时，杂戏纷呈，其中有"浪子相扑"。摔跤在北方被称为摔角，摔角场内铺有数寸厚的河沙，选手露胸束腰，相拽勾绊，劲提于足。

清代，汉人传统的相扑运动与满族的摔跤结合后，再加之满族习俗尚骑射，善溜冰，喜摔跤，摔跤在清代十分盛行。京城内外摔跤成风，摔跤场比比皆是。清廷内部还设有善扑营。并从八旗中挑选勇猛的跤手入营，演练摔跤、射箭等技术。清代摔跤通常可以分为官跤和私跤两种类型。具体来说，官跤的形式主要有 3 种：一种是军中摔跤。军中摔跤既是一种娱乐方式，又是一种军事训练的手段。第二种是举行满族与蒙古族摔跤比赛。蒙古王公贝勒朝见清帝时，常举行满、蒙摔跤力士的竞技，并有赏赐。还有一种是宫廷内举行的摔跤比赛。宫中设有善扑营，人员是从八旗精干勇士中选出，其任务为"凡大燕享皆呈其伎"。民间的摔跤活动属于私跤，私跤又有用以健身娱乐和借以谋生者两类。后者除两人对抗形式外，还有一种"跤人子"，即一人负两偶人作互抱之势，模拟两人摔跤的表演，即宋代之"乔相扑"一类，这个项目至今仍保留于杂技表演中。

### 2. 冰嬉

冰嬉，本是北方各地传统的冬季民俗活动，最初是一种交通方式，经过不断的演变，发展成为娱乐和锻炼的方式。刘若愚《明宫史》对此就有相关的记载，具体为：德阳门外的河流"冬至水冻，可拉拖床，以木作平板，上加交林或藁荐，一人在前引绳，可拉二三人，行冰上如飞"。《燕京岁时记》也有相关的记载："闻明时积水潭尝有好事者联十余床。"可见明代的冰嬉尤其以冰床活动较为盛行。拉冰床也是冰上游戏活动，明代冰床就以一木板制作而成，清代冰床则以木板下钉上钢条，使其滑行更为快速。人们坐在冰床上，既可以感受快速滑行的乐趣，也可以进行冰上比赛。

满族聚居关外时，已有冰嬉习惯，军队尤其擅长溜冰运动。史料记载，天命年间，清太祖努尔哈赤的将官费古烈，"所部兵皆着乌喇滑子，善冰行……一日夜行七百里"。清人入关以后，把冰嬉定为"国俗"。据相关记载，每年冬月在太液池（今北海）都要表演冰嬉，习劳行赏，以阅武事而修国俗。

清代民间的冰嬉活动是非常普及的，滑檫比赛也就是所谓的滑速竞赛是民间一个主要休闲活动。"冰上滑檫者，所着之履皆有铁齿，流行冰上，如星驰电掣，争先夺标取胜，名曰溜冰。"

清代已有冰上蹴鞠比赛，"每队数十人，各有统领、分伍而立，以皮作球，掷于空中，俟其将堕，群起而争之，以得者为胜；或此队之人将得，则彼队之人蹴之令远，喧笑驰逐，以便捷勇敢为能"。

高台滑冰也是这一时期的典型休闲运动项目，具体来说，滑行者从高三四丈的"冰山"上下滑，名为"打滑挞"，"冬月打滑挞，先汲水浇地使冰，遂成冰山，高三四丈，莹滑无比。乃使勇健兵士着带毛猪皮履，其滑更甚，自其巅挺立而下，以到地不仆者为胜"。

还有一种是"冰上杂戏"，具体来说，就是将杂戏移在冰上进行，较为典型的项目有舞狮、龙灯、彩船、飞叉、弹弓等，表演者均着冰鞋，滑行中做各种杂戏表演，受到群众的广泛欢迎。

# 第三节　休闲体育的特征与价值

## 一、休闲体育的特征

### （一）时代性

休闲体育是在一定的历史阶段、一定的文化背景下产生并逐渐发展起来的。在不同的历史时期，其物质文明和精神文明也各有不同，因而所产生的休闲活动方式也各不相同，体育休闲活动也是应不同时代的要求和进步而演变和发展起来的[①]。

通过对历史发展进程进行观察和总结，能够得出无论在任何社会时期，体育活动常常能够现身在社会当中，发展成一种被百姓接受和喜爱的休闲活动方式。即使是在神权统治之下的中世纪（5—15世纪）欧洲，也很难抑制民众追求身体游戏的需要，少年儿童始终是游戏的先锋，他们将武士的打斗也变成自己进行身体娱乐的活动形式。当然，休闲体育运动毕竟是社会文明的一种表现，在很多情况下，它与社会科学技术的发展水平都有密切的关系。我们能够看到，如今所流行的体育休闲活动于20世纪90年代初发生了很大的变化，如今的体育休闲活动常常是与科学技术以及材料革命的结合，而之前的活动更加倾向于进行身体的自然活动。

### （二）自然性

人的生命活动无外乎内部活动和外部活动两种形式，内部活动就是生理、生化活动，即物质与能量不断消散的一个过程。不管我们是否愿意，这种过程

---

① 葛庆英. 我国休闲体育产业的特征与布局研究［J］. 体育科技文献通报，2017，25（7）：123，127.

总是在人这一有机体内部不断发生并进行着。要想维持生命结构的存在，一方面需要促使消散过程不断地积极进行，另一方面则需要通过与外界进行物质交换来实现对已经消散能量的补偿。然而，这两个方面的活动都一定要借助于有机体的外部活动，它们构成了摄入与排泄以及身体运动这些基本需求的本源。人们总是会选择大量涉及身体运动的游戏或者娱乐方式的。作为生命，人也必然会遵循生命运动的基本轨迹，保留生命体本能的需求以及活动的方式。只是人的这些本能需求在个体的社会化进程中被特定的方式所限制，从而以社会人的特有方式来满足这些需求。

（三）自发性

休闲是从文化环境和物质环境的外在压力中解脱出来的一种相对自由的生活，它使个体能够以自己所喜爱的、本能地感到有价值的方式，在内心之爱的驱动下行动，并为信仰提供一个基础。休闲体育活动同样是人们在休闲时间内所进行的一种自发性的主体活动，它完全是出于一种个体或某一群体真正的主体需求，在个人能够自由支配的时间里进行体育活动，不包含任何的强制、被动或者非自愿成分。在体育活动中，由于是因为主体自觉自愿的需要而参与，因此它不仅直接满足个人身心发展的需求，而且这种良好的情绪体验会更好地激励其持久参与的积极性，并比较好地形成不间断的良性循环。

自发性属于人类自觉意识的一种体现。在当前社会高度发展的情况下，休闲不再只是劳动后的一种休息和放松。在人类闲暇时间不断增多的情况下，休闲已经发展成为每个个体的一项基本生活权利，成为组成个体生活的一项有机部分。当前人们具有充分的自由意识，在休闲体育运动中能够充分反映出广大群众对闲暇时间的支配权。

（四）参与性

休闲体育运动的实践性很强，它需要人们的亲身参与，同时在进行体育活动的过程中体验并获得某种感受，或者通过自身活动的结果来表达出自己的观点或者理念。没有自己亲身的参与，就不能从中获得所期望的那种感受，也不能实现自己的完整表达。有些人将观看体育比赛和体育表演也纳入休闲体育运动的范畴，并将休闲体育运动分为参与型与观赏型两种。虽然在观看体育比赛或表演时，经常会有演员与观众之间的互动，但我们却始终不能认定这是观众在演出。休闲体育运动应该是活动者参与其中、亲身实践的过程。事实上，休闲体育运动所能够实现的各种功能与作用，都是在活动者参与过程中体现出来的。

体验是休闲体育运动参与性的一种重要体现。体验是人类进行感知的一个过程，在这个过程中，人们不断对感知进行处理，需要进行一定的情感投入。体验并不是简单的感觉，而是一种感觉的深化与发展，它需要对某种行为作出有意识的解释，它是与当时的时间与空间紧密联系的精神过程。

　　休闲体育运动正是一种直接的身体体验活动，在人们进行身体体验的过程当中，会产生一定的情感、情绪以及心理体验。现代社会中由于工作压力以及城市生活的紧张，使人们更倾向于选择和寻找一些轻松的、快乐的东西来进行自己放松，这种放松是心理上的放松，人们通过参与休闲体育运动来体验自我身心的解脱。现代休闲体育运动减少了竞争的因素，人们在参与过程中更多的是考虑参与的过程而不是结果，这个过程就是人们进行体验的过程。人们进行的休闲体育运动的指向是对于过程的体验，表现出明显的参与性特点。

　　（五）选择性

　　体育休闲的选择性特点是指体育休闲运动可以自由选择，自主选择性强。目前，随着社会的发展，从事休闲服务的人逐渐增多，许多休闲活动进入了社会经营性场所，这就意味着老百姓要对休闲进行付费，但是，由于经济条件的限制，许多人不能经常坚持参加需要付费的休闲活动。此时，他们就可以自主进行选择，他们可以选择在公园、广场或者家中等场所进行散步、跑步等休闲活动。休闲体育活动的选择性特征使之赢得了越来越多百姓的喜爱。

　　（六）灵活性

　　人们可以随时随地进行体育休闲运动，体现了体育休闲运动参与的灵活性特点。现代社会竞争不断激烈，人们的生活节奏不断加快，如果付出过多的时间来进行体育休闲活动势必会成为人们的一种负担。但是，有些体育休闲活动不需要格外抽出时间来进行，人们可以在茶余饭后的零散时间里进行，可以在工作间歇的时间里进行，还可以在早晚坐公交车的时间里进行，这些活动具有参与灵活的特点，进行这些活动的时间也可长可短，完全可以根据人们的兴致、体力、时间等具体情况而定。

　　（七）愉悦性

　　体育休闲运动的愉悦性是从体育休闲的功能方面来讲的。在各种形式的体育休闲活动中，人们不必为从事锻炼的花销而发愁，不必为动作的笨拙而苦恼，更不必为锻炼不达标而沮丧。人们在体育休闲活动中可以忘记烦恼，全身心地投入到运动中来，在运动中享受既健身又健心的愉悦。

　　（八）低要求性

　　体育休闲活动对技术和体能的要求很低，一个人即使没有运动基础，只要有运动愿望就可以立即参与到体育休闲活动中来，人们在运动中应尽可能选择趣味性强的运动，在这些运动中只要按自己的意愿运动就足够了。需注意的是，一般不提倡人们在进行体育休闲活动时选择一些竭尽自己体能的运动，因为过高运动负荷和体能消耗较大的运动往往会对身体造成伤害，在运动时应选择自己生理能接受的、对身体各系统的功能可以起到调节作用的、使锻炼者心情舒畅的活动进行锻炼。

（九）多样性

体育休闲的多样性特征指体育休闲运动的方式多样。体育休闲活动是人们在闲暇的时间中从事的活动，它有各种各样的形式，人们可以根据自己的兴趣爱好等进行自由选择。它可以以集体的形式进行，也可以以个人的形式进行，可以安静地进行，同样也可以在音乐的欢快节奏中进行。人们可以选择慢跑、散步、扭秧歌、跳交谊舞等多种锻炼形式，他们可以在这些形式中得到精神上的极大满足。

（十）层次性

活动人群的年龄层次、活动内容的难易层次以及活动方式的经济消费水平层次是休闲体育运动层次性的主要内容。这几个方面层次的划分不仅具有深远的社会意义，同时也是对休闲体育研究不同视角与内容的反映。

通常情况下，不同年龄阶段的人有着各自不同的需求与爱好，这种需求与爱好对于人们体育休闲方式的选择会有直接的影响。少年儿童一般会对一些新奇的个人活动，如滑板、轮滑、小轮自行车等感兴趣；青年群体则对具有一定挑战性和对抗性的活动更加感兴趣，如足球、篮球、网球等；中年人更加注重体育活动的品位和档次；老年人则喜欢交流互动性较强的活动。一般年龄因素是体育休闲活动进行分层的主要的、甚至是决定性的因素。

内容的难度是完成活动所要求的技术标准高低的问题，这是一些人选择体育休闲活动方式的一种依据。这种选择主要是由活动者对自己运动能力的评价所决定的，运动能力比较强的个人，一般情况下会选择一些技术动作难度较高的运动项目；而个人运动能力自我评价较低者，更偏重选择那些无需多大努力就能够做到的活动项目。

活动方式的经济消费水平是一种社会性特征显著的分层，与个人的社会身份以及阶层表征具有紧密联系。一些体育休闲活动方式明显属于高消费，这些活动的参与者必须拥有相当雄厚的财力，带有明显的炫耀性消费特征；而另一些体育休闲活动方式则可能对个人的经济情况有一定程度的要求，不仅可以显示出个人的身份地位，同时还能够表现出个人的运动能力；一些人更愿意选择那些不需要太大开销，就可以开心愉快活动的运动项目，他们也没有多余的金钱可以投入到休闲体育活动当中，所以他们也不在乎自己参与的活动属于哪个层次。

许多形式的消费在最初属于奢侈的范围，然而伴随着社会的不断革新与发展，这些奢侈的消费形式朝着大众化的方向不断发展，成为广大群众必要消费的一个组成部分。休闲体育运动的发展趋势与此相似，许多项目在起始阶段也是只有部分人可以参与。在这种情况下，个人的身份完全能够通过这些项目或者活动得以体现彰显，这些项目属于具有炫耀性消费特征的休闲活动。例如，保龄球运动在刚刚传入我国时，几乎仅属于白领阶层的运动，个人的经济实力决定了人们能否参与该项运动，所以在这一阶段保龄球运动成为划分社会阶层的活动之一。随后，伴随着我国保龄球馆数量的不断增多和价格的大幅度降低，使得保龄球运动逐渐朝着大众化方向发展，其之前具备的划分社会阶层的功能也随之消失，并且逐渐发展成为一项一般性的体育休闲活动。

（十一）时尚性

在经济、文化高速发展的今天，参与休闲体育活动已经发展为一种社会时尚。第一，人们进行体育休闲活动能够表明自己与某个社会阶层的平等性等级；第二，人们参与体育休闲活动能够体现出自己与另外某个阶层之间所存在的差异。人们参与体育休闲运动时的动机、目的、心态、情感等一般情况下会处在舍勒贝格所表述的时尚双重性之中。例如，人们在进行体育活动时，总是要遵守这种活动的规则与方式，但在进行休闲体育运动时，人们却总是不情愿遵守这些活动规则以及相关规范，因为这些东西多少会造成一种文化性的压力，而休闲体育运动恰恰是试图摆脱各种外在压力的一种行为方式。

根据舍勒贝格的理论，参与休闲体育运动的人们和休闲体育本身完全具有现代时尚的几个重要的双重性特征。例如，休闲体育一方面并不在乎物质的和实际的东西，但同时又始终不能够脱离那些具体的东西；人们对于休闲体育的态度也包括了积极参与以及完全无所谓两种对立的情绪；人们总是试图逃避责任却在休闲体育中必须承担相应的责任等。

时尚性是一种社会事物与社会发展的趋势以及社会需求协调统一的表现，人们对体育的需求由于社会物质文明的不断发展而逐渐强烈起来。一方面，作为时代的青年人不只是时尚的代表，同时也是时代风气的传播者；另一方面，由于青年人充满了青春活力，是"娱乐的先锋"，体育不仅是一种表现其青春活力的载体，同时还能够让他们产生愉悦的情感，形成一种良好的交流与互动，同时还可以宣泄情绪以及发散多余的精力。在现代社会的不同时期，休闲体育一般都会成为青年人的一种时尚。

## 二、休闲体育的价值

休闲体育业作为一种典型的第三产业，其价值体现在很多方面。可以从经济价值、文化价值、和谐价值、生理价值以及心理价值 5 个方面对其进行解析。

（一）经济价值

1. 优化国民经济产业结构

随着社会的发展，休闲体育活动逐渐增多，休闲体育也逐渐出现。休闲体育业是典型的第三产业，当生产力发展到一定阶段时第三产业就必然迅速发展，一个国家的经济越发达，其第三产业在国民经济中所占的比重就越大。第三产业也是社会发展的标志，它能够带动其他相关第三产业的发展，对优化国民经济的产业结构起着重要作用。

2. 积累国家建设资金

休闲体育业作为第三产业，同其他第三产业一样也起着加速货币的回笼速度、增加货币回笼数量的作用，从而能够达到稳定市场、防止通货膨胀和积累国家建设资金的目的。在市场经济中的一切经济活动都必须通过货币来完成，如果货币的投放量过多或者过少，就会引起通货膨胀和通货紧缩。如果出现通货膨胀就必须采取措施扩大消费，回笼货币。休闲体育业就是回笼货币的有效方式。

休闲体育业回笼货币的方式主要包括两个方面：一方面，人们直接参加休闲体育活动来进行消费，同时，提供相关的指导、咨询和服务等来获取货币；另一方面，出售或者出租休闲体育活动需要的相关设备，采用这种方法不仅回收了货币，还从营利中以交纳税收金的方式为国家建设积累了一定的资金。

3. 增加就业机会

从本质角度进行分析，就业就是在一定的社会经济条件下，劳动者以特定的方式参与社会劳动，并从中得到物质上和精神上满足的一种机会。就业问题是社会所面临的重要问题，它不仅关系到个人的生存发展和享受问题，还关系到社会的稳定，乃至国家的发展问题。休闲体育业作为新兴的第三产业，是一种具有服务性和生产性的综合性产业部门，它的发展必然会为社会提供更多的就业岗位，对社会的安定和国家的发展具有重要的作用。

（二）文化价值

通常情况下，文化具有广义和狭义之分。广义的文化是指人们在社会中所从事的各类活动，以及在这些活动中所创造的全部成果，它既包括物质生产和物质产品，又包括精神生产和精神产品，还包括各种社会事物、社会现象和社会过程。狭义的文化是指相对于物质文化的一种精神文化，是指与精神生产直接有关的精神生活、现象以及过程，价值观、社会意识或思想以及道德是狭义文化的主要内容。文化是人类特有社会活动的积淀。

作为特殊的社会文化现象之一，在市场经济条件下，休闲体育的文化价值越来越受到人们的关注。休闲体育的文化价值主要是指休闲体育活动本身的技术规格、形式以及休闲体育设备的样式、装饰、商标等方面所反映的人们精神文化观念和心理等信息的属性的大小。它的重要特征就是借助休闲体育所承载的文化价值，推进社会文明的进步，提高人们的整体生活水平。

（三）和谐价值

和谐价值是指休闲体育具有满足社会主体构建和谐社会需要的作用，主要包括实现社会政治和谐发展的价值、实现社会经济和谐发展的价值以及实现社会精神和谐发展的价值。

（四）生理价值

1. 预防或减少疾病

伴随社会生产力水平的提高，因运动量较少引起的各项疾病对人们的健康形成了较大的威胁，休闲体育运动是预防或减少这些疾病的有效方式。研究表明，长期坚持进行休闲体育活动能够增加血液中高密度脂蛋白胆固醇的含量，而这些高密度脂蛋白胆固醇可以将沉积在动脉壁上的胆固醇运送到肝脏进行代谢，从而减缓主动脉粥样硬化斑块的形成与发展速度，最终起到防止疾病发生的作用。

2. 提高人体免疫力

经常进行适宜的体育休闲活动能够提高免疫系统的功能。根据对一些经常从事气功、太极拳等体育休闲活动的老年人进行观察研究后发现，这些老年人的免疫系统功能得到了明显的改善和加强。

3. 增强脑力

经常进行适宜的体育休闲活动，能够对机体的一些器官和系统起到良好的刺激与按摩的作用，这样就有利于改善神经系统的功能，促进血液的循环，从而促进脑细胞的代谢，使大脑的功能得到充分发挥，增强脑力。

4. 延缓衰老

实践证明，经常进行适宜的休闲体育活动是人们保持健康和延缓衰老的有效手段之一。例如，经常坚持长跑运动能够改善心肺的功能，增强肌肉组织的力量，还可以增加关节的韧性和调节人们的精神，这些都有利于人们保持长久的活力，延缓衰老的过程。

（五）心理价值

1. 培养良好的社会态度

经常参加适宜的休闲体育活动的人，不仅可以提高认识能力，还可以提高情绪智力。人们在参与休闲体育活动的过程中，可以获得丰富的情感体验，在这些体验中提高自己对情绪、情感的认识和控制能力。与此同时，人们还可以从这些体验中认识到他人情绪与情感的表现方法，这样有助于个体认识能力和情绪智力的提高，能够对个体形成良好的社会态度产生积极影响。

2. 形成良好的团队意识

在休闲体育活动，人们由于共同的兴趣、爱好等而组合在一起，形成了一些正式的或者是非正式的群体。在这些群体中，人们需要遵循共同的行为准

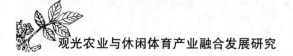

则，人们的行为在一定程度上受到了这些准则的约束和规范，这就有利于人们形成团队意识。在休闲体育活动中形成的这些团队意识能够满足人们的个体归宿需要，有利于形成良好的社会心理氛围，最终符合社会主义精神文明建设的需要。

3. 提高人际交往能力

由于许多休闲体育活动均要求人们共同参与，因此在参与过程中能够增加人们相互接触的次数，拓宽参与者人际交往的宽度和广度。与人们在工作中的交往不同，在休闲体育活动中不存在职业、地位、年龄和文化背景等方面的差异，人与人之间的沟通障碍得到了很大程度的消除，人与人之间的感情沟通变得更加顺畅和有效。在人与人进行沟通的过程中，能够得到他人的帮助与支持，进而对个体思想、情绪和行为产生积极影响，推动参与者产生协作思想与利他行为，最终对人们良好人际交往能力的构建产生有利影响。

# 第五章

## 休闲产业对体育资源的运用
## ——休闲体育产业

### 第一节　休闲体育产业的体系构成

现代体育运动的市场化、商业化发展，进一步推动了体育运动产业化发展。休闲体育作为现代体育运动发展的一种形式，休闲体育产业也逐步得以形成并步入正规化发展轨道。通过对休闲体育产业的内涵及理论体系进行研究，可以了解休闲体育产业的概念、内涵与特征，了解休闲体育产业体系构成及经营模式，掌握休闲体育产业市场营销基本理论，更好地促进休闲体育产业的发展。

### 一、休闲体育产业的概念、内涵与特征

#### （一）休闲产业体系构建

从上述对休闲产业内涵的分析，可以看出休闲产业是一个业域宽泛的复合产业，是一个完整的系统，是由不同的产业层次构成的。通过归纳整合，可以将休闲产业体系划分为：休闲基础产业、休闲延伸产业和休闲支撑产业3个层次。这3个层次产业组合起来，形成了较为完整的休闲产业体系。

1. 休闲基础产业

休闲基础产业包括休闲旅游产业、休闲文化产业、休闲体育产业和休闲房地产业，这部分构成了休闲产业的主体，是休闲经济的主要组成部分。

（1）休闲旅游产业。旅游产业是休闲产业的重要组成部分，是以旅游的方式和活动，提供相关旅游产品和服务来满足人们在休闲生活、休闲行为、休闲消费、休闲需求中的物质和精神文化需求的产业业态。旅游是休闲活动的重要实现途径和表现形式，休闲则是旅游活动的根本目标和最终归宿。

（2）休闲文化产业。休闲文化产业是满足人们休闲消费中的精神文化需求的行业和部门，包括一切以精神文化为内容来满足人们休闲需求的服务产品，如游戏产业、娱乐产业、品尝产业、观赏产业、阅读产业、养趣产业等。

（3）休闲体育产业。休闲体育产业是休闲产业和体育产业的交叉部分，它

是以休闲为主要目的，以体育活动为手段来满足人们在休闲体育活动中的健身、娱乐、交际等物质和精神文化需求的产业，包括竞赛表演业、健身娱乐业、休闲体育用品业等。休闲体育活动是现代人生活的必需，具有从小开始、贯穿始终，户外为主、室内为辅，身动为主、神动为辅，团队为主、个人为辅，参与为主、收获为辅，娱乐为主、教育为辅，社会为主、经济为辅的特点。

（4）休闲房地产业。休闲房地产业是在一般住宅要素基础上，依托项目周边良好的自然生态环境，把房地产和房地产以外的其他产业资源（包括生态资源、旅游资源、健身娱乐资源、益智资源等）相融合，使居住者有良好的条件充分放松自我，享受休闲生活，如高尔夫地产、景观地产、第二居所等。

**2. 休闲延伸产业**

休闲延伸产业包括休闲农业、休闲商业。这部分产业的发展扩大了休闲消费的外延。

（1）休闲农业。休闲农业是以农业为基础、以休闲为目的的一种休闲形式。随着体系化的发展，休闲农业产生了。在一定意义上讲，休闲农业是一种工业化的发展方式，它和传统的农村、农业的概念是不同的，包括"农家乐"、水果蔬菜的采摘、农业大棚的观赏等。

（2）休闲商业。休闲商业是指通过商业所提供的产品和服务以及商业活动本身满足人们在休闲生活、休闲行为、休闲消费、休闲需求中的物质和精神文化需要的产业领域。主要包括商业区（品赏美食、休息、聊天的区域）、步行街、特色消费店等内容。

**3. 休闲支撑产业**

休闲支撑产业包括休闲工业、休闲信息业、休闲中介业。

（1）休闲工业。休闲工业是指依托现代化大工业生产方式或技术，为休闲需求直接或间接服务的产业体系，包括休闲服装、休闲用品、休闲装备等。

（2）休闲信息业。休闲信息业是指为休闲者提供有关信息、进行相关信息咨询和休闲活动策划来服务于休闲消费者的经营性行业，包括广播电视媒体、平面媒体、网络媒体、科研和教育机构等对休闲体育的关注，它们以经济利益为诉求而将产品与服务延伸到休闲领域，从而促进休闲信息产业的形成与发展。

（3）休闲中介业。休闲中介业是指满足休闲消费者的休闲需求而提供相关中介服务和中介产品的经营性行业，包括旅行社、俱乐部（汽车俱乐部、读书俱乐部、名人俱乐部等）。

（二）休闲体育产业的概念与内涵

在休闲产业的组成结构中，休闲体育产业是其中一个基础的组成部分。

休闲体育产业的概念为，为了使人们的休闲体育消费需求得到满足而将物品、服务和设施提供给人们的组织集合体就是所谓的休闲体育产业。在一定程度上而言，也可以将休闲体育产业认为是以使人们休闲体育需要得到满足为目的的产业[①]。

休闲体育产业的概念中包含几方面的含义：

第一，休闲体育用品和休闲体育服务是休闲体育产业提供的两类主要产品。

第二，休闲体育产业将休闲体育产品提供给人们，主要是为了实现休闲体育消费，这表明休闲体育产业所提供的产品其指向性是明确的。

第三，人们通过支付金币，购买休闲体育产品，以使自身的休闲体育需求得以满足的过程就是休闲体育消费。

第四，休闲体育与其他体育方式相区别的一个特殊属性就是，体育运动是对休闲体育产品进行生产和提供的基本方式和手段。

（三）休闲体育产业的基本特征

发展到现在，休闲体育已成为人们生活中重要的组成部分，由此逐渐形成了一个比较完善的休闲体育文化产业，这是现代体育与现代经济共同发展的结果。一般来说，现代休闲体育文化产业的基本特征表现在以下几个方面。

1. 休闲需求特征

（1）时间性特征。人们的休闲需求受休闲时间的影响，呈现出较强的周期性特点。首先，在我国，人们的休闲需求主要集中体现在节假日期间，在这一期间形成消费高峰，出现所谓的"假日经济"现象。实际上"假日经济"是我国休闲经济的特殊表现形式。一方面，政府为了扩大内需，刺激经济增长，通过宏观调控的方式增加社会成员时间的分配；另一方面，国家相继上调了职工工资，提高居民的购买能力，同时随着消费观念和消费方式的变化，休闲经济成为一个消费趋势。其次，消费者对休闲时间缺乏自主选择能力，人们的休闲活动相对集中于假日，假日消费是日常消费在时间上的转移。最后，由于长期以来对休闲的不重视，加上经济上的落后，使得休闲供给相对单一，需求也缺乏一定的多样性，表现为旅游活动几乎成了假日经济的全部主题。

（2）时尚性特征。从某种意义上来说，时尚也是现代社会中呈现出的一种经济现象，它反映了消费者收入水平的提高和生产工艺技术的进步；另外，时尚也是一种心理现象，它反映了消费者渴望变化、求美求新、自我表现等心理上、精神上的需求。休闲需求指向人的非生存性资料，同时受各种社会文化思

---

① 唐瑶函，徐紫薇，齐立斌．乡村旅游与休闲体育产业融合特征研究［J］．当代体育科技，2020，10（3）：176-177.

潮的影响，追逐流行于时尚成为体育需求的一个特征。

（3）个性化特征。体育需求的个性化特征主要表现在两个方面：一方面，由于休闲消费是人们满足其自我发展和个性显示等非生存性需求的各种活动总和，受主体自身因素影响大，在休闲消费中不论是消费项目还是消费时间，呈现出较强的个体性和异质性特征；另一方面，作为休闲组织，其产品、服务、品牌必须有个性，满足休闲需求心理才会赢得主动。

（4）层次性特征。一方面，休闲需求是有购买的欲望，对于每个人的休闲需要，在各自经济条件的限制下形成不同层次的休闲需求；另一方面消费者文化素质、兴趣爱好的不同，在同种经济条件下，也会造成休闲需求具有明显的层次性，休闲体育需求一般包括现实需求和潜在需求两个层次，潜在需求转化为现实需求需要一定的经济条件支持。从结构方面来看，休闲体育需求由活动需求、环境需求、体验需求、收获需求和满意需求5个方面构成，满意是终极目标。以钓鱼为例，钓鱼是一种休闲体育活动，池塘、草坪、绿树、座椅、太阳伞等是环境，钓鱼过程是一种体验，钓上鱼是收获，由此精神上能获得一定程度的满足。

2. 消费者特征

（1）年龄。进行休闲体育消费的人，不同年龄阶段表现出不同的消费特征，具体体现在两个方面。

第一，不同年龄对休闲产品的消费重点不一样。青年人乐于寻求刺激，冒险精神较强，喜欢一些激烈的、强度大的娱乐活动；中老年人则更偏爱运动量较小的活动。

第二，同一消费者不同年龄阶段的休闲消费特征有差异。一个消费者一生中不同的年龄阶段呈现不同的消费特征，他的一生分为3个阶段：少年、壮年、老年。壮年阶段消费后节余的收入，一方面用于偿还少年阶段的债务，另一方面储蓄起来，用于养老。这一学说被称为生命周期假定。根据这一学说，壮年时期由于收入大于消费，即有满足休闲体育需求的经济基础，是休闲体育产业重点关注的群体。

（2）性别。性别对休闲消费也具有重要的影响，这突出体现在两个方面：一方面是男女休闲体育消费的重点不一样。由于男性的体力要强于女性，因此男性消费者更倾向于激烈、刺激性强的消费项目；另一方面是因社会角色不同带来的职业、收入差异。目前，男性的地位、职业、收入等平均水平均高于女性，这使得男性休闲体育领域和消费项目都大于女性。

（3）文化程度。休闲体育是一种文化活动，休闲消费本身是一种文化消费。人的文化素养对休闲体育消费有很大的影响。文化水平高、素养好的人，对休闲体育的功能、意义有正确的认识和理解，会提高参与休闲体育活动的兴趣。而文化水平低的人，对其积极意义缺乏全面、正确的理解和认识，需要加以引导。

（4）职业。一个人的社会地位在很大程度上是由其职业决定的。同时，职业也决定了一个人的收入、工作量的大小、生活特点及闲暇时间。一般来说，工作量大的人，喜欢经常进行一些轻松的娱乐项目；脑力劳动者比体力劳动者有更多的娱乐兴趣。

（5）健康状况。虽然休闲消费有助于疲劳的消除和体力的恢复，但几乎任何一项消费都需要消耗一定的体力和精力。身体强壮的人，可以选择自己喜欢的任何休闲体育项目；年老体弱的人，则只能根据身体的许可选择娱乐项目，以延缓衰老、防病治病。

3. 产品经济特征

（1）生产与消费的不可分性。生产与消费的不可分性是指产品的生产与消费在时间和空间上不可分离。休闲体育产品是难以储存的，只能边生产、边消费，如球类运动、健身锻炼等产品的消费，脱离了与生产环节在时间、空间上的同一性，其价值便难以真正、充分地实现。

（2）休闲体育产品生产要素的供给弹性的特殊性。休闲体育产品生产要素的供给弹性是指其价格变动对供给量变动的影响程度。

第一，劳动力的供给弹性系数小于1。这里的劳动力是指休闲体育产品的生产者，如球类运动、健美运动中的教练等。他们掌握特殊的知识、有专门的技能，专有劳动力的价格上涨后，其供给量不可能随之马上进行调整。如已故的健美教练马华，目前很难有人能与之媲美，这些人的供给弹性几乎为零，无论价格怎样上升，供给量却不能相应地增加。基于此点特征，休闲体育相关企业应加强人才的培养，重视人才。特别是有特殊贡献的高层次人才。

第二，娱乐场馆场所的供给弹性系数小于1。这里的娱乐场馆场所主要包括运动馆、健身房等，因为从生产技术和管理的角度讲，这类要素的生产周期长，技术含量高，其价格发生变化后，调整生产、增加供给的难度大，因此其供给弹性小于1，这意味着其供给变动的幅度比价格变动幅度小。故应注意统筹规划，对场馆场所进行合理布局，避免日后的闲置和浪费。

第三，一般运动器材的供给弹性系数大于1。这里所说的一般运动器材主要包括球类、运动服饰、健身器材等生产周期短、技术含量相对较低而价格又不是很高的休闲体育产品。从生产的技术和管理的角度讲，当这些要素的价格变化后，调整生产的难度较小，其产量可以以高于价格变化的速度变动，一般运动器材的供给弹性系数是大于1的。

（3）休闲体育产品生产要素的替代弹性较大。休闲体育产品生产要素的替代弹性是指休闲体育产品的一种生产要素的价格变化后，它与另一种生产要素相互替代的变动率。大部分休闲体育产品的生产要素的替代具有较大的弹性，当一种生产要素的价格变化后，可完全由另一种要素来替代。例如，如果健身器材、健身房租用费用等价格过高，人们可能会使用一般的运动器材，或进行徒手运动，如跑步、散步、练气功、打太极拳等，这一特征则充分表明，健身器材、健身房等生产要素的提供者，在制定产品的价格策略时，不能将这些要素的价格定得过高，否则会产生"为渊驱鱼"的后果，迫使消费者使用价格较低的替代品。

（4）休闲体育产品具有最终产品的性质。一方面，休闲体育产品是包含了劳务形态的产品，其价值很大一部分由活劳动的消耗构成，投入品如运动器械等在该行业中所占的比重较小，它具有中间投入率小的特点；另一方面，休闲体育产品被其他产业作为投入品（原料）的比例小，人们购买休闲体育产品，一般是出于满足最终消费的需要，故休闲体育产品具有最终产品的性质。

（四）休闲体育产业的功能

作为一种新兴产业和朝阳产业，休闲体育产业的功能与作用可以从多个方面体现出来。休闲体育的内容包含在休闲体育产业中，因此休闲体育的功能也是休闲体育产业所具有的功能。此外，作为一种产业，经济功能也是休闲体育产业的重要功能。

1. 健身功能

实践证明，在闲暇时间经常进行休闲体育活动是保持身体健康、强健身体的一项有效措施。随着年龄的逐渐增长，人体会出现各种老化现象，随之而来的就是各种疾病的产生。研究发现，动脉硬化在脑力劳动者中发生概率为14.5%，在体力劳动者中仅为 1.3%。我国传统的养生学一直都非常强调运动对于人体的重要作用。有研究者对长期参加跑步的 40 名中老年人研究发现，他们的发病率一般都很低，心肺退行性变化推迟 10 年甚至更长时间。正是由于平时坚持参加适宜的长跑运动，才显著改善了心肺功能，调节了身心。

随着社会的不断发展，"职业病"和"文明病"逐渐增多，人们越来越意识到身体健康的重要性，"生命在于运动"的观念逐渐被人们所普遍接受。在日常的工作生活中，人们开始逐渐重视休闲体育的功能与作用，在空闲时间里参与各种休闲体育活动，以此来弥补或消除由于缺乏运动所造成的负面影响。通过参与这些内容丰富、形式多样的休闲体育活动，人们能够获得健康的身体与愉悦的心情，而作为一种能够保持并提高健康水平的体育运动，休闲体育活动是最积极、最有益、最愉快的休闲方式之一。

休闲体育之所以不断受到人们的重视，同其自身所具备的特点密切相关。总体来说，我国的竞技体育、学校体育、群众体育的发展或多或少都带有一定的强制性，而实践则要求过去的封闭体育向开放体育过度、计划体育向市场体育转型。面对这种情况，"终身体育"与"健康第一"的观念逐渐被人们所认可并接受。"终身体育"的理论与观念之所以能被人们广泛接受，与人们对于健康的需求密不可分，它作为一种理论基础，对人们健身意识的提高具有积极的推动作用。此外，通过人们的实践，休闲体育以其趣味性与娱乐性吸引着大众的目光，从而促使人们产生了强烈的休闲体育健身的欲望。

作为丰富人们精神文化生活的运动，休闲体育运动具有重要的作用。它能够发散人们多余的精力，消除疲劳；净化人们的情感，缓解心理的压力；使人们回报社会，获得更多的成功感和满足感；提高人们人际交往以及社会适应能力等。除此以外，休闲体育活动的内容繁多，形式多样，并不需要有高规格的场地设施与器械，对技术动作也没有硬性的要求，可以进行自娱自乐，也可以与群众互动参与。在参与休闲体育的过程中，没有身份、地位的分别，也没有职业、性别以及年龄的分别，每个人都能够从中获得休闲的乐趣，具有愉悦身心的作用。对休闲体育的参与有助于人们摆脱以工作为中心的单调生活，更好地感受生命的意义与价值，享受生活的乐趣，从而为终身体育的推广和普及创造良好的基础。

2. 文化功能

文化功能是休闲体育产业的重要功能之一，主要表现如下。

（1）促进观念的改变。休闲体育本身所具有的休闲、娱乐、健身等价值能够在休闲体育产业中充分展示出来，这些价值有利于人们对休闲体育能够提高人们生活质量这一重要意义的认识深入，有利于促进人们文化观念的改变，对人们传统的体育意识进行有效的引导，进而对人们积极参与休闲体育消费的行为给予正确的引导，这在客观上对体育经济的发展起到了推动作用。

休闲体育产业能够将健身、娱乐、休闲、教育等休闲体育的文化价值展现出来，同时，休闲体育设备本身所具有的艺术价值也可以在产业中体现出来，这就有利于吸引更多的民众，使其自觉积极地参与到体育休闲活动中来。在人民群众中，有些人的休闲体育文化价值观是相近的，甚至是相同的，这些人在受到休闲体育文化价值的吸引和诱导后，就会对某些具体的休闲体育项目产生认同并达成共识，而且他们对休闲体育文化认识不足或肤浅的现象也会因此而得到改变，这些人共同的休闲体育消费倾向就会由此而形成，这对休闲体育及其相关产品的市场份额的扩大、规模经济的形成、体育产业市场的扩大以及社会经济的发展都是十分有利的。

（2）促进人们生活的丰富。人类在对物质文明进行创造的过程中，也在对精神文明不断进行创造。随着社会文化的日益发展，人们在对物质生活加以享受的同时，也对精神文化生活尽情地享受着。文化生活的内容是多姿多彩，十分丰富的，作为一种社会文化，体育具有一定的文化韵味，休闲体育同样也是如此。人们对娱乐性、消遣性精神生活的需求能够在休闲体育中得到满足，人们对美的需求也可以通过休闲体育得到满足，进而，人们自我发展的需求同样可以得到满足。

休闲体育产业是组成社会文化生活的一个重要部分，可以将丰富多彩的活动内容和方式提供给人们。人们的空闲时间在不断增加，休闲体育产业可以将更多的选择和机会提供给他们，使他们能够对余暇时间进行更为自由与充实的安排。在我国，人们不仅致力于社会主义物质文明建设，同时也对社会主义精神文明建设进行大力提倡。休闲体育能够促进人的精神素养的提高，使人的文化知识不断增长，审美意识不断增强，促进人的整体素质的全面提高。在休闲时间参加体育活动，不但可以使人们的业余文化生活变得丰富多彩，而且对社会主义精神文明建设也有积极的促进作用。

3. 经济功能

（1）提供就业机会。休闲体育产业的发展能够将更多的就业机会提供给社会，从而对现代社会中就业难的问题进行有效的改善。在一定的社会经济条件下，劳动者从事生产经营活动或非经营性工作，并且得到了报酬，这就是就业。实质上，就业就是人们为了满足自己在物质和精神方面的需求，通过特定的方式参与到社会劳动中。社会上普遍存在一系列与就业相关的问题，这些问题直接影响了经济的发展和社会的稳定，也影响了和谐社会的构建。我国要加紧解决就业问题，以此来改善劳动者的生存与发展现状，并且使社会的稳定得到一定的保障。休闲体育产业涉及了十分广泛的内容，而且它属于一种综合性产业部门，既具服务性，又具生产性，体育休闲产业的发展必然会对相关行业的发展起到积极的带动作用，从而使各行各业对不同类型的劳动者提出了需求，为社会提供大量的就业机会。

（2）刺激健康消费。健康的生活方式是现代社会所积极倡导的，而休闲体育自从产生之后就和一些体育活动方式有着密切的关系，这些活动方式不仅丰富多彩，而且有益于身心健康，如登山、徒步旅行、钓鱼、健身等，参加这些活动不仅能够使人们休闲与娱乐的需求得到满足，而且对人们的身心健康也是十分有利的。作为人们休闲方式的主要形式，休闲体育已经融入现代社会的方方面面。休闲体育产业的发展能够将更多的健康生活方式提供给人们，将更多的休闲体育消费选择提供给人们，并对人们在休闲体育产业方面的健康消费进行积极的引导。

现阶段，我国的生产力水平高度发展，经济在持续稳定地增长，人民群众的收入也在逐渐增加，经过多年的积累与发展，人们的消费潜力已非常大。与此同时，人们有了越来越多的假期，因此闲暇时间也就增多了，这就意味着人们有更多的时间消费了，而且消费的空间也扩大了。消费时间与空间的增加与扩大为人们进行休闲体育消费提供了基础与便利。

随着我国与世界其他国家交流的密切，人们的视野会变得不断开阔，传统的消费观念与生活方式也会有一定的转变，进而也会导致消费需求的变化。人们基本的生存问题已经得到了解决与改善，现阶段人们追求的重点需求主要体现在精神层面，自愿花钱增长见识、买健康的人越来越多。而休闲体育产业是与当前国内市场需求最适应，最能促进国内消费不断扩大的新兴产业。所以促进休闲体育产业的发展能够成为使内需不断扩大的突破口。

人们都知道这样的经济学常识，消费由生产决定，但生产的最终目的还是消费。随着工业生产的快速发展，通过第二产业的发展供应大量生活资料的能力有了很大程度的提高，人们的日常消费品变得极其丰富，但因为我国有一个重要的现实问题就是人口众多，所以不可能对人们无节制的物质消费进行不断刺激。在这种情况下，有一个比较合理的可行的选择就是对人们以精神消费为主的休闲体育消费进行积极的倡导。由于人们的精神需求会在基本物质需求满足后上升为主要消费目标，所以精神产品的消费有着很大的发展空间。

## 二、休闲体育产业体系构成

休闲体育产业产生与发展的条件

### 1. 现代消费价值观的建立

美国是最早产生消费社会的国家。马斯洛需要理论的基本观点是，人的需要具有 5 个不同的层次，即生理需要、安全需要、社会需要、尊重需要和自我实现需要。这 5 个层次的需要是有级别划分的。对于大多数人，尤其是理性的人而言，在衣食住行等基本需要得到满足之后，对休闲、娱乐等精神享受方面的需求必然会增加，人们会在休闲消费中投入自身的财力与时间，这是一种毋庸置疑的必然现象。这时，如果对大量的物质产品特别是生活必需品进行生产，就会导致供过于求的现象出现。

人的精神需求主要表现在两个方面，一方面是人实现自身自由价值的需要，另一方面是对按照现有社会关系进行结构化、等级化的符号编码的精神产品的需要。这两个方面的消费有利于人们社会地位的提高，有利于人们实现自我价值程度的加强，也就是说，进行这两方面的消费，人们会有一种消费档次或品位提高的意识。起初，人们认为追求奢侈品的消费是一种时尚，是一种提高自身品位与社会地位的手段，久而久之，人们在习惯消费奢侈品后，就会把它当作是一种生活必需品，从而将其纳入休闲消费品的范围中。人们追求奢侈品，不是为了满足基本的生理需求，也不是为了满足基本的生活需要，而是为了将自我或自我价值表现出来。

现代社会中，人们的消费观已经上升为一种价值哲学或价值观。人们对休闲体育消费品的需求也是对这种价值观加以遵循的结果。休闲体育商业性服务和消费品在类别、等级上都有不同的划分，与此同时，在休闲体育消费品的划分中，也有一些以品牌为依据的划分形式，表现在商业性服务中，就是以档次为依据对其进行划分。不同的人，其所处的阶段与阶层也是有区别的，他们标示自己所处的阶层与地位时，需要通过对不同层次的消费品的运用来标示。也就是说，不同档次与品牌的消费品，代表了不同阶层的人。有时候，即使是同一个档次与品牌的消费品的消费者，其社会阶层与地位也是有区别的。以高尔夫球俱乐部的会员为例进行说明，人们需要花费很多钱才可以有资格进入高尔夫球俱乐部，但是人们交纳的会费也是分等级的。交纳会员费少的会员，他们所享受的设施、教练等服务与交纳很高会费的会员是不同的。从表面来看，消费者花钱消费休闲体育产品或服务，这是花钱买健康的观念使然，但是在消费者看来，他们不仅在买健康，也在通过这一手段将自己所属阶层的文化观念宣示给他人看。

2. 休闲体育的产生和发展是个体自由本质实现的需要

在古代，因为社会生产力水平极其低下，人们要想生存，单靠个体的力量是远远不够的，所以他们需要依赖集体的力量。然而，对个体的抑制与牺牲是集体存在和发展的主要手段。对个体来说，其自身发展的过程就是不断弘扬和强化自身主体性的过程，就是其生活不断丰富多样化以及系统整体化的过程，就是其才能不断得到突破、充分体现自身本质力量以及创造性的过程。

人的主体性需要主要有两个方面，即积极主体性需要和消极主体性需要。其中，人的主观能动性、积极性以及创造性是积极主体性需要的具体体现。个体的舒适、信仰、安全、公平、善恶、尊严、个性以及自由等是消极主体性需要的具体体现。因为人的存在与发展中，一定会有生产和消费行为，生产需要主要体现为人的积极主体性需要。实质上，对消费的需要是消极主体性需要的本质。人们的消费行为，不仅是要满足自己的基本生存，也是为了实现自身的"自由"这一重要的人本属性。也就是说，人们幸福的前提条件就是实现自由。

然而，对自由与幸福的绝对享有在现实中是不可能实现的，所以人们就会把这一希望寄托在艺术和体育上。人们为了获得自由而参与休闲活动，主要参与形式就是艺术活动和体育活动。就体育运动来说，其有着丰富多彩的形式，不仅有奥运会中正式的比赛项目，而且还有很多民间体育活动。

3. 市场经济体制是前提条件

休闲体育产业的产生经历了休闲体育活动的产生与发展这一基础阶段，这与现代市场经济发展的逻辑是相符合的。与其他一般产业部门一样，利润最大化是提供休闲体育产品的企业追求的目标。休闲体育服务劳动分工是产生休闲体育产业的基础。反过来，休闲体育产业能够促进休闲体育地域分工和服务劳动的不断深化，能够对休闲体育经济的发展提供支撑与导向作用。

休闲体育产业只有在市场经济体制下才能将自身真正的产业特点体现出来。要永无休止地使资本增值，这是众所周知的道理，休闲体育资本同样也是如此，休闲体育产业及经济的发展也需要资本的不断增值。休闲体育产业资本增值的主要表现是，在休闲体育的广阔领域中对投资与融资的机会进行寻找，以此来对更大的价值量进行获取。休闲体育资本在某种意义上是一个巨大的开放系统，它将休闲体育融入其中。从一定程度上来说，它也是一种导向力量，促进休闲体育经济结构转变的实现。

4. 休闲时间充裕与收入的增加

休闲是物质生产过程以外的活动，社会生产力的发展程度直接决定了休闲时间的多少。在不同的社会发展时期，休闲时间的差异主要由生产力的发展水平决定。在资本主义社会之前，社会的生存与发展要想得到良好的维持，就需要有大量的人和大量的时间，人们利用这些时间去耕作、采集与狩猎，这是社会生存所必需的。人们几乎没有闲暇时间来享受休闲的生活方式，休闲消费也就很少了，只有帝王将相和皇家贵胄才有多余的时间过休闲的生活。

在工业革命之后，劳动生产效率因为使用了蒸汽机等动力机械而得到了大大的提高，这就极大地促进了人们生活必需品的多样性与丰富性，这时，人们可以不必把所有的时间都用于劳动，可以抽出一部分时间来参与休闲活动。然而，当时在资本主义原始积累的情况下，人们每天的工作时间长达十几个小时，闲暇时间很少，因此休闲消费依然得不到发展。

现在，社会生产力水平不断提高，人们的生活水平也在提高，收入在不断增加，产业结构和产品结构也在不断优化，有大量的多种多样的物质产品与精神文化产品能够供人们消费，这就明显地促进了休闲消费的发展。所以说，生产力水平与经济水平提高、收入增长是导致休闲消费发展的主要原因。作为众多休闲方式之一，休闲体育也随着休闲消费的大量出现而逐渐发展起来了。

## 三、休闲体育产业体系的构建

休闲体育产业作为休闲产业的一个组成部分，主要包括休闲体育用品产业和休闲体育服务产业两大部分。

休闲体育用品产业主要是指那些为了实现休闲体育活动的开展而从事休闲体育用品、设备、设施、服装鞋帽生产的组织集合。

休闲体育服务产业由体育赛事产业、体育健身产业和体育旅游产业构成。

体育赛事产业是指那些为满足人们休闲体育需求提供体育竞赛表演等观赏型产品组织的集合。

体育健身产业是指那些为满足人们休闲体育需求提供各种户内外健身产品

组织的集合。

体育旅游产业是指那些为满足人们休闲体育需求提供以体育运动为主要内容的旅游产品组织的集合。

## 第二节　休闲体育产业的经营模式

随着现代社会的快速发展，休闲体育已成为现代社会主体重要的休闲方式，人们在休闲时间参与体育运动的意识逐步增强，未来休闲体育运动人口也将不断增加。在休闲体育文化及产业形成与发展的背景下，对休闲体育产业的经营模式进行不断研究与创新，是非常重要的。就目前来看，我国现阶段的休闲体育产业经营模式主要有以下几种。

### 一、国家休闲体育发展事业型经营模式

国家休闲体育发展事业型经营模式是一种和健康体育经营融为一体、将休闲体育纳入人类文化范畴思想指导下形成的经营模式。它的所有投入全部由国家负担，所有支出同样还是全部由国家负担。它追求的最高目标不含有任何的经济目的，而旨在提高人们的日常生活质量。例如公园、市民广场和居民区花园等，提供给人们一个优美的休闲体育活动环境。

### 二、社会休闲体育福利事业型经营模式

社会休闲体育福利事业型经营模式是一种以社会赞助、社会集资为主要经济来源的模式，它追求的最高目标同样是提高人们的日常生活质量。但提出了人们应该自己参与创造的经营观念，即"社会（企业）大赞助、国家小投入、人人出钱为人人"的经营模式。提倡经营管理者（指导员、管理员等）的无私奉献精神。

### 三、事业型休闲体育的产业化经营模式

事业型休闲体育的产业化经营模式，是我国处于社会经济发展特殊时期提出的一种新的经营模式。它追求的最高目标仍然是提高人们的日常生活质量。前期投入仍然由国家或社会承担，但后期维持正常运转的经费则必须通过经营来获得①。日本的社区经济学家最近提出了"无私奉献不是无偿奉献"的新观点，为"事业"经营的有偿化奠定了理论基础。这还在讨论中，有待于进一步

---

① 戴鹏."互联网时代"安徽省休闲体育事业发展策略与实施路径研究［J］.商丘师范学院学报，2018，34（6）：70-74.

完善的休闲体育经营模式的诞生。

## 四、政府主导的休闲体育产业经营模式

政府主导的休闲体育产业经营模式是我国在大力发展社区工作时期提出的。这种经营模式，特别强调政府在全部过程中的主导作用。前期投入主要由政府负责。后期经营主要由政府负责。过程管理主要由政府负责。需要说明的是，它突出强调的是"主要"而不是"全部"。实际是利用行政手段加以调控或进行干预的一种经营模式。这种经营模式或多或少的带有强制性和行政管理的功能色彩。

## 五、商业化的休闲体育产业经营模式

商业化的休闲体育产业经营模式是在市场经济条件下形成的一种模式。它的投入全部由经营者承担，追求的最高目标是企业获取的经济利益。虽然从理论上分析，它同样也在提高人们的生活质量中发挥着积极的作用。但这种生活质量的提高是以物质交换形式进行的，一旦离开了物质基础，也就离开了提高了的生活质量。因而带有浓厚的商业色彩和"铜臭"味道。但我们必须承认商业化的休闲体育产业经营，将人们对什么是高质量休闲体育生活的理解，提高到了一个新的高度。

以上几种模式的主要经营目的是提高人民的生活质量和水平，减轻国家负担，合理、有效地利用资源，构造和谐社区。当然，不同地域、不同的人群不能利用同一模式，不同的省份和地区要因地制宜，从本地区的实际情况出发，选择适合本地区的经营模式。

# 第三节　体育产业与乡村旅游的创意方法
## ——以乡村体育旅游为例

党的十九大作出了中国特色社会主义进入了新时代的科学论断，而新时代最艰巨最繁重的任务在农村，最广泛最深厚的基础在农村，最大的潜力和后劲也在农村，实现乡村振兴成为新时代重要历史任务。乡村旅游作为乡村经济的重要支柱，是实施乡村振兴战略重要力量，为实现全面建设小康社会的新时代目标发挥着重要作用。而乡村体育旅游作为乡村旅游与体育融合的新业态、新模式，是发展乡村旅游的重要途径，是农村一、二、三产业交叉融合的产业体系，在新时代建设中亦占据着重要位置。近年来，在良好政策条件与市场需求指引下，全国各地纷纷打造出冰雪、登山步道、自行车骑行、滨海运动等乡村体育旅游路线，助推了浙江湖州安吉余村、开化金星村等14地入选第一批全

国乡村旅游重点村，"体育特色小镇"新增为《体育产业统计分类（2019）》"体育旅游服务"中的一项内容。在此提出新时代持续发展乡村体育旅游策略，以期为乡村体育旅游可持续发展提供理论基础，推动农业农村现代化进程，以加快新时代小康社会的全面建设。

## 一、持续发展乡村体育旅游的意义

### （一）加快乡村旅游产业升级，提升消费能级

依托地域及体育项目特色，具有多形态多模式的乡村体育旅游，打破了乡村旅游形式单一、产品同质的格局，丰富了乡村旅游产品内容，提升服务能力，优化乡村产业结构，提升了消费能级。如采取冬季滑雪、夏季滑草的旅游组合，结合体验性强的垂钓、采摘活动的乡村景区开发户外登山、徒步等休闲体育活动，发挥出旅游＋体育优势，突破乡村旅游季节性限制。此外，乡村体育旅游项目多样，形式灵活，组合便利，善于利用河流、瀑布、低空、山地等优势，推动了乡村水陆空环境资源的综合开发，将消费内容由原来单纯的观光游，拓展到体育赛事观赏、体育项目体验、民俗文化等。如安徽省黟县依托当地丰富的户外运动优势资源，在景区景点、盆地基山、桃花源长廊等美丽乡村，打造出自行车骑游、滑翔伞、管式滑道—自由滑草、智能房车等户外休闲运动基地，让游客在游览乡村森林、绿地、湖泊等生态景色的同时，享受自行车、垂钓、滑翔伞等运动带来的愉悦感，增加了旅游的趣味性、参与性、冒险性，迎合了游客的潜在需求，满足不同人的个性消费，成倍地放大了市场空间，满足了人民日益提升的消费需求。

### （二）推动城乡要素流动，促进城乡融合

作为新兴形态的乡村体育旅游，属于劳动密集型产业，需要大量的人力、物力与财力，将技术、人才、信息、资金等市场要素从城市转移到乡村，以提高农民收入，缩小城乡差距。一方面，乡村体育旅游可提供大量就业机会，解决农村剩余劳动力。促使体育人才与管理人才流入乡村，带来高新技术与管理理念，提高乡村生产效率；另一方面，利用体育优势，优化资源配置，带动乡村旅店住宿、居民服务等第三产业的发展，打造符合社会大众理想的健康、绿色、体验性旅游产品，吸引更多消费从城市转向农村，将农村打造成消费市场。乡村体育旅游的开发，加快了城乡要素自由流动，推动了乡村经济的增长，有助于打破城乡二元结构，是实现城乡统筹发展良好途径。

### （三）增强人民健身意识，推动健康中国建设

乡村体育旅游作为体育＋旅游的融合业态，是体育产业的重要组成部分，也是健康中国建设力量之一。乡村体育旅游的开发，一方面加强了农村体育设施的建设。完善了县、乡、村3级公共体育设施网络，为农村健身活动提供条

件，提高乡村公共体育服务与乡村健康服务能力，宣传了健康的生活方式，为人民的身心健康提供了重要保障。另一方面，乡村体育旅游以体育赛事、体育康养、体育休闲等为平台，激发民众的体育消费行为，对建立运动健康理念具有潜移默化的作用。可提升民众的体育观赏、体育参与、体育休闲兴趣，提升民众的体育健身意识，激发体育锻炼热情，将全民健身热潮融入百姓日常，推动健康中国建设。

（四）扩大民俗传统体育宣传，利于民俗传统体育

文化传承发展乡村体育旅游融合了乡村民俗传统体育特色，使得消费者在体验时一并消化了包含在产品中的文化因子，形成特有的文化体验。如蒙古族那达慕大会将赛马、搏克（摔跤）、射箭等民俗体育与祭敖包仪式、"达尔罕搏克"授予仪式等民俗文化融为一体，旅游者可以切身参与到摔跤、射箭、骑马等民俗体育项目中去，增加游客对民俗传统体育的认识，享受它们带来的愉悦，更好地融入当地文化氛围，带给旅游者多重文化体验。而这种文化体验是体育旅游的资源，也是旅游行为的主要动机①，激发游客的再次到来。民俗体育借助乡村体育旅游平台扩大了宣传，避免了因交通闭塞与经济落后，逐渐没落的尴尬，推动了民俗传统体育文化遗产的保护，拓宽了民俗传统体育文化的渗透路径，推动民俗传统体育文化的传承与可持续发展。

## 二、乡村体育旅游可持续发展策略

（一）打造体育旅游综合体，创新营销方式，破解产业创新难题

为实现乡村体育旅游的持续发展，需要从乡村实际和体育旅游市场出发，加强体育与乡村旅游的深度融合，开发有利空间打造体育旅游综合体，创新营销方式，营造品牌形象。

第一，发展城市周边乡村体育旅游，在旅游市场相对成熟区域，交通便利地区，合理运用水域、空域、山地等自然条件及浓厚的民俗体育人文条件，深度挖掘项目属性，推进都市乡村旅游带建设，加强旅游者与市场要素的城乡流动，实现区域协同发展。

第二，立足各地特色的体育资源与功能定位，发挥比较优势，同时开发康养体育旅游、山地体育旅游、冰雪体育旅游等，打破行政壁垒，打造跨行政村的体育旅游综合体，推动地区产品的多样化与差异化发展，形成优势互补的联动格局。

第三，利用新技术，构建O2O立体组合营销模式，通过在线旅游代理、

---

① 胡建忠，邱海洪，等．"体育＋旅游"视角下民族传统体育品牌赛事产业化研究［J］．首都体育学院学报，2018，30（1）：42-46．

电子商务网站等途径，利用虚拟 VR 场景体验，链接各旅游网站、政府旅游部门、体育俱乐部等，扩大目标群体，形成政府、行业、媒体、公众共同参与，上下联动的系统营销网络。

第四，深入挖掘地域特色，着眼于"精"，抓住"最"特点，打造乡村体育旅游名村、名镇、名县，创立品牌名录，并融合全域旅游，构建区域性、层次化的品牌链，增加区域旅游品牌效应，以破解产业创新难题[①]。

（二）建立规划系统，规范管理，补齐制度安排短板

发展乡村体育旅游，应强化规划的引领作用，规范管理，转变政府职能，制定乡村体育旅游相关行业标准，增加体育、财政、旅游、交通等部门之间的创新协调能力，以补齐制度安排短板。

第一，由政府牵头，编制乡村体育旅游规划，并将乡村体育旅游发展考虑到当地社会经济、国土空间等发展规划中。同时依据不同的乡村与体育项目特色，制定相关的体育旅游人才、环境保护、体育旅游安全问题等专项规划，建立一套完整的乡村体育旅游规划系统。

第二，建立健全乡村体育旅游行业评价标准与定价标准，应对低空飞行旅游、高山滑雪、山地自行车、户外营地等体育旅游的安全风险，建设场地设施安全及质量标准。

第三，持续推进"放管服"政策，精简体育赛事、运动休闲活动审批。推动体育协会改革，加强与旅游、企业的跨界合作，建立专业的乡村体育旅游管理组织与价格监管平台，建设乡村体育旅游市场"黑名单"。

第四，提高体育、旅游、交通、国土规划等相关部门的协调联动能力，组建联合工作小组，搭建乡村体育旅游相关信息查询网络，增进管理效能。提高乡村体育旅游用地用海的保障，构建畅通交通网络，加大财政金融支持力度，积极引导各类社会资金的注入，拓宽资金渠道。

（三）建设基础设施，优化乡村环境，夯实产业发展基础

为满足高品质旅游消费需求，提高消费者的乡村体育旅游体验，在产业发展中需加强基础设施的配备，增强服务满意度，优化乡村环境，夯实产业发展基础，以推动乡村体育旅游持续发展。

第一，增加中西部、东北部基础体育设施薄弱地区的财力、物力的投入，特别在具有乡村体育旅游开发潜力的地区，重点打造健身步道、骑行栈道、康养设施等，提高设施质量，保障项目开发。

第二，推动智能化服务，在旅游涉及地实行无线网络、通信信号、视频监控全覆盖，提升线上预定、答疑、跟踪反馈等服务效率，推广景区导游、导

---

① 邹开敏，庄伟光. 乡村振兴下乡村体育旅游高质量发展［J］. 广东经济，2020（5）：64-67.

航、实时信息推送等全功能 App，促进智能服务系统的开发建设。

第三，合理利用资源。在赛道建设、节点设计时，重视乡村资源特色与自然环境优势，注重地域、民族特色的保留，民俗村落的保护，延续之前的传统空间布局，严格管控，避免资源的破坏与浪费。

第四，加强环境保护，推进全域环境治理。倡导绿色出游，低碳消费，建设绿色旅游示范区，并对已经造成污染的地区，加大物力、人力、财力的投入，进行划区治理，开展绿化、净化、美化行动，以优化乡村旅游环境，提高消费体验。

（四）深化教育改革，重视政策引导，破除人才短缺壁垒

体育旅游人才是具备体育旅游专业知识及相应技术能力，可从事体育旅游管理、服务的从业者，是体育旅游业发展的核心支柱①。应加强乡村体育旅游人才的培养，激发人才工作动力，构建乡村体育旅游人才发展的优良环境，以破解人才短缺困境。

第一，加大产学研力度，推动专业理论、应用学科建设，力邀国土资源规划、乡村问题等专家机构共同建设乡村体育旅游专业。

第二，建立管理、文化创意、体育旅游的跨专业培养模式，开拓体育旅游为主，多元一体式的学科建设思维，增加专业人才培养深度，健全乡村体育旅游人才门类。

第三，加大社会培育力度，深化校企合作，实行学校、企业双导师制，构建融学校、社会、企业等多边合作为一体的职业技术人才培训体系。

第四，重视政策引导作用。各级政府对乡村体育旅游目的地制定针对性的人才引进方案，给予经济、培训、晋升等各方面的政策支持，创设人才发展优良环境，增加行业吸引力，有效破解体育旅游人才东西部、城乡的二元分布不平衡困境。

---

① 褚贝，陈刚. 我国体育旅游人才的需求特征、定位与支撑体系［J］. 体育与科学，2017，38（3）：114-120.

第六章 🌿

# 观光农业与休闲体育产业融合的理论探索

## 第一节　观光农业中的休闲体育概念及特征

### 一、观光农业的特征分析

观光农业，是一种以农业和农村为载体，在这些基础上发展出来的新型生态旅游业。近些年来，由于全球农业的产业化进程日益加快，人们发现，现代农业不仅具有生产性功能，对于人们居住环境质量的改善也有很大帮助，还能为人们提供所需要的休闲、观光、旅游等。随着人们生活水平的日益提高，生产力的发展，人们的身体劳作被解放，能够被自己所支配的自由时间也在不断增加，人们的日常生活环境在不断地被破坏，紧张的生活方式所带来的精神方面的压力也在增大，人们越来越渴望与往常不一样的旅游，人们希望在环境优美的自然环境中放松释放自己。于是，农业与旅游业相结合发展出来一个新的产业——观光农业。观光农业是在农村发展，以农业生产活动为基础，为人们展示农产品和让人们体验农业劳作的一种新型农业。观光农业的基础属性为：把具有旅游价值的农业环境资源作为发展基础，向游客展示高新技术在农业中的应用、具有地域特色的农产品、原始农业劳作的方式，并让游客们亲身体验参与农产品生产的过程。让游客体验在其他旅游景区领略不到的自然农林风光和具有现代化的新型农业艺术的农业旅游活动。观光农业是一种农业结合旅游业发展而来的一种新型农业，观光农业的发展有助于提高农民的就业率、增强城乡文化生活交流、缩小城乡差距、打破农村发展瓶颈、促进农村经济水平的提高、可持续发展道路的实施。"观光"一词最早出现于《易经》"观国之光、利用宾于工"中。《辞海》解释，这是"观光"的由来，之后被日本及我国台湾地区引用，称旅游为观光[①]。

我国大陆的学者把观光的定义分为两种，一种是指在普通的欣赏、观看；

---

① 严贤春. 休闲农业 [M]. 北京：中国农业出版社，2011：45.

另一种指观光与旅行的意义很接近，它包括旅游方面的观赏、度假、休闲、娱乐、健身、探险等各种形式。无论是哪种类型的观光农业项目开发，都不能只围绕单一的农业项目进行，只有形成一个良性发展的产业综合体，才能促进旅游经济观光农业产业的健康发展[①]。

观光农业不仅有农业的属性，也有旅游业的属性，观光农业具有以下特点。

第一，生产性。观光农业是以农业为基础发展的，具有农业生产的特点，观光农业所生产出的有机食品和具有地域特点的农产品可以满足人们对于高品质生活的需求。可以为人们提供绿色食品和特色农产品，满足人们对于物质的需要。

第二，观赏性。观光农业的观赏性是指通过种植的一些农作物、树木、花草及饲养的一些动物等让游人进行观光，使游客体验大自然的意趣和丰富的观赏性。

第三，娱乐性。观光农业的娱乐性指通过某些种植的作物和在动物养殖区建设供游客玩耍的场所，给游客提供欣赏和取乐。

第四，参与性。观光农业的参与性是让游客在农业活动中亲自参与其中，让他们在农产品生产中，学习和了解农产品生产的过程，体验农业生产带来的乐趣。

第五，文化性。观光农业中的每一种动植物都有自己的发展进化史，并且伴随着人类社会的产生和发展，利用这些有非常有趣的文化知识，设计出种类繁多的观光农业游览项目，让游客多多了解及学习农业文化知识。

第六，市场性。观光农业主要针对的观光人群是那些对于农业不了解、对于农村自然环境向往的城市人，观光农业的目标市场应该放在城市，观光农业的经营者必须根据自己所处地理位置有针对性、结合自身实际条件选择性的按季节特点开设观光旅游项目，吸引游客的不断到来。

## 二、观光农业中休闲体育的相关知识

### （一）观光农业中休闲体育的概念

在 21 世纪，随着人类社会的进步，人们获得越来越多的闲暇时间，具有休闲娱乐、完善自我、提高生活质量功能的休闲体育逐渐成为现代人不可缺少的部分，人们休闲活动的主要选择已经转移到接近自然、使人轻松愉快的体育项目上，观光农业与休闲体育的组合更具有得天独厚的优势。

---

① 熊丙全，李谦，刘益荣．浅析我国观光农业的发展趋势［J］．四川农业科技，2010（3）：10-11.

观光农业中的休闲体育是在观光农业发展的基础上，为了增加观光农业的趣味性、娱乐性，提高观光农业旅游中游客的参与度，一些地区把一些休闲体育项目加入进去，并结合观光农业园区所处的地理位置，进行适度的开发改造，以适应观光农业的发展需求。

（二）观光农业中休闲体育的特点

观光农业休闲体育属于休闲体育的范畴，但与休闲体育也有区别，其与休闲体育不同的特点如下。

第一，与农业结合度大。观光农业休闲体育的发展是建立在观光农业的基础上的，所以观光农业休闲体育与农业结合紧密。

第二，项目开发的局限性。由于观光农业休闲体育与农业的紧密联系，注定了其在开发项目时会考虑与农业相结合的项目，很多项目会由于条件限制无法开发。

# 第二节　国外观光农业与休闲体育产业融合的启示

## 一、国外观光农业中休闲体育的发展进程及特点

研究国外观光农业与休闲体育运作模式和农业观光园形态，可以为我国的观光农业与休闲体育结合发展提供借鉴和启发。但是各个国家的国情不同，观光农业发展的类型也丰富多彩，我们应该对这些已经发展成熟的经验有选择性地借鉴，探索出具有"中国特色"的农业观光的道路。

观光农业在国外发展的时间比较长。19世纪50年代，在欧洲部分国家，农业观光多以"乡村旅游"的形式出现。在20世纪30年代是欧洲的观光农业快速发展的时期，世界其他国家也纷纷效仿学习。20世纪70年代以后，随着全球的政治气氛开始缓和，各个主要国家开始大力发展本国的经济建设，并且取得了良好的效果，观光农业也随之得到了丰富的发展。观光农业从萌芽经过不断的发展直至成熟，国外出现了多种观光农业的类型，如观光农业园、家庭农场、度假农庄、农业公园、乡村民俗馆、生态农业园区等[①]。在实际发展过程中结合当地的特色文化和地理条件形成了各种各样的开发形式。21世纪初，随着观光农业的多样化发展，结合市场的需要，有人适时地将休闲体育融入观光农业中，给观光农业注入了新的血液，观光农业休闲体育相结合形成了一个全新的发展模式。

---

① 李炯华，杨兆萍．城郊观光农业生态旅游发展研究——以新疆独山子观光农业园区为例［J］．水土保持研究，2005（4）：247-249.

（一）萌芽阶段

萌芽阶段还没有明确的观光农业概念，在乡村的观光游览仅仅是上层阶级休闲娱乐的一个副产品。更没有专门的观光农业区域，只是归属于旅游业的一个小项目，主要形式是城市中的居民到农村去旅游，在农村中吃农家饭、住农家院、体验农民劳作，接待的地方还没有经过开发的服务设施、建筑一些娱乐设施。游人一般在农民家中食宿，或者在农村田野中搭建起野外帐篷野营。在萌芽阶段更没有专门的人去管理这些行为，农民在这一阶段还没有通过游客的观光旅游收取费用，只是收取游客少量的食宿费用。

（二）观光阶段

20世纪中后期是观光农业飞速发展的时期。游客的观光行为已经不再局限于对于当地田园风光的欣赏，而是出现了很多具有观光职能的观光农业园，观光农业园区内有种植的粮食作物、经济作物、花、草、林、果、家畜、家禽等。这一阶段的观光农业园区主要是以观光为主，并相应的开发了购物、食宿等多种方式经营。观光牧场和农业公园是这一阶段观光农业的主要形式。

（三）度假阶段

20世纪80年代以来，人们外出旅游不再仅仅满足于观光欣赏这方面，人们希望寻求一种参与性、刺激性更强的旅游方式，观光农业园为了满足市场的需求，也相应地改变了其单纯的观光性质，这个阶段观光农业园中开发了大量可供游客娱乐、度假的项目，因为休闲体育具有娱乐性、刺激性、参与性等特点，此时观光农业园中开始出现大量的休闲体育项目，如垂钓、登山、攀岩、远足等。

（四）国外观光农业中休闲体育的发展特点

国外观光农业中休闲体育的发展具有以下特点：大多以具有地方或者文化特色的农场、庄园为基础来发展观光农业休闲体育；西方国家政府对观光农业休闲体育的发展非常重视，国家政府通过出台一些与之相关的政策来鼓励观光农业休闲体育的发展，如开发政策、土地政策、资金扶持政策、人才培养政策等；国外观光农业休闲体育的主要客源是受教育水平较高且经济条件较好的人；国外的观光农业休闲体育大多融欣赏、参与、购物、游玩等于一体，内容具有多样性。

## 二、典型国家观光农业中休闲体育发展概况

（一）西班牙

19世纪60年代初，作为国际知名的旅游大国，西班牙政府开发建立了"帕莱多国营客栈"，其国内各地政府把一些路边的城堡和大农场进行开发改造成饭店，客源主要是针对过往的游客和发展观光农业。在游人旅游活动中，观

光农业社区内设多种休闲体育项目，如垂钓、登山、漂流、划船等。并且政府在高校内开办与农业相关的专业，培养观光农业专业型人才。游客自己在周末或者闲暇时间驾驶私家车前往附近的农场休假。

（二）美国

美国政府在资金和政策上大力支持发展观光农业，仅东北部地区就有观光农场1 500多家，每年大约有1 500万游客前往观光农场度假。各个农场为游客设置了亲自采摘新鲜瓜果蔬菜的项目，并且推出自己园区内的特色项目，例如绿色食品展、乡村音乐会、破冰垂钓比赛等等。由于美国农村地多人少，政府支持开办观光农场，不仅解决了劳动力短缺的问题、还在园区内推销农副产品，政府也针对观光农场制定了相应的严格的管理法规，如要求观光农场内必须设立流动厕所和饮用水源，在露天的公共场所必须提供消毒水供游人使用。

（三）法国

法国的人民在业余时间里有种植蔬菜的活动。乡村旅游在法国开展的历史可以追溯到百年前，发展到目前已经有了相当的规模，并且已经发展出了规范化的道路。20世纪70年代以来，随着5天工作制的实行，越来越多的工人开始在业余时间种菜，越来越多的城市居民在闲暇时间到远离城市的乡村去旅行度假。许多城市居民发展出了种菜的爱好，并且纷纷在乡村建设自己的第二个住宅。

在法国，观光农业主要有3种类型，即传统型、都市型、度假型。传统型观光农业主要向游客展示不为人们熟知的农业生产过程，例如，法国农村种植的葡萄园以及酿造葡萄酒的一些作坊，游客可以通过旅游，可以在酿造葡萄酒作坊里参观和在作坊工人指导下体验参与酿造葡萄酒的全过程；都市型观光农业主要是在城市小区内或者郊区建立小型的农场或者农业公园，在园区内可以欣赏到珍贵林木、珍稀动物；度假型观光农业主要在森林、牧场、果园等地加以开发改造，吸引游客在闲暇时间前去度假，在度假景区内会开设一些户外的休闲体育项目，如真人野战、垂钓、远足、登山等，使游客感受到与其他景区不一样的旅游体验。

# 三、国外观光农业中休闲体育发展经验与启示

（一）政府方面

1. 政策扶持

政府要在观光农业园区的规划方面给予引导和重视要重视。观光农业休闲体育的发展并不是自身慢慢发展而形成的，而是通过政府制定一系列对于观光农业休闲体育有利的政策，进行扶持推动而逐渐发展形成的。在休闲文化发达

的美国，休闲服务分别由政府、非营利服务机构及营利性服务机构来实施①。政府重视对观光农业园的规划与指导，对园区建设不仅重视硬件的投入和建设，也重视软件的配套，在开发休闲体育项目时，应对本地区的文化特色和地理资源进行深度地发掘，一定要做前期的市场调研，政府引导企业科学合理地开发休闲体育项目。观光农业休闲体育与农业项目开发不同，也不同于传统的旅游项目开发，它的发展必须包含并兼顾农业、环境、生态、环保、教育、经济、社会、旅游、医疗、文化的意蕴，只有这样，观光农业才能走上健康发展的道路②。政府应该对观光农业休闲体育的发展给予足够多的重视，并且在政策、资金方面给予支持，使观光农业休闲体育快速地发展。

2. 制定和完善合适的法律法规

从观光农业在我国发展以来，我国政府一直对观光农业非常重视，但目前为止我国观光农业的发展仍然不科学，政府应该根据各地区不同的情况制定相关的法律法规，对我国观光农业休闲体育的发展加以引导和约束，使观光农业休闲体育在我国走上科学的可持续发展道路。

3. 注重人才培养

因观光农业休闲体育是一种新型的产业，不仅涉及了新兴的观光农业，而且有休闲体育项目融入其中，政府应打造一个观光农业人才和休闲体育人才的交流平台，并选择优秀的人才作为负责开发人员，在部分高校内设立专门的学科进行专业人才的培育，以应对以后数年间相关专业技术人员的缺乏。

4. 加强国内外的合作交流

一个地区观光农业休闲体育的发展和政府重视程度密不可分，政府可划出专门的土地来进行前期的规划和开发，以吸引投资者更深度地全面开发。在观光农业的发展过程中，要注意加强各地区之间以及国内外之间的合作交流，健康发展。

（二）投资管理者方面

1. 科学规划

观光农业休闲体育项目的开发在以本地环境资源为基础的前提下，要对周边其他地区进行考察，不要开发与周边地区观光农业休闲体育相同的项目，要深度发掘本地区特有的文化资源和环境资源，对本地区的观光农业休闲体育项目进行科学的规划。在农、林、牧、渔业生产、农家生活、农渔村文化、田园

---

① 关金永. 我国休闲体育的现状、影响因素及发展前景 [J]. 南昌教育学院学报，2011，26（3）：175-176.

② 陈美云. 台湾休闲农业的成功经验及对大陆的启示 [J]. 科技情报开发与经济，2006（2）：119-121.

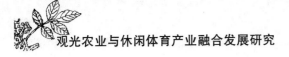

景观、自然生态中融入休闲体育，让人们充分体验农业活动和参与休闲体育活动。

2. 开发的项目要适应市场需求

要紧密结合市场，以本地资源为基础，不断创新，形成项目开发的稳定性和长效性，并确定观光农业园区项目的开发方向。项目的设计应遵循市场的需求，并深度发掘项目的趣味性、参与性、娱乐性，项目的开发还应该与本地资源、文化特色相联系。

3. 完善服务体系

当一切硬件设施已经完善后，决定一个项目的成功与否关键就在软件方面。观光农业休闲体育必须重视自身的服务，只有服务意识提高了，才能在以后的竞争中占据有利地位。必须建立专门的服务团队，对自身的服务水平进行自我监督、反馈，把其他行业成熟的服务方式进行扩展融合，重视与其他产业的合作。

4. 发展出适合观光农业休闲体育的服务体系

我国目前有些观光农业休闲体育园区的发展处在一个封闭式的思想中，形成不了规模化。同时由于部分观光农业园是由农民自身开发的，农民思想的局限性制约了观光农业园的发展，不能适应观光农业发展和游客的需求。应根据本区经济发展水平决定价位，发展人力资源，培训有专业性技能高素质的员工以提高服务质量，创造出属于本地的特色，形成具有特色的品牌，让品牌效应吸引顾客。然后与其他产业进行交流联系，发展出相互促进融合的道路，实现行业的全方位发展。

5. 建立观光农业休闲体育网站

建设网站也要具有特色个性化，来吸引游客的眼球，不能千篇一律，要把具有园区特色的项目扩大宣传，为游客提供便利，有效降低交易成本，为游客提供真实及时的信息。

# 第三节　我国观光农业中休闲体育产业的发展优势与路径

## 一、我国观光农业休闲体育发展的优势

### (一) 我国发展观光农业休闲体育旅游的地理优势

在我国辽阔的土地上，有许许多多不同类型的江河湖海，分布着大大小小的城市，形成了各具地方特色的观光农业类型，南方分布着热带的奇珍树木，北方分布着林海雪原，东部沿海拥有休闲度假村，西部拥有草原风情、沙漠景观，这些具有鲜明特色的资源和景观，为各地开发各种类型的观光农业提供了

条件①。我国是多湖泊国家。2020 年，我国面积在 1 平方千米以上的天然湖泊即达 2 800 多个，总面积约 8 万平方千米，其中淡水湖泊面积为 3.6 万平方千米，占总面积的 45% 左右，可以开展多种水上运动。2020 年，我国共完成人工造林和森林修复 677 万公顷。目前，全国森林面积达 2.2 亿公顷，森林覆盖率达 23.04%，森林蓄积量 175.6 亿立方米，可以开展野营、登山、徒步旅行、冬季项目等体育活动。我国的河流与流域概况中国江河众多，河流总长度达 43 万千米，流域面积在 100 平方千米以上的河流有 5 万多条，在 1 000 平方千米以上的河流有 1 500 多条，超过 10 000 平方千米的河流有 79 条；我国海域面积约 470 万平方千米，可以开展旅游、划船、冲浪、沙滩排球等活动。

在南方及东部沿海，由于地理位置等原因，水上运动如冲浪、赛龙舟、沙滩排球等休闲体育项目开展的热情非常高涨，而在西部草原及北方山区开展得比较好的项目如滑草、滑雪、攀岩、徒步等，极大地丰富了人们的旅游活动，使得各个地区根据自己的地理资源优势开发出了具有地方特色的休闲体育项目。观光农业休闲体育的结合使地理资源得以充分地利用，对观光农业及休闲体育的发展找出了新的思路。

（二）我国发展观光农业休闲体育旅游的基础优势

我国不仅是农业大国，而且是人口大国，在我国发展观光农业休闲体育旅游的前景非常广阔。第一，我国的农业发展可以追溯到几千年前，依靠我国古代的农业文明与现代农业相结合，可以为我国观光农业的发展提供实践的基础。第二，我国城市化进程在日益加快，城市的生活节奏也在加快，进入新世纪后，人们的节假日不断的加长，这样使人们的旅游出行愿望不断增加，人们的旅游观念也在不断地更新，人们已经不仅仅满足于对自然遗迹和人类文化遗迹的观赏，而是开始向往在城郊附近那些具有田园风光和休闲娱乐的地方旅游度假。第三，人们在往常的旅游中，仅仅体验到了游、赏的乐趣，他们想让旅行变得更刺激，更有趣味性，自己能够融入其中。体育活动是人们在生产生活中产生出的以身体自然活动为主的一种社会文化活动，它具有游戏、娱乐、健身等多种功能。我国原始体育中的狩猎，古代体育的蹴鞠、赛龙舟，现代体育的攀岩等都是由人们生产生活慢慢演变而来，我国自古以来就是农业大国，农业与人们的生产生活息息相关。观光农业休闲体育旅游应运而生，发展潜力巨大。

（三）我国发展观光农业休闲体育旅游的政策优势

2016 年的中央 1 号文件——《中共中央　国务院〈关于落实发展新理念加快农业现代化实现全面小康目标的若干意见〉》中提出，要以农村的文化资

---

① 余莎．观光农业休闲体育的发展［J］．农业工程，2018，8（11）：130-132．

源和自然风景为基础，在农村地区大力发展旅游、观光、度假、休闲等，以此来促进农村经济的发展和农民收入的提高。

2014年的全民健身计划——《关于加快发展体育产业促进体育消费的若干意见》中提出，要国家和人民对体育达到足够的参与重视，要加大健身休闲项目的开发力度，对群众喜爱的项目加大推广力度，根据不同人群的健身需求开发具有地方人文特色和民族特色的休闲体育项目。

2019年，国务院发布《关于实施健康中国行动的意见》《体育强国建设纲要》推动体育强国建设，国家体育总局与财政部将设立中国体育产业投资基金，多项政策利好我国体育产业。

我国政府对于农业非常重视，系列文件的出台，体现了我国政府对于农业及体育产业的不断探索和引导，观光农业休闲体育发展具有政府引导、支持的有利条件，为我国的观光农业休闲体育发展起到保驾护航的作用，因此发展观光农业休闲体育具有很大的前景。

## 二、多方面促进我国观光农业休闲体育发展的建议

### （一）进行开发前的市场论证

在开发观光农业休闲体育前，应该对其项目的布局、资源、特色进行全面的市场调查研究和可行性论证，根据自身地理位置和文化资源优势，因地制宜，突出特色，经常进行市场调查研究市场客源的需求和外部的经济变化因素，制定出科学合理的规划方案。园区内休闲体育项目的开发应与观光农业项目紧密结合，不能脱离太远。

### （二）在市场中寻找自身定位

每个旅游者有着自己旅行不同的要求，观光农业休闲体育中，休闲体育项目的开发应该最大化考虑游客的要求，开发的项目是针对儿童的需求还是针对水上运动爱好者的需求等，在市场中寻找自身的定位。一定要对市场人群的需求进行调查，确定园区的招牌式项目和主题式项目。并形成品牌效应，吸引游客前来游玩。

### （三）科学合理开发、加大开发力度

很多地区现有的观光农业休闲体育项目还很单一，应根据人们喜欢新奇、有趣的心理去开发新的项目。开发的休闲体育项目应与观光农业相结合，把竞技体育项目的规则加以改进，开发适合在观光农业园区内进行、参与性广的休闲体育项目。充分利用我国各个地区的天然资源，开发新颖的与自然融合的项目。如把进行休闲体育活动的场所用农产品进行装扮，使环境更加地贴近自然乡村。

（四）加大特色休闲体育项目开发

每个游客都有自己的旅游需求。观光农业休闲体育的发展应最大限度地考虑游客需求，针对不同年龄阶段开发不同的项目，深度发掘当地的文化底蕴和自然资源，开发具有当地文化、地域特色的项目。

在环境优美的观光农业园中用体育运动的形式进行休闲，是文明、健康、科学的生活方式，对于生活质量的提高、自我价值的实现都有很大的帮助作用。如在农业观光园区举行农业趣味运动会，在观光农业园区内广泛的推广休闲体育项目，有利于园区的长远发展，有利于提高园区的经济收入。

（五）完善基础设施建设

要在观光农业休闲体育园区的基础设施中加大投资力度，把园区内的道路进行修整，并建设与园区内的项目相对应的服务设施，对安全设施建设要严格把关，避免出现安全事故。

（六）扩大产业规模、拓宽营销手段

观光农业休闲体育要与其他产业进行交流、融合，扩大自身的产业规模。传统的旅游业只是简单的赏、购、吃、住，我国观光农业休闲体育是最近一些年发展的新型产业，营销手段不能仅仅局限于通过景区现场卖票或者现场出售农家产品，要建立专门的网站和营销平台，把观光农业中生产的农产品和经过改良后的休闲体育产品在网站上出售，要把具有当地文化特色的产品经过大力宣传，与知名的电商合作，把自己的产品推广到全国甚至全世界。

（七）开发淡季项目

在农事生产淡季开发其他吸引游客的项目，并树立起特色的品牌，提高园区的收益。在北方冬季，可以开发反季节大棚蔬菜、水果采摘，开发冬季滑冰、滑雪等项目。

（八）严格把关从业人员

人们在参与观光农业休闲体育旅游时，不仅想收获愉悦的心情、健康的体魄，更想得到有别于其他旅行的待遇，而观光农业休闲体育旅游的服务人员大都是来自当地的农民，综合素质有待提高。除了企业者本身对从业人员的培养外，应多渠道进行人才培养，企业可以与当地的高校进行合作，邀请学校有相关经验的教师对员工进行相关的礼仪及专业知识的培训，有关部门应根据市场人才需求在高校中设置与之相关的学科，招收培养观光农业休闲体育方面的专业型人才，为观光农业休闲体育的可持续发展提供人才助力。

（九）提高政府参与度

观光农业休闲体育的开发离不开政府的扶持和引导，政府应该注重观光农业休闲体育的综合性开发，给予政策及资金上的支持。要制定相应的法律法规，设置行业准入门槛，不能以资源环境为代价来进行开发建设，切实跟随可

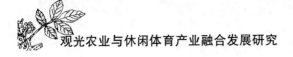

持续发展战略的脚步。生态性是观光农业的特点，发展观光农业是以保护生态平衡为前提；在农业开发和利用的同时，加大乡土文化资源和农业旅游资源的整合力度。

总之，随着我国社会不断地发展，我国人民的闲暇时间会越来越多，广大城市居民对农村乡土气息总有着特别的感情，观光农业休闲体育的发展有助于提高我国人民的生活质量，有助于三农问题的解决，有助于我国产业结构的调整。我国观光农业休闲体育的发展有得天独厚的地理优势和社会、经济、文化背景，发展潜力很大，只要科学合理开发利用，便会实现可持续发展。

我国观光农业休闲体育的发展刚刚起步，同时我国的国情与任何国家都不相同，对于国外发展成熟的观光农业休闲体育我们只能借鉴其发展的轨迹，应取其精华去其糟粕，建立一套适合我国国情、民情的观光农业休闲体育体系。根据我国观光农业休闲体育发展现状的研究，发现其中仍然有很多问题，如缺乏系统的研究，目前的研究还只是停留在一些描述性研究层面，未能更深一步的进行实证性研究，要建立起一套科学的观光农业休闲体育学科理论还有很长的路要走。随着我国国民经济水平的不断提高，以后人们会有更多的时间和闲暇时间来进行自己喜爱的活动。由于我国民众大多受儒家教育的影响，意识上的休闲还只停留在"静态"的休闲，对于很多"动态"的休闲还没能完全接受，所以提高我国民众科学的休闲意识是发展观光农业休闲体育的关键所在。

在可持续发展道路的指引下，为了不损害后代子孙的利益，在全面建设和谐社会的历史背景下，人们对于休闲的价值观念、教育水平、人的现代化等诸多领域还需提高认识水平。我国观光农业休闲体育的发展任重而道远。

# 第七章

## 观光农业与休闲体育产业融合的实践创新

## 第一节 农村休闲体育资源开发的实践创新

### 一、农村休闲体育资源开发生态链耦合模式的产生背景

自 20 世纪 80 年代初开始，我国就把"环境保护"作为基本国策，并在90 年代初提出了"可持续发展战略"来进行污染预防和环境整治工作，并积极修复与重建受损生态系统。

党的十七大提出要建设"节约能源资源和保护生态环境的产业结构"[①]，试图通过产业调整来解决产业开发中的生态问题，休闲体育产业结构调整获得了新的发展契机。

党的十八大更是提出了建设"美丽中国"的生态文明宏伟目标，强调了资源开发中生态效益的重要性。

休闲体育作为社会公益活动和经济活动，需要多种资源的投入；合理开发、利用和配置资源是休闲体育可持续发展的必然条件，同时也是休闲体育作为一种产业在市场经济中实现经济和社会效益的基本要求。

休闲体育资源开发就是发挥、提高和改善休闲体育资源的利用率，并使休闲体育生产顺利进行所采用的一系列技术经济措施和活动[②]。

作为休闲体育产业结构调整重要方向的农村休闲体育，注重生态效益来实现可持续发展是资源开发首要的因素。

自 1995 年 5 月 1 日实行双休日制度以来，中国休闲农业迅速发展，在促进农民致富、农业增收、农村经济社会发展等方面发挥了重要作用，同时也为

---

① 中共新疆生产建设兵团委员会. 党的十七大报告学习问答 [J]. 当代兵团，2007（11）：51-53.

② 刘可夫. 体育经济若干基本经济要素研究 [A]. 国家体育总局政策法规司. 体育软科学研究成果汇编（1997—1998）[C]. 北京：人民体育出版社，1999：151.

农村休闲体育资源开发提供了新范式①。

相对于农村传统产业的发展而言，具备可持续发展特征的休闲农业无疑是当前我国实现农村产业结构升级转变的重要途径。

休闲农业通过现代化的技术与管理手段，遵循生态学与经济学原理，使第一产业与第二、第三产业结合起来，协调经济发展与资源利用、环境保护之间的关系，注重经济效益、生态效益和社会效益。而农村休闲体育资源则更多地依托休闲农业、融合于休闲农业，为参与休闲运动的个体创造便利条件和提供场所。农村的休闲体育资源开发，提倡在体育资源承载力下进行开发。

作为承载乡村旅游的基地或载体，休闲农业经营实体非常重视休闲体育资源的开发，依托休闲农业企业自身的高效益，积极开发多样化的休闲运动项目和文化消费项目，提升了休闲农业的核心竞争力，同时也推动了农村的休闲体育资源的建设，形成了农村的休闲体育资源开发产业链与生态链耦合机制。基于休闲农业经营主体与体育资源的嵌入关系，拓展农村的休闲体育资源开发新思路，构建农村的休闲体育资源开发的产业链与生态链耦合模型，对农村的休闲体育资源可持续发展具有重要意义。

## 二、耦合的必要性研究

有关产业链与生态链耦合的研究不多。姜学民②率先提出资源开发的生态经济系统耦合概念，并指出生态经济复合系统中生态子系统与经济子系统在镶嵌组合、功能发挥中表现出高度的协调性，即生态与经济的协调发展。

曹明宏等③、战金艳等④、江红莉等⑤、曹洪华⑥对生态经济系统耦合机制、社会经济与自然生态耦合、生态链与产业链耦合进行了不同角度的研究。尹琦等提出以恢复和扩大资源存量为宗旨实现资源增殖⑦；王培成等认为资源开发战略中应着力加强资源链建设，以获得同属及边际资源链的协同，从而提

① 高志强，高倩文．休闲农业的产业特征及其演化过程研究［J］．农业经济，2012，303（8）：82-83.

② 姜学民，张安录．市场经济调节下生态经济理论框架构想［J］．生态农业研究，1993，1（2）：27-30.

③ 曹明宏，雷书彦，姜学民．论生态经济良性耦合与湖北农业运作机制创新［J］．湖北农业科学，2000（6）：7-9.

④ 战金艳，邓祥征，岳天祥．基础设施建设水平与城乡生态经济系统发展的耦合分析——安康地区的实例研究［J］．人文地理，2005，20（4）：37-41.

⑤ 江红莉，何建敏．区域经济与生态环境系统动态耦合协调发展研究——基于江苏省的数据［J］．软科学，2010，24（3）：63-68.

⑥ 曹洪华．生态文明视角下流域生态—经济系统耦合模式研究：以洱海流域为例［D］．长春：东北师范大学，2014：119-120.

⑦ 尹琦，肖正扬．生态产业链的概念与应用［J］．环境科学，2002，23（6）：114-118.

高资源开发的溢出效应①。

杨凤华认为，耦合用于分析自然、经济、社会系统的并行关系，通过物流、能流、信息流、价值流而形成系统的有序、高效运行，形成系统耦合机制②。

在农村休闲体育资源开发与休闲农业的协同发展方面，沈云飞开展了对山东省临沂市的实证研究③；黄艳红对长株潭湘江风光带开展了专题研究④。袁中许研究了基于休闲农业的乡村旅游与大农业耦合动力效应和发展趋势⑤。

这些成果对研究休闲农业背景下的农村休闲体育资源开发的产业链与生态链的耦合模型具有一定的借鉴和铺垫作用。迄今为止，主要研究集中在休闲农业与农村的休闲体育资源开发的平行研究方面，两种产业虽然都取得了一定的研究成果，但仍然缺乏对两个产业的互动机制及嵌入机制，特别是对两个产业的融合与嵌入所形成特定空间的解构及两个产业嵌入中的生态产业链耦合机制的探究与规律的阐释较为匮乏。

## 三、耦合的构成要素、基本要求、关系

### （一）耦合相关要素

#### 1. 物质构成要素

劳动和土地，是财富两个原始的形成要素⑥。农村休闲体育资源的物质构成要素，即有形的、可触碰的实物载体类型的资源形式要素。从物质层面看，主要以嵌入在休闲农业经营体中的休闲体育设施，如攀岩的岩壁，钓鱼的池塘，高尔夫球场地的草坪，骑马场地，滑草的场地，乒乓球、桌球等的器材与场地。这些场地与器材是休闲体育资源开发的基本载体，同时也是休闲农业发展的物质基础。

#### 2. 价值构成要素

价值要素是实物内核所在。从农村休闲体育资源来看，其价值的构成要素是农村休闲体育资源发展的潜力与核心要素所在。同时，也是增加农村休闲体育资源开发中所形成的"服务"产品及休闲农业"主产品"广度与深度的导向

① 王培成，齐振宏，冉春艳，等. 循环经济视角下的环境污染与治理问题探讨 [J]. 统计与决策，2009（6）：76-78.

② 杨凤华. 城市群经济与金融系统耦合机理研究 [M]. 苏州：苏州大学出版社，2013：6.

③ 沈云飞. 山东省临沂市休闲体育旅游资源开发研究 [D]. 曲阜：曲阜师范大学，2011：21-25.

④ 黄艳红. 长株潭湘江风光带休闲体育资源开发的研究 [J]. 湖南工业大学学报，2013，27（1）：94-97.

⑤ 袁中许. 乡村旅游业与大农业耦合的动力效应及发展趋向 [J]. 旅游学刊，2013，28（5）：80-88.

⑥ 黄恒学，谢罡. 管理哲学 [M]. 北京：中国经济出版社，2014：160.

与依托。从内核的价值层面来看，"体验""农业文化"是农村休闲体育资源开发的核心价值要素。这些要素寓于休闲农业经营主体所打造的主产品中，主要以享受和体验休闲农业带来的情感体验所衍生出对休闲体育运动的了解、参与等环节上。表现在休闲娱乐、强身健身、陶冶情操、体验等休闲功能上，从而促进了休闲农业与休闲体育价值力的凝聚。

3. 外延构成要素

农村的休闲体育资源外延要素是指资源开发中的外部优势条件。在以休闲农业所构成的农村休闲资源框架下，休闲体育资源的外延要素主要是区位空间、品牌、休闲农业与休闲体育资源体组合、资源整体的环境质量等方面的相对条件。其中，区位空间是资源的地理位置及其与市场的关系，表现为资源的比较优势和资源的稀缺性；就休闲体育资源来看，品牌、休闲农业与休闲体育资源体的组合、资源整体环境质量也是农村休闲体育资源的重要外延要素[①]。如作为休闲农业经营体的百果园，其做到了水果的采摘与骑马、高尔夫、钓鱼等休闲体育资源体的有机结合，依山傍水的环境，使其树立了品牌优势，提升了百果园的竞争力[②]。

（二）基本要求

农村的休闲体育资源开发的产业链与生态链耦合的核心是开发出农村的休闲体育产品，而这一产品常常嵌入于休闲农业经营主体中，以休闲体育服务的形式而存在。

这一休闲体育服务是休闲农业经营主体生产出的主要物品，是休闲农业经营主体经济收入的主要来源，也是休闲农业经营主体生产运作的最终目的。

农村的休闲体育产品生产过程，既是农村的休闲体育资源开发过程，同时也是休闲农业经营主体生态与产业链耦合的过程。在农村的休闲体育资源开发过程中，主产品——休闲农业服务与副产品——休闲体育服务，副产品嵌入主产品的服务体系。主、副产品的开发都追求经济效益，同时兼顾生态效益和社会效益。

在农村的休闲体育资源开发的生态链与产业链耦合模型的构建中，必须注重休闲农业经营主体与休闲体育资源的契合与互用，以实现资源优化配置，实现农村的休闲体育资源开发的经济、生态和社会效益的统一。

1. 突破产业链束缚，形成产业的集聚

农村的休闲体育资源开发的生态链与产业链耦合模式的形成，要求在农业

---

① 谭金飞，曹庆荣. "农家乐"为载体的农村休闲体育资源开发与整合 [J]. 湖南工业职业技术学院学报，2015，15（6）：31-34.

② 黄恒学，谢罡. 管理哲学 [M]. 北京：中国经济出版社，2014：160.

体系中延伸出产业链条，或者重新构建一个属于第三产业且服务资源综合利用的产业链条，这就需要打破固有的资源开发思维的束缚，打破原有产业体系的界限，在产业间、产品间重构物质流、信息流、能量流、价值流的流向，积极发现休闲农业经营主体与农村的休闲体育资源开发之间的嵌入关系，并在此基础上探究农村的休闲体育资源开发生态链与产业链的耦合模型，以形成农村的休闲体育资源开发中产业链与生态链的产业共生、资源共享及生态开发的网络体系，实现资源的优化配置及生态开发。

2. 开发能耗小、可循环利用的休闲体育产业生态链

与产业链耦合的农村的休闲体育资源开发是一个复杂的系统过程，必须考虑推动农业、服务业与休闲体育发展所生产出的主产品及副产品的物理形态、化学成分及产业间、产业与生态间的耦合共生关系。当前在休闲农业与体育资源交互所形成的生态链与产业链中，并不能完全实现或较好地实现资源的充分利用。在休闲体育资源嵌入休闲农业的背景下实现资源生态开发，应该创建出生态链与产业链耦合的模式来解决这一问题。

3. 提高休闲农业经营主体的经济效益

休闲农业经营主体是农村休闲体育资源开发的生态链与产业链耦合模型建立的主体，获取经济效益是经营主体开展休闲体育服务、进行休闲体育资源开发的内生动力，而休闲农业与休闲体育资源嵌入机制的合理性是获取经济效益的关键要素。与此同时，生态链与产业链耦合的农村休闲体育资源运营中，如未采取可持续、循环的资源利用模式，休闲体育的经营活动也无法开展，进而对依托的母体——休闲农业主经营主体的经济效益产生影响，使其经济活动无法正常开展。

（三）耦合关系

1. 产业链耦合关系

（1）生产性项目之间的耦合关系。休闲农业经营实体的生产性项目彼此之间具有丰富的耦合关系，种植业为养殖业提供饲料，养殖业为种植业提供肥料，种植业和养殖业为农副产品加工业提供原料，农副产品加工业的下脚料和废物可以作为种植业提供肥料或养殖业的饲料，从而形成休闲农业的高效益特征。

（2）生产性项目与服务性项目的耦合关系。无论是种植业、养殖业还是农副产品加工业，既是休闲农业的生产性项目，也是重要的乡村旅游吸引物，还是农村休闲体育的特色资源，果蔬采摘、垂钓狩猎、农事体验、传统手工艺体验、会员制种养等，既是乡村旅游的服务项目，同时也可以拓展为休闲体育项目，实现生产性项目、乡村旅游资源和农村休闲体育资源的有效耦合。

（3）乡村旅游资源开发与休闲体育资源开发的耦合关系。城乡居民利用节

假日开展近距离、低消费、高享受的乡村旅游，既是一种旅游过程，也是一种休闲体育运动过程，游客还可以直接参加各类球类运动、棋牌运动、器材运动和有氧运动等，本地居民也可以利用休闲农业园区的休闲体育设施开展休闲运动，实现了乡村旅游资源和休闲体育资源利用的高度耦合。

对于休闲农业经营者而言，既有各类生产性项目的收益，同时也有乡村旅游和休闲体育服务收益，实现了本身的高效益特征，也因此而提高了经营者投资兴建乡村旅游服务设施和开发体育文化消费项目的积极性。

为了保证乡村旅游消费者在休闲农业园区内的消费留滞时间，休闲农业经营者必须通过开发多样化的乡村旅游资源或休闲体育资源，打造特色化的休闲农业品牌，吸引乡村旅游消费者，形成乡村旅游资源和休闲体育资源开发与乡村旅游服务收益的相互促进和良性循环。

中国休闲农业的迅速发展，有效推进了农村的休闲体育资源开发，是农村的休闲体育资源开发中产业链耦合的成功范例。

休闲农业经营实体一般具有种植业、养殖业、农副产品加工业等行业的生产性项目，同时开发了餐饮服务、住宿服务和多样化的文化消费项目、休闲运动项目等，在为社会提供农副产品的同时，实现了对城镇居民和本地居民（如服务本地村民的广场舞、健美操等）的服务[①]。

2. 生态链耦合关系

资源开发的生态链耦合机制，是通过物质流、能量流、资金流、信息流四大生态流的多维耦合而实现的[②]。

农村的休闲体育资源开发，不可能单纯依靠公共财政支持，必须实现居民日常生活、农业生产活动、乡村旅游活动、休闲体育运动以及农村社区建设和农村文化建设等的有机结合，形成农村休闲体育资源开发的生态链耦合机制。研究表明，休闲农业正是基于这种多样化的生态链耦合机制，构建了农村休闲体育资源开发的生态链耦合机制新范式。

（1）物质流与能量流的同步耦合关系。在各系统中，物质流与能量流是相伴而行的，能量流是系统运行的驱动力，物质流是能量流的载体。

在农村休闲体育资源开发中，必须提供生产资料、生活资料以及房屋建筑、设备设施、交通和通信等物质条件及其伴随的蕴含能量；与此同时，居民日常生活、农业生产活动、乡村旅游活动和休闲体育运动，都会产生物质和能量的输出，包括产品和各种废弃物，从而形成系统的物质和能量输出。

---

① 高倩文，唐菊英，李丹，等.湖南休闲农业的产业特征分析［J］.作物研究，2012，26（1）：56-58，62.

② 邹冬生，高志强.当代生态学概论［M］.北京：中国农业出版社，2013：88-102.

为了提高农村体育资源开发的整体效能，必须实现休闲体育运动与乡村旅游活动、农业生产活动的有机结合，以有效地减少投入和废弃物输出。

（2）资金流与能量流和物质流的耦合关系。资金流与能量流和物质流的耦联关系表现为以下 3 种形式。

第一，与资金流同步耦合的能量流和物质流，具体表现为基于市场价格的原料购买和产品（或服务）输出。对于这类资金流，农村休闲体育资源开发中应注重加大投入，扩大通量，提高系统的整体效能。

第二，脱离资金流的能流物流，包括使用公共资源和排放废弃物。对于这类能量流和物质流，在农村休闲体育资源开发中重点关注废弃物的排放，加强废弃物的资源化利用，实现无污染、无废物的生产过程和消费导向。

第三，脱离能量流和物质流的资金流，包括财政部门投资与税费收入、金融部门的信贷与还本付息、工商资本的投资与收益回报。在农村休闲体育资源开发中，要加大政府扶持力度，加强农村基础设施建设；改革和完善农村金融体系，扩大农村休闲体育资源开发的资金流通量；广泛吸纳工商资本投资农村休闲体育资源建设和农村产业开发，推进城乡发展一体化，实现农村居民与城镇居民在享受休闲体育资源方面的均等化。

（3）信息流与资金流的耦合关系。一是与资金流同步耦合的信息流，主要是指有偿信息服务和需要承担成本的信息传播。

例如依托休闲农业的农村休闲体育资源开发，需要有科学的规划设计和新技术、新品种、新材料、新工艺支撑，这类信息服务中部分是有偿服务的信息；同时，休闲农业需要吸引乡村旅游消费者，可能需要承担一定的宣传和广告费用，当然休闲农业企业也可能对外提供有偿信息服务。二是脱离资金流的信息流，包括多途径获取和传播的无偿市场信息、科技信息和社会信息。

休闲农业经营实体通过承载乡村旅游，实现了城乡文化融合，提供了丰富的信息传播渠道，极大地丰富了信息资源，形成了复杂的信息网。依托休闲农业的农村休闲体育资源开发，必须充分利用城乡融合的多元信息资源提高系统的整体效益，利用乡村旅游消费者"口碑"效应传播品牌，提高休闲体育资源的利用率和利用效率。

## 四、模式的形成与样态

（一）耦合的轨迹

"耦合"原本是一个物理学概念，是指两个或两个以上的系统或运动方式之间，通过各种相互作用而彼此影响直至协同发展的现象[1]。

---

[1] 李曼，陆贵龙. 基于耦合理论的内部审计绩效评估研究［J］. 审计与经济研究，2013，28（1）：46-52.

这一概念后来被引入对系统关系的研究，用于描述系统或要素彼此间的作用影响。

根据生态链与产业链的耦合程度，并参照国内外的最新研究成果及国外发达国家农村休闲体育资源开发典型案例，发现生态链与产业链耦合的农村休闲体育资源开发经历了"低水平、拮抗、磨合、协调"等4个阶段，或依据耦合度经历了"低级共生、不协调、相对协调、协调发展"4个阶段，这4个阶段反映了不同时期生态链与产业链的耦合状况。

而不同的耦合阶段也反映出资源开发的目标从注重经济效益到经济效益＋生态效益的简单叠加，再到经济效益＋生态效益＋社会效益的阶段。

（二）模式形成的路径

农村休闲体育资源开发的生态链与产业链的耦合是一个复杂的系统结构，特别是在嵌入到休闲农业经营主体环境中与其他要素的交互关系与融合之后。

在休闲农业经营主体中，农村休闲体育资源的生态链与产业链耦合围绕的核心要素是休闲体育资源自身的内部要素及与外部要素（休闲农业框架下）关系的处理，以达到协同发展的目的。

休闲农业经营主体的利益相关者以追求利益的最大化，特别是能够凸显出来的经济效益。而休闲农业经营主体内部的种植业、养殖业、餐饮、住宿、体育等内部要素之间的协作与创新，在产业要素融合力和经济的向心力增强，增加了经济效益的同时，生态环境也获得了稳定的发展。休闲农业经营主体内部的产业集聚后，通过第一、二、三产业及各个产业门类专业化分工的出现，形成产业门类间的竞争与合作，最终促进了生态链与产业链的耦合。

（三）模式的样态

按照休闲农业经营主体的体育资源开发的生态链与产业链耦合的规律，生态链与产业链的耦合系统应该是一个以生态环境为主线的系统，经营主体内部的环境生态系统、经济系统的各要素间所形成的不同尺度、层面的非线性耦合关系，是建立生态链与产业链协调发展耦合模式的主要依据和总体思路。

第一，生态链耦联贯穿于耦合开发模式的每一环节。无论是产业耦合体、资源耦合体、行为耦合体内部，还是这三个耦合体之间，都存在复杂的物质流、能量流、信息流和资金流，生态链耦合原则要求合理利用物质流与能量流同步耦合机制、资金流与物流能流耦合机制、信息流与资金流耦合机制，有效控制各子系统内部和子系统之间的生态流，实现系统的整体高效运作。

第二，产业耦合体是耦合开发模式的物质基础。在农村产业耦合体中，种植业、养殖业属于第一产业，农副产品加工业和农村工副业属于第二产业范畴，乡村旅游和休闲体育服务业属于第三产业，在这一产业耦合体中，实现了第一、二、三产业的有机结合，为资源耦合体奠定了坚实的产业基础。

第三，资源耦合体是耦合开发模式的基本策略。农村休闲体育资源开发不可能是一个独立的封闭系统，必须与农村生活资源、农业生产资源、乡村旅游资源开发紧密结合，树立"四位一体"的资源开发观，构建以产业耦合体为基础的资源耦合体，服务城乡居民。

事实上，果蔬采摘、农事操作、手工艺体验等，既是一类很有特色的农村休闲体育项目，又是乡村旅游的重要吸引物，还是农业生产的基本环节，如何实现农村生活资源、农业生产资源、乡村旅游资源、休闲体育资源的整体开发和综合利用，在农村休闲体育资源开发方面具有很大的空间。

第四，行为耦合体是耦合开发模式的现实目标。本地居民和乡村旅游消费者的生活行为、生产活动以及乡村旅游消费行为和休闲体育运动，构成了以资源耦合体为基础的行为耦合体，实现了休闲体育运动、乡村旅游活动、农业生产活动和居民日常生活的统筹兼顾和有机结合，体现了生产、生活、生态的有机融合，为实现农村经济发展、农村社区和谐、农村文化繁荣、农村体育兴旺奠定了良好基础。

# 五、基于产业链与生态链耦合模式的农村的休闲体育资源开发策略

农村的休闲体育资源开发产业链与生态链耦合模式，应从体育资源与休闲农业经营体的嵌入关系出发，充分考虑农村休闲体育资源的特性，选择具有低耗、高效、环保特征的休闲体育项目，紧紧围绕产业链与生态链耦合机制，深度开发农村休闲体育资源，实现居民日常生活、农业生产活动、乡村旅游活动、休闲体育运动的有机结合和农村休闲体育资源的综合开发。

运用产业链与生态链耦合模型开发农村休闲体育资源时，必须体现乡村特色，坚持可持续发展理念，实现资源的综合开发与综合利用，体现协同发展策略和差异化发展策略，促进农村的休闲体育资源健康、可持续发展。

（一）农村休闲体育资源开发的注重点

农村的休闲体育不是竞技体育，也不同于城市的休闲体育，必须符合农村发展现状和城乡居民对农村的休闲体育资源现实需求，必须体现乡村特色，切忌照搬城市的休闲体育资源开发模式。

我国具有丰富的农耕文化基础和传统文化底蕴，传统文化和农耕文明扎根于乡村大地[①]，具有丰富的内涵和鲜明的特色，农村休闲体育资源开发必须坚

---

① 曹幸穗，张芬. 中国农业文化遗产保护与开发简论［J］. 湖南农业大学学报社会科学版，2014，15（1）：67-70.

持以乡村文化为基础，开发特色化的农村休闲体育运动项目。

（二）农村的休闲体育资源开发与综合利用策略

农村是广阔的天地，农村的休闲体育资源开发具有巨大的发展空间，但开发农村的休闲体育资源必须立足现实，坚持资源开发与综合利用相结合的原则。

事实上，休闲农业通过承载乡村旅游，实现了自身的高效益，极大地提高了经营者投资农村的休闲体育资源建设的积极性和现实可能性，形成了居民日常生活、农业生产活动、乡村旅游活动、休闲体育活动有机结合的成功范式，为农村的休闲体育资源开发与综合利用提供了全新的思路和可行的操作模式。

（三）农村的休闲体育资源开发与协同发展策略

农村的休闲体育资源开发不能是一个独立的封闭系统，必须与城乡发展一体化、社会主义新农村建设、农村文化建设、农村社区建设协同发展。

城乡发展一体化促进城乡文化融合，为城乡居民共享农村的休闲体育资源提供了新思路；社会主义新农村建设改善农村基础设施和生态环境，为农村的休闲体育资源开发拓展了空间；农村文化建设与农村的休闲体育资源开发的紧密结合，体现了二者的交叉与融合，为农村的休闲体育资源综合利用奠定了基本框架；农村社区建设的稳步推进，必将改变农村居民居住地过于分散的现状，为农村的休闲体育资源开发和综合利用提供了新视野。

（四）农村的休闲体育资源开发与差异化发展策略

农村的休闲体育资源开发要避免同质化、模式化趋势，要具体问题具体分析，因地制宜、因人制宜地开发农村的休闲体育资源。

服务本地农村社区居民的休闲体育资源开发，必须针对本地农村居民的需求，重点开发球类运动、器材运动、广场舞等项目，满足本地农村居民的休闲运动需求；服务乡村旅游消费者的农村休闲体育资源开发，必须充分体现乡土特色和农村文化，让城镇居民感受乡野魅力。

（五）农村的休闲体育资源开发必须坚持可持续发展理念

绿色、低碳、环保是当今社会的主流理念，也是农村的休闲体育资源开发必须坚持的基本理念。加强生态链中的增环和补链，延伸和完善生态链，重点开发具有"分解者"功能的休闲体育资源。注重生态链与产业链的高效耦合，强调生产过程和消费过程的无污染、无废物，积极传播生态文化。

# 第二节 基于城乡统筹发展思想的农体融合实践探索

## 一、城乡统筹发展释义

"统筹"原意是指一种计划管理的科学方法，是一种编制大型工程进度计划的有效工具，主要用于工程负责人与计划人员能清楚掌握整个工程项目进度，预见可能发生的问题，协调和控制各种活动，最终达到合理组织、统筹安排，使工程任务能顺利地完成。

城乡统筹发展涉及社会经济、生态环境、文化生活、空间景观等多个方面，因此其概念对于不同的学科在理解上也有不同程度的偏重。城乡统筹发展要总体考虑、通盘规划城乡经济社会的协调发展，对城乡资源要素进行合理分配、优化组合，充分发挥工业对农业的支持和反哺作用、城市对乡村的辐射和带动作用，以城带乡、以乡促城，最终实现城乡同发展、共繁荣，城市对乡村促进城乡经济、社会、文化、生态持续协调发展的过程①。

## 二、城乡统筹发展思想的农体融合实践

随着世界城市化进程进入新阶段，城市发展必然要有自身的定位，打造城市名片成为城市经济发展的一个共同目标。

（一）休闲体育特色小镇建设

近年来，我国体育产业发展迅速，国家层面的政策推动了我国特色城镇的建设与发展。在这样的背景下，我国的休闲体育特色小镇建设如雨后春笋般迅速展开，如吉林长白山万达滑雪小镇、河北崇礼太舞滑雪小镇、深圳金龟露营小镇、北京国际足球小镇等都极具特色。

1. 滑雪小镇

（1）长白山万达滑雪小镇。长白山万达国际滑雪小镇，位于吉林省东部白山市抚松县松江河镇，距长白山天池 41 千米，距长白山机场 10 千米。长白山万达滑雪小镇的占地面积达 18.34 平方千米，建筑面积为 48.16 万平方米，投资高达 230 亿元。其中，滑雪场总占地面积为 6.34 平方千米，雪道面积为 94 万平方米，造雪面积达 104 万平方米。小镇将滑雪场作为项目建设核心，将观光、休闲、度假、娱乐、商务、会展、居住、购物等不同功能的产品进行有效整合，使之相互依存、互为支撑，从而形成链条和集聚。

冬季，这里是世界顶级滑雪胜地，可以尽享"无风、温暖、呵护"港湾式滑雪场的乐趣。43 条总长度为 30 千米的多变滑雪道，从魔毯体验区到天然雪高级道一应俱全。夏季这里拥有 22℃ 的专属清凉，是避暑度假的理想天堂。可以体验山地大本营、山顶观景台、征西度假农场三大主题景区，共计 30 余个娱乐项目。

除了滑雪，小镇电影院、KTV、大剧院、酒吧、咖啡馆、众多品牌的购

---

① 桑庆庆. 城乡统筹背景下的合肥市休闲农业发展思考［J］. 新余学院学报，2015，20（6）：41-43.

物街也样样俱全，配套的服务设施也十分完善。长白山万达滑雪小镇以复合型稀缺资源为依托，以冰雪运动为品牌，以自然观光为引导，以国际游客四季旅游为目的，以体育娱乐服务业、生态休闲度假产业、商务度假服务业、旅游地产业为核心，借助长白山得天独厚的自然资源，建设成为具有持续创新力的综合性高的现代度假区，打造世界级生态、文化、时尚、创新高度融合的旅游目的地。

（2）崇礼太舞滑雪小镇。崇礼太舞滑雪小镇位于河北省张家口市崇礼区，总占地面积 40 平方千米，小镇规划的造雪面积 400 公顷，是我国目前规模最大的综合滑雪度假区，更是 2022 年北京冬奥会的项目主场，投资总额超过 200 亿元。

小镇以滑雪为核心特色，为全球滑雪爱好者提供国际专业标准的滑雪场地。小镇一共分为两大营地。太舞主营地为第一营地，包括营岔、太子城、枯杨树区，这一区域主要规划建设综合性滑雪服务设施。第二营地，包括上、下水泉及窑子湾区，这个区域雪场规划更偏向于中等级别，提供俱乐部式服务。崇礼太舞滑雪小镇开展的冬季项目有高山滑雪、越野滑雪、雪上娱乐设施、冬令营等；非雪季户外山地娱乐项目有山地自行车、山地卡丁车、徒步、攀岩、夏令营、定向越野等。小镇还建设有众多配套服务设施，兴建了 17 万平方米的酒店区、小剧场、特色美食餐厅、温泉中心以及景观湖等，实现山地生活一站式全覆盖。

2. 自驾露营小镇

深圳金龟露营小镇是首个集户外拓展训练和露营于一体的乡村休闲露营基地，为游客营造了一个极具个性、内容丰富的特色露营体验。小镇位于深圳东部坪山新区金龟社区同石村，毗邻坪葵公路，紧邻南澳，距深圳市区约有 60 分钟的车程。

深圳金龟露营小镇以保护性开发为宗旨，以"绿色、健康、生态、环保"为经营理念，着力保留自然村落的天然面貌，深入挖掘客家人文风情，倡导绿色的户外露营休闲文化。小镇紧抓深圳旅游重心"东移"带来的发展机遇。致力于打造深圳首家乡村露营公园，传播绿色健康的户外文化，开启坪山生态旅游的全新模式。小镇初步划分为露营户外生活、客家风情体验、社会实践、客栈民宿艺术、农业科普、运动养生等户外主题。目前，小镇已经成为青少年户外生存实践、企事业单位公司拓展培训、游客休闲养生的首选。

3. 足球小镇

（1）北京国际足球小镇。北京国际足球小镇占地约 147 万公顷，计划建设 50 片 5 人制足球场、10 片 7 人制足球场和 5 片 11 人制足球场。足球小镇将囊括足球大厦、足球会议中心、足球风情街、足球博物馆、足球嘉年华、足球狂欢广场、足球奥特莱斯、北京第一座专业足球场等设施。

在北京国际足球小镇建设中，引入了竞技体育和群众体育高度结合的智能场地技术，引入了同步数据分析系统，开发了专门的手机软件实现网上订场地、约赛。建成融合足球竞技、足球文化、足球科技等概念和要素、城市发展和足球发展对接的创新发展平台，形成足球产业集群和足球产业链。

（2）恒大欧洲足球小镇。恒大欧洲足球小镇总用地面积约 1 525.90 公顷，其中建设用地约 407.46 公顷，新增建设用地主要安排在足球学校北侧。足球小镇体育产业区新增净用地约 140 公顷，其中预留足球学校扩容用地约 20 公顷；西部足球小镇核心区新增净用地约 74.5 公顷，主要为商业、文化、体育用地；东部度假休闲区预留高端旅游度假用地约 40 公顷。

恒大欧洲足球小镇景色秀丽、生态环境良好，周边有古龙峡、清泉湾、石坎望君山等旅游资源，自然、人文景观十分丰富。小镇依托恒大足球学校、英德国家女足训练基地、清新三坑足球训练基地等，通过旅游与足球融合发展，进一步提升清远旅游国际化程度。

4. 综合类体育小镇

（1）绍兴柯岩酷玩小镇。绍兴柯岩酷玩小镇位于浙江省绍兴市柯岩旅游度假区，除了东方山水乐园和浙江国际赛车场两个核心项目外，还建设有高尔夫场、滑雪馆、酷玩乐园、综合体育场等体育休闲项目，在休闲项目中融入游乐的元素，为城镇带来经济、社会和生态的多重效益。

酷玩小镇的开发结合柯岩旅游开发建设项目、特色山水资源及城镇发展需求，通过加快环境的美化，设施的完善，旅游休闲、体育项目的引进，景区标准化创建等举措，将体育健身、旅游休闲项目串点成线、连线成片，逐步形成以酷玩（体育健身、旅游休闲）为主体的特色小镇。

（2）嵩皇体育小镇。嵩皇体育小镇位于河南省登封市，规划占地 31 平方千米。体育小镇是将赛车、航空体育运动、登山、乒乓球、拓展等多种运动训练项目集为一体，并融合了观光、餐饮、住宿、会务、婚礼、养生等多种元素的户外体育运动主题公园。小镇目前拥有赛车体验、卡丁车赛场、飞行体验、射箭馆、拓展培训、真人 CS 竞技场、健身运动等多个运动基地。小镇号称"赛车乐园"，吸引着众多赛车运动员及爱好者的目光，已成功举办 2015 年和 2016年国家级汽车拉力赛事——中国汽车拉力锦标赛（CRC）登封站的比赛。登封有多处历史古建筑群，是佛、道、儒三教荟萃之地，文化底蕴十分深厚。嵩皇体育小镇扎根在此文化名城里，实现了新兴现代体育文化和古老的嵩山文化的完美融合。

此外，还有很多体育小镇都独具特色，如日照奥林匹克水上运动小镇、许家崖航空运动小镇、中山棒球小镇等。

（二）休闲体育乡村振兴

长期生活在喧闹的都市，人们都渴望回到大自然的怀抱。乡村有着广阔的空间、清新的空气、幽静的自然环境、浓郁的乡土氛围，这些对城市居民来说都是一种吸引力。在开发乡村的过程中，可利用山水、气候、生态资源等方面的优势打造各种户外休闲运动项目，为生活在城市的居民提供别样的休闲度假场所，这对促进城乡居民之间文化的交流、缩小了城乡间的差距有积极的意义。

1. 我国休闲体育的城乡差异

休闲体育的发展依赖于山川、森林、草地、河流等自然环境资源，这些在广袤的乡村随处可见，但在城市，这样的资源相对稀缺。虽然有些城市具备一些山水资源，但由于城市管理规则和人口密集等因素的限制，在城市开展休闲体育活动仍然处于举步维艰的境况。从开展休闲体育活动的自然条件看，城乡之间的差异似乎是普遍存在的。

城乡差异还表现在人的需求、收入水平和休闲理念等多个方面。乡村虽然有许多运动休闲资源，但由于本地居民收入较低，生活需求简单，加之休闲意识的缺乏，繁重的劳作之后，最重要的休闲就是休息。相比之下，城市居民有闲暇时间，有消费能力，更有参与休闲体育活动的强烈愿望，但缺少从事休闲运动的空间。乡村成为许多城市居民青睐的运动休闲"圣地"。一些乡村利用自身得天独厚的自然资源营造了休闲体育活动环境，以此来发展当地经济，城市居民可以到乡村体验不一样的休闲体育活动，同时，把现代休闲理念向乡村推广、渗透，缩小了城乡休闲体育差异。

2. 我国乡村休闲体育的发展概况

目前，国内建设开发的乡村休闲体育项目多位于大城市的周边区域。城市人口众多且集中，有较稳定的客源消费市场，从而加速了人流与物流运转。中、低收入的城市居民是乡村休闲体育活动的主要客源，大部分游客的出游动机是看重乡村休闲体育活动低廉的费用，体验不一样的田园风光和乡风民俗文化。

3. 我国乡村休闲体育的开发模式

（1）乡村休闲体育开发的渗透模式。这一模式将乡村休闲体育产业与旅游等产业以产业元素渗透的方式实现互渗与互补，通过嵌入休闲体育元素，开发集休闲、健身、娱乐于一体的乡村休闲体育旅游活动，以此提升休闲体育产品的市场竞争力。依托自然资源、人文资源、民俗特色等优势资源，开发与观光农业相关的休闲运动项目，如在观光农业园区内除了开发一些可供游人观赏、体验的农产品外，还可开发滑雪、赛龙舟等项目。

（2）乡村休闲体育开发的延伸模式。这一模式将休闲体育元素延伸至旅游业等其他产业，拉长产业价值链，创造更高的附加值，为乡村休闲体育产业发展找到一个可以承载自身内容的载体，如乡村田园综合体、运动体验店、体育创意设计产业等。乡村休闲体育的延伸开发可以进一步丰富体育旅游、乡村旅游及生态旅游的内涵。

（3）乡村休闲体育开发的拓展模式。这一模式通过产业拓展的方式实现乡村休闲体育产业与旅游产业全方位的融合发展，形成一个新的产业过程。这一模式要求具备较强的产业基础。倡导共融合、齐发展的发展理念，优点在于取长补短，不会存在同质化竞争。在这一过程中，旅游业依据资源优势发挥了运作主体功能，如湖南省博兵寨的滑翔伞基地就是以旅游景观为依托进行开发，其产品功能定位于休闲体育健身消费功能。

4．乡村休闲体育发展存在的问题

（1）季节性明显。我国的乡村休闲体育项目对于季节性没有做相应的调整，致使淡旺季游客数量有明显的差别，旺季时游客多，淡季时游客少，资源不能得到充分利用。这一差别导致消费者参与体验的时间受限，消费者数量减少，乡村景区的收入也会降低。

（2）项目雷同。在乡村休闲体育园区建设过程中，许多开发商往往会建设一些高收益项目，从而出现与周边园区体育活动项目重复和相同的情况，直接导致园区之间价格的恶性竞争。总体来看，当前我国乡村休闲体育项目的开发过于单一，趣味性不高，开发力度不足，未能针对不同年龄段的消费人群设计项目，这也是今后有待改进的地方。

5．乡村休闲体育开发策略

（1）生态保护和资源可持续发展的基本理念。在乡村休闲体育资源开发中，必须贯彻保护生态、保护资源等可持续开发的理念，在大生态系统下探讨乡村休闲体育资源的开发问题。要将休闲体育资源开发置于乡村宜居的大框架下，坚持生产、生活、生态同步改善的发展思路，建设社会文明、经济发展、环境健康的美丽乡村，使得乡村的物质循环、能量节俭、资源整合得以实现。

（2）打造体育品牌和业态差异化竞争格局。依托乡村休闲体育与旅游资源开发中各要素的特点，制定乡村休闲体育资源有序开发的相关法律法规和政策。同时，各地方政府要根据本地区休闲体育资源的特征，打造不同特色的乡村休闲体育项目品牌，形成乡村休闲体育产业区域差异化竞争格局，在资源开发过程完善保障机制，构建乡村休闲体育产业的市场管理体制、金融投资体制、税收体制等以扶持乡村休闲体育发展。

## 第三节 乡村振兴战略下的农体融合实践的创新
### ——以 WS 市农商文旅体融合为例

乡村振兴战略，是党中央深刻认识我国城乡关系、变化趋势和发展规律做出的重大战略部署，为做好新时代三农工作提供了根本遵循和行动指南。本书以 WS 市农商文旅体融合发展助推乡村振兴视角，分析农商文旅体融合发展与乡村振兴的内在联系，厘清 WS 市发展现状，剖析当前发展中存在的问题，通过实际调研和对标分析等方式，提出推进 WS 市农商文旅体发展的合理建议，有效助推全市乡村振兴战略实施。

### 一、农商文旅体融合发展与乡村振兴的内在联系

（一）农商文旅体融合发展的内涵分析

农商文旅体融合如一个系统构造，5 个维度相互作用、彼此关联。其中："农"不仅包括农业也包括农村，泛指乡村的农业农村资源，如产业及产业园区，以及相关联的生态，是农商文旅体融合的基础所在。"商"是包括对有形产品及无形服务的市场交换活动，围绕供给侧与需求侧对接，运用商业思维、商业方式、商业手段、商业品牌等不断满足市场需求，是农商文旅体融合的动力所在。"文"既包括传统文化也包括现代文创，既包括物质文化也包括非物质文化，是绵长的"软实力"和独特的"标识码"，是农商文旅体融合的灵魂所在。"旅"强调通过发展休闲、观光、体验等方式，满足人们亲近自然的身心需求，是以人为本之思想的呈现形式，是农商文旅体融合的表达所在。"体"强调参与性，通过体育活动、康养活动等方式满足更深层次的参与需求，是农商文旅体融合的延伸所在。农商文旅体融合是包括空间融合、业态融合、功能融合等方面的多元融合，有助于形成新的集公共、生态、生活、生产于一体的城市发展模式，有利于更好地服务城乡广大居民。

（二）农商文旅体融合发展是实现乡村振兴的必然要求

农业被喻为"母亲产业"，在人类发展历史长河中不断滋养政治、经济、文化、社会、生态等方方面面。纵观国际国内农业产业融合演进历程，总体上经历了以工促农、"一三互动""接二连三"、多元融合 4 个阶段。以工促农阶段，加速了工业装备农业尤其是农业机械化发展，促进了加工农产品生产和销售。"一三互动"阶段，带来了农业生态价值的再认识，促进了乡村旅游、休闲农业等发展。"接二连三"阶段，催生了农业"全产业链"发展思维。而今，多数发达国家已进入多元融合阶段，用更加开放的思维，不断促进"农业＋"多元业态发展。这个阶段的典型特征是：农业与工业、商业、服务业细分要素

不断叠加，借助农村特有的自然文化遗产、优美自然环境，培育农产品加工业、休闲农业、创意农业、康养农业等产业体系，农业的经济价值、生态价值得到了更加丰富的发挥，有力促进了经济社会和城市建设协调发展。乡村振兴战略提出以后，对农商文旅体融合发展提出了新的更高的要求，也为农商文旅体融合发展提供重大的机遇和广阔的舞台。

（三）农商文旅体融合发展是助推乡村振兴的有效路径

乡村振兴战略实施突出以产业兴旺为引领，构建山水林田湖草生命共同体。乡村振兴承载的业态广泛，包括农商文旅体多个产业部门，通过农商文旅体融合发展，实现生态价值的多维度重估，有助于乡村振兴建设有效展开[①]。要全面实现乡村振兴，势必打破人与人的距离，打破城市与乡村的物理距离，满足人们对美好生活更高的要求。农商文旅体的融合通过众多业态的连接、感知和科技赋能，实现破界融合和跨界合作，产生更多的新业态和新场景，有利于乡村振兴发展建设过程中的消费场景和生活场景营造。通过农商文旅体的融合发展，实现多种产业之间的交流与合作，实现产业之间的优劣势互补，形成功能更加全面的产业生态圈，实现业态的创新与差异化发展，促使生态价值转变为真正意义的优质资产，是全面实施乡村振兴战略的有效路径。

## 二、WS 市发展实际

WS 市坚持以农商文旅体融合发展作为助推乡村振兴的重要路径，深入推进农业供给侧结构性改革，不断优化完善创新链、供应链、产业链、价值链，努力实现形态、业态、生态"三态"融合和农商文旅体"五维"联动，发挥WS 市主干作用，着力科技平台、双创平台、农村金融平台、产权交易平台、乡村振兴学院、电商服务平台、援藏援彝七大平台，服务四川省乡村振兴，打造 WS 市都市现代农业新名片，为乡村振兴战略实施打下了坚实基础。2019年，全市农业增加值 541.7 亿元，同比增长 3.6%；农村居民人均可支配收入22 135 元，增长 9.0%。农商文旅体融合发展助推乡村振兴的"WS 市实践"得到了全省乃至全国的充分肯定。

（一）以功能区产业园建设为载体，夯实农商文旅体融合发展本底

WS 市围绕"十字策略"和城市空间布局，启动编制都市现代农业发展规划和分区域农业产业的专项规划，将以"西控"区域为重点，划定 332 万亩粮食生产功能区和 95 万亩重要农产品生产保护区。聚焦优质粮油、优质蔬菜、特色水果等优势产业，规划建设中国天府农博园等现代农业产业功能区和重点园区，全面启动功能区（园区）"管委会＋投资公司"管理体制改革试点，获

---

① 杨海峰. 推进农商文旅体融合发展的对策［J］. 文化产业，2018（16）：1-2.

批创建国家现代农业产业科技创新中心，推动现代农业产业链价值链垂直整合，构建 WS 市现代农业生态圈创新生态链，为农商文旅体全面融合发展奠定了坚实的基础。

（二）以景观化景区化建设为重点，打造农商文旅体融合发展新载体

WS 市全面深化公园宜居城市乡村表达，结合 100 个特色镇（街区）建设和 1 000 个川西林盘保护修复，大力实施"农业＋"系列行动，深入推进大地景观再造，加快推进高标准农田建设，推动大田景观与林盘、绿道、村庄等有机融合，叠加形成新的消费业态和商业业态。先后建成成都崇州竹艺村、成都蒲江明月村等一批农业文创精品，累计建成国家 A 级景区的乡村旅游基地（园区）38 个，2018 年的乡村旅游总收入达到 394 亿元、旅游人数 1.2 亿人次，为农商文旅体全面融合发展搭建起有效的载体和平台。

（三）以深化农业农村改革为抓手，激发农商文旅体融合发展动力

WS 市作为全国农村改革试验区，全面深化改革，先后承担多项国家级改革试点任务。率先开展农村土地承包经营权"三权分置"试点，农村集体资产股份化改革试点得到国家认可并推广；率先建立"农村土地流转履约保证保险"制度，推广"农业共营制"，带动小农户与现代农业有机衔接，全市土地规模经营率达 65.3％，培育各类经营主体超过 2 万家；率先建立农业职业经理人培育认证制度，全面开展新型职业农民制度试点，全市培育新型职业农民超过 10 万人、持证农业职业经理人 1.4 万人，被确定为全国新型职业农民培育部级整市推进示范市。WS 市深化改革的系列成果，为农商文旅体全面融合发展提供了有效支撑。

## 三、面临的主要问题

（一）思想认识上，宏观理解和系统思维还比较欠缺

在乡村振兴战略背景下，部分地方政府、企业、经营主体和建设群众对农商文旅体融合发展理解不深，缺乏战略眼光、前瞻思维和全局视野。一是总体性、系统性认识还不充分。特别是在基层一线，存在片面地、静止地、短视地看待农商文旅体融合发展，缺乏以统筹、联系、创新、整体、系统的思维和观点。二是统筹性、协调性思想不够深入。在干部群众思想中，"全市一盘棋"的观念、"一干多支、五区协同"的区域协作发展思维缺乏，"主干"担当没有充分表达。三是策划水平不高，规划思想缺失。在农商文旅体融合发展具体建设谋划层面，站位还不够高，缺乏新的观念表达。

（二）产业业态上，体系延伸和融合度还不够深入

在产业业态总体上还处于传统经营模式，土地分散经营、企业单一经营、农户分散经营仍是主流，与推进乡村振兴背景下的农商文旅体融合发展还不相

适应。一是业态样式单一。产业链延伸不足，产业生态圈尚未完全成型。农商文旅体各环节价值链开发还不够充分，形式较为单一，且融合的深度和广度有待提升。二是融合方式单一。多要素、多方式、跨行业、跨领域的深度融合不足。多维度、多层次的商业增值、生活服务、景色观赏等商业场景、消费场景、生态场景等渗透叠加还不充分。三是场景营造不足。有景观、有文化、可进入、可体验的融合式场景营造不够充分，缺乏针对不同层次、不同群体、不同领域的多元复合的应用场景，普遍缺乏优质商业资源和时尚商业元素植入，缺乏高品质消费场景和文化体验场景。

（三）空间形态上，大美风貌和规则景致还未成型

总体空间布局还需优化，形态塑造上还需进一步提升。"城在园中、园在城中"的融合景象还未成型，体现新发展理念的农商文旅体融合大美形态还未全面展现。一是乡村空间形态较为零散。城乡规划条块分割，镇级规划质量不高、村级规划覆盖率低、刚性执行力度不够，支撑融合发展和形态重塑的资源本底亟待规整提升。二是资源利用不够充分。对特色镇、川西林盘、功能区、特色产业等现有资源统筹利用和整体塑造不足。三是文化挖掘、文脉传承深度不够。对巴蜀文化、天府农耕文化等具有深厚 WS 市印记的传统文化挖掘与传承不够深入，对农商文旅体的助力还不大。

（四）要素保障上，政策配套和资源整合还有不足

在乡村振兴战略背景下，对农商文旅体的融合发展要素特别是"土地、人才、资金"等核心要素保障仍面临一些困难，资源整合力度不够，有效的资源配置体系尚未形成，系统的政策配套系统尚未完善。一是土地资源偏紧，缺乏统筹利用。现有承包地、集体建设用地、宅基地资源利用存在困难，面临诸多瓶颈、利用效率不高。二是人才总量缺乏，集聚培育程度不高。当前农村农业从业人员数量不断减少、年龄不断老化，新型农业经营主体尚处于发育阶段，农商文旅体融合发展所需的农村技术人才、经营人才、管理人才普遍缺乏。三是资金整合力度不足，来源渠道有限。财政资金、社会资金、金融资金缺乏统筹和整合力度，资金使用效率不高。普遍存在政府招商引资能力薄弱、机制不健全、投融资平台作用小等问题。

## 四、对策建议

（一）以城乡统筹理念培育农商文旅体融合新业态

以乡村振兴战略规划为引领，坚持城乡发展一盘棋，统筹"植绿、筑景、聚人"，注重空间融合、业态融合、功能融合，促进农商文旅体的融合发展。聚焦川西林盘修复、特色镇建设及大地景观再造等特色项目，以现有村道、组道、机耕道等为基础实施乡村绿道改造，打通林盘、特色镇与城市间的联结，

形成乡村与城市景观点的串联，构筑 WS 市全域范围生活景观新场景。加强农村相关配套基础设施旅游化改造升级，开展特色风趣文化体验活动，定期开展软硬件管理维护工程。牢固树立"全产业链"思维，在农业生产的基础上，推动前联科技应用，后联加工营销，外联特色镇（街区）建设和川西林盘保护修复，实现前后延伸、内外互通，积极推进数字化、技术、信息等创新生产要素聚焦产业链实现融合聚变，加快发展现代农业生态种业、绿色加工产业、智慧电商产业、冷链物流等上下游产业。

（二）以景观景致再造重塑农商文旅体融合新场景

坚持以绿色田园为底色，以特色镇（街区）、川西林盘和田园综合体为重点筑公园"绿岛"，以乡村绿道串园区、串景区、串特色镇、串川西林盘，以"绿道＋绿岛"方式推动空间形态重塑。积极探索发展观光旅游、会展博览、健身康养等特色镇（街区）建设，通过产业结构优化发展多类型特色镇。整治川西民居建筑风貌、历史遗迹、风俗文化等基本要素，形成多元资源融合多功能符合的现代林盘院落。深挖厚植个体林盘生态环境价值、厚植传统文化、对村落古建遗迹、名人典故、民风民俗等文化资源，推动林盘产业错位及融合发展。强化"东进、南拓、西控、北改、中优"主体功能区布局，根据资源禀赋、产业特色、生态底本等实际状况，依托山水林田湖草综合整治，重点抓好航空走廊、交通干线、河流水系等方面景观打造，因地制宜推动乡村道路绿道化改造，分时序推动大地景观再造。

（三）以要素优化组合厚植农商文旅体融合新优势

抓住乡村振兴战略带来的资源价值重估的历史机遇，坚决破除妨碍城乡要素自由流动和平等交换的体制机制壁垒，促进各类要素更多向乡村流动，在乡村形成人才、土地、资金、产业、信息汇聚的良性循环。深入研究乡村振兴战略实施建设过程中农商文旅体融合用地需求，出台农商文旅体融合发展用地保障支持政策，争取单设国有建设用地指标，优化集体建设用地使用申请、审批、报建流程，服务农商文旅体项目高效落地。树立"大"人才观，建立农商文旅体融合发展急需的"人才资源库"，健全规划、设计、文创、金融、旅游、互联网等分类的分级入乡人才培育引进相应的政策机制。适度放宽并规范社会资本可参与建设运营的范围，强化涉农银行资金向农村农业倾斜，创新金融产品和服务方式，完善相关金融抵押担保机制。

（四）以经营机制创新激活农商文旅体融合新方式

围绕农业创新链、人才链、供应链、价值链、产业链，准确把握"企业—产业—产业链—产业生态圈"演进规律，加快健全农商文旅体的融合经营体系、服务体系、投入体系。采取差异化培育、定期考核等方式，对新型农业主体及农业职业经理人进行农商文旅体融合发展相关培训，推动新乡贤、返乡人员成为农商文旅体融合发展领头人。创新土地入股、技术入股、联产联营等多元化利益联结机制,强化经营主体间契约履行监管,推动小农户在农商文旅体融合发展中的有效参与。提升建设"农商文旅体融合发展联盟+服务网站+智力开发主体+合作项目"矩阵,与周边科研机构、高校形成科技创新服务合作,协同农民合作社、农业企业、种养大户等主体,提供科技、技术、信息、生产、流通等多元化和专业化的全流程服务。

# 结束语

观光农业以农业作为公共基础，以休闲作为主要目的，以各类游客作为目标客户群体，通过观光农业与休闲体育运动相融合，进一步拓展休闲农业的内容，让游客更加深刻地体会到休闲农业的趣味。通过二者的融合，可增加农民收入，并促进城乡之间的活动，从而进一步缩小城乡之间的差距。观光农业与休闲体育融合的路径有如下几点。

（一）转变思维观念

对于在观光农业中引入休闲体育项目，转变人们对观光农业的认识，是实现观光农业与休闲体育运动融合的前提。而随着现代人生活观念的转变，人们的思维观念也在不断地变化。目前，"观光农业＋体育"作为"现代农业＋旅游业"的一种创新，在对旅游赋予传统农业功能的同时，也赋予了其健身的功能，"观光农业＋体育"开始兴起。要想适应游客需求，农户需转变其对休闲农业的认识，并在市场经济环境下不断拓展现代农业的内涵，包括赋予其健身、锻炼等功能。

（二）创新融合产品形式

要想发展"观光农业＋体育"，关键在于这样的项目推出的旅游产品是否足够吸引广大的游客。创新融合产品形式，是提升休闲农业观光园的重要方式。一方面，可借助观光农业的内涵，推出不同形式的农产品，如蔬菜、水果等各种类别。另一方面，在休闲农业观光园中，可引入多种体育项目。

（三）加强构建融资平台

要想实现现代休闲农业观光园的品牌化与个性化，加大资金投入势在必行。由于政府对农业企业的资金支持有限，因此要想加快休闲农业与休闲体育产业的融合，还需构建合法化的融资平台，通过引入大量的社会资金来壮大当前的休闲农业产业。

观光农业与休闲体育的关联性及其外部驱动为二者的融合提供了动力，而要想在现代休闲农业中引入体育运动以丰富现代农业的内涵，不仅要转变思想，加强融合产品的创新，还要增加资金投入以满足游客需求，从而实现休闲农业的发展，增加农业的收入。

# 参考文献

李谦，2020. 休闲农业与乡村旅游发展［J］. 科学咨询（科技·管理）（11）：81.

彭静，2020. 休闲农业发展视域下家庭农场经营管理模式的优化探析［J］. 农家参谋
（21）：29-30.

李颖，2020. 休闲农业与乡村旅游创新发展路径分析［J］. 农家参谋（21）：80，82.

刘维明，2020. 探讨休闲农业与民族体育运动融合［J］. 农家参谋（21）：70，74.

张立彬，李亚琼，孙华峰，等，2020. 适合观光采摘的主要果树品种［J］. 河北果树（4）：
24-26，28.

黄月红，金桓先，2020. 我国休闲农业资源的构成及其开发利用对策［J］. 上海农业科技
（5）：4-6.

米满仓，2020. 实现休闲农业和乡村旅游有机发酵［N］. 石家庄日报，09-18（6）.

高莉莉，宋啸天，郭靖，等，2020. 乡村振兴战略下我国休闲农业发展的空间溢出效应研
究［J］. 安徽农业大学学报（社会科学版），29（5）：1-10，95.

毛联瑞，2020. 关于都市农业与观光农业的协同发展研究［J］. 山西农经（16）：36-37.

周酉，2020. 关于休闲体育与高校体育教育融合式发展的探讨［J］. 科技资讯，18（24）：
139-141.

余磊，2020. "互联网＋"时代下对休闲农业旅游的探究［J］. 广东蚕业，54（8）：
119-120.

蒋平妹，2020. 开发休闲农业旅游发展模式之我见［J］. 中国农业会计（8）：91-92.

冯丹，2020. 全民健身背景下休闲体育多元化发展方向分析［J］. 质量与市场（15）：
61-63.

陈沫，2020. 引领休闲农业和乡村旅游持续发展的路径思考［J］. 山西农经（14）：
61，63.

王传芸，2020. 合肥农业休闲体育旅游发展现状研究［J］. 产业与科技论坛，19（5）：
21-22.

闵志坤，杨迪卿，张昊楠，等，2019. 智慧农业模式下乡村观光农业旅游规划设计——以
晋江市九十九溪流域为例［J］. 绿色科技（24）：291-292，295.

陈莉，宋晓，李建芬，等，2019. 休闲农业可持续发展存在的问题与对策——以河北省石
家庄市为例［J］. 安徽农业科学，47（24）：152-154.

王蛟，2019. 休闲农业与农村体育资源的融合发展［J］. 热带农业科学，39（12）：
132-135.

乔丹，2019. 观光农业与休闲体育融合发展研究——以绵阳市为例［J］. 当代体育科技，

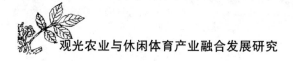
9（14）:221-222.

曹庆穗，金雯，刘建龙，等，2018. 休闲农业助力乡村振兴的对策建议 [J]. 江苏农业科
　　学，46（24）：434-436.

叶明琴，何新华，谭永革，等，2018. 乡村振兴背景下钦州市休闲农业发展 [J]. 热带农
　　业工程，42（6）：46-51.

陈娟娟，2018. 休闲观光农业发展困境与对策 [J]. 江西农业（24）：76.

王沛，2018. 休闲农业与体育运动的融合探讨 [J]. 河北农机（10）：54.

任祥钰，2018. 休闲农业与农村体育资源融合发展 [J]. 农业工程，8（9）：139-142.

李汶桐，2017. 我国城郊休闲农业旅游发展研究 [J]. 决策咨询（6）：40-43.

曾鼎，2017. 如何依托观光农业发展乡村旅游 [N]. 宜宾日报，12-17（3）.

谢尚威，马尚平，2017. 休闲农业发展中 O2O 模式的应用研究 [J]. 管理观察（34）：91-
　　92，95.

田俊茹，刘东禹，2017. 探索休闲农业和乡村旅游之路 [J]. 上海商业（12）：27-28.

胡孝安，2017. 休闲体育产业发展前景及策略探析 [J]. 当代体育科技，7（33）：
　　210，212.

胡建昌，2017. 后现代化视角下休闲体育价值分析 [J]. 当代体育科技，7（33）：
　　216，218.

徐小峰，2017. 休闲农业与体育运动的融合 [J]. 农业工程，7（6）：167-169.

刘全，张勇，王志学，2017. 现代休闲体育的特质、发展态势及策略研究 [J]. 北京体育
　　大学学报，40（11）：22-27.

胡慧玲，2016. 论我国休闲体育发展相关建议 [J]. 统计与管理（11）：91-92.

段爱明，刘伟，2016. 大众体育民生化建设的发展模式及趋势研究 [J]. 湖南科技大学学
　　报（社会科学版），19（6）：175-180.

费璠，张文哲，2016. 休闲体育视角下的茶文化旅游发展 [J]. 经贸实践（22）：295-296.

付轲轲，2015. 浅析休闲体育的发展趋势 [J]. 品牌（下半月）（12）：102.

徐黎光，2015. 休闲体育在中国发展困境及其可持续发展策略分析 [J]. 当代体育科技，
　　5（34）:154，156.

蒋子乐，郑莹莹，2014. 关于休闲健身体育业发展研究 [J]. 科技与企业（24）：136.

卢锋，蒋少晨，2014. "休闲体育" 的释义与多维度思考 [J]. 成都体育学院学报，40
　　（12）：15-18.

张伟，2014. 家庭休闲体育的社会学分析及对策研究 [J]. 运动（24）：141-142.

王荣娴，2018. 柳州市休闲观光农业发展研究 [D]. 南宁：广西大学.

田文青，2018. 湖北省观光农业配套设施研究 [D]. 武汉：华中师范大学.

陈猛，2018. 滁州市小湖章农业观光园规划设计 [D]. 哈尔滨：东北农业大学.

张伟妍，2018. 体验理念下的河南中牟现代型农业观光园规划设计 [D]. 郑州：河南农业
　　大学.

焦淑靖，2018. 郑州市休闲观光农业发展现状及对策研究 [D]. 郑州：河南农业大学.

陈晓萌，2018. 南宁市武鸣区休闲观光农业发展研究 [D]. 南宁：广西大学.

陈庚，2017. 绵阳市近郊农业观光园发展研究［D］. 绵阳：西南科技大学.

李毛毛，2017. 生态农业观光园农业产业化初探——以集发生态农业观光园为例［D］. 石家庄：河北科技师范学院.

苗冬，2017. 泰山区观光农业发展分析与研究［D］. 济南：山东农业大学.

王宁宁，2017. 陕西渭南生态观光农业的现状调查及竞争力评价研究［D］. 西安：西安科技大学.

李鹏超，2017. 荥阳市廖峪村休闲农业观光园规划［D］. 郑州：河南科技大学.

林强，2017. 温州市休闲观光农业发展的现状和对策［D］. 南昌：江西农业大学.

武巾人，2017. 济南近郊休闲观光农业可持续发展研究［D］. 舟山：浙江海洋大学.

施少扬，2016. 广西壮族自治区钦州市观光休闲农业发展研究［D］. 武汉：华中师范大学.

徐云霞，2014. 潍坊市休闲观光农业可持续发展研究［D］. 济南：山东农业大学.

李健，2011. 当代中国休闲观光农业发展模式研究——以枣庄冠世榴园为例［D］. 济南：山东大学.

王亚飞，2016. 我国观光农业中休闲体育的发展研究［D］. 郑州：河南农业大学.

于同毅，2016. 休闲观光农业发展中的政府作用研究——以威海市环翠区为例［D］. 济南：山东大学.

肖静，2006. 我国观光农业发展的对策研究［D］. 重庆：西南大学.

兰海颖，2007. 新农村建设背景下的观光休闲农业发展研究——以益阳市为例［D］. 长沙：湖南师范大学.

## 图书在版编目（CIP）数据

观光农业与休闲体育产业融合发展研究 / 孙晓庆著
. —北京：中国农业出版社，2021.9
ISBN 978-7-109-28865-2

Ⅰ.①观⋯ Ⅱ.①孙⋯ Ⅲ.①观光农业－农业发展－
研究－中国②休闲体育－体育产业－产业发展－研究－中
国 Ⅳ.①F326②G812.4

中国版本图书馆 CIP 数据核字（2021）第 210255 号

中国农业出版社出版

地址：北京市朝阳区麦子店街 18 号楼
邮编：100125
责任编辑：刁乾超　　文字编辑：赵冬博
责任校对：沙凯霖
印刷：北京中兴印刷有限公司
版次：2021 年 9 月第 1 版
印次：2021 年 9 月北京第 1 次印刷
发行：新华书店北京发行所
开本：700mm×1000mm　1/16
印张：13.25
字数：200 千字
定价：58.00 元